歴史の転換期

8

Turning Points in World History

1789年
自由を求める時代

島田竜登 編

山川出版社

監修　木村靖二・岸本美緒・小松久男

はしがき

グローバルヒストリーなど世界史を広い視野から多面的に考えようとする動きが活発な今日、最新の学問的な知見を踏まえ、さまざまな時期の「世界」を新しい切り口で提示してみたい――本シリーズはこのような考えに基づいて企画されました。世界の歴史の大きな転換期となった年代を取り上げ、その年代に各地域の人々がどのように生活し、社会の動きをどのように感じていたのか、世界史の共時性に重点をおきながら考えてみることがこのシリーズの趣旨です。

グローバルな視点から世界史像を描く試みは、今日ではすでに珍しいものではなく、本シリーズもそのような歴史学界の集合的努力の一環といえます。ではそのなかで、本シリーズの狙いと特徴はどこにあるのか。このはしがきでは、それをいくつかの面から述べてみたいと思います。

第一に、「転換期」ということの意味についてです。今日の時点から振り返ってみれば、それぞれの時期の「転換」の方向性は明確であるようにみえます。地域により、早い遅いの差はあれ、また独特の特徴はあれ、歴史はある一定の方向に向かって発展してきたのではないか……。しかしこのような見方は、のちの時代から歴史を振り返る人々の陥りやすい、認識上の罠であるともいえます。その後の歴史の動きを知っている私たちからみると、歴史の軌道は自然に「それしかなかった」ようにみえてしまうのです。それでは、「今日から当時の社会を振り返る」のでなく、「当時の社会から未来をみようとする」立場に立ってみたらどうでしょうか。今日の私たちのなかで、数十年後、百年後の世界がどうなっているかを自信をもって予測できる人はほとんどいないと思いますが、それは過去の人々も同様です。

当時の世界各地に生きる人々の生活に即してみれば、彼ら彼女らは「世の中が大きく変わっている」ことを体感しつつも、彼ら彼女らを押し流すこの潮流がどこに行くのか予測できないまま、不安と希望のなかで日々の選択をおこなっていたといえるでしょう。そのような諸地域の人々の具体的経験をかさね合わせることで、歴史上の諸「転換期」は私たちに、今日の視点から整序された歴史の流れに比べてより複雑な、そしていきいきとした歴史の姿を開示してくれるのではないでしょうか。

第二に世界史的な「共時性」についてです。本シリーズの各巻は、それぞれ特定の一年を西暦表示でタイトルに掲げています。これについては、当然疑問がわくことと思います。その前後数十年間、あるいは百年間をみれば、世界各地で大きな変化がみられ、その意味で一定の相互連関を見て取ることができるとしても、そのような転換は特定の一年で一気に起こるものではないだろう。いくつかの地域では大きな転換が起こったとしても、そのほかの地域では起こらないということもあるだろう。とくに、グローバル化が進んだ十九世紀・二十世紀ならともかく、古代・中世についてそうした世界史的「共時性」(シンクロニシティ)を想定することは意味がないのではないか、と。もちろん、本シリーズの編者、執筆者もそうした厳密な共時性を強引に主張しようとしているのではなく、各巻の諸章の対象を、その年のみについて論じているわけではありません。また、世界史上の「交流」や「衝突」など、地域を超えた動きやそれを担った人々を特別に取り上げてそれだけを強調しようとしているのでもありません。少なくとも十八世紀以前において、絶対多数の人々は、自らの生きる地域や国の外で何が起こっているのかをほとんど知らなかったでしょうし、本シリーズの多くの章においては、そのような普通の人々が主人公になるでしょう。それにもかかわらず、特定の年に焦点をあてて世界各地の状況を眺めてみることには、なお一定の意味があるように思われます。それは、当時のそれぞれの地域の人々が直面していた問題とそれへの対応の多様性と共通性を、ばらばらでなく、広い視野から分析する可能性を開くということです。広域的な気候変動や疫病のように、さまざまな地域が同じ時期に直接に「同じ」問題に直面することもあるでしょう。また、情報や技術の伝播、商品の流れのように、時間差をもちながら世界各地に影響を与えてゆく事象もあるでしょう。なお、問題が類似していたとしても、各地域が同じ対応をするとは限りません。ある地域の対応が隣接した地域の逆の対応を招くこともあるでしょう。類似の状況に直面しながら、ある地域ではそれが既存のシステムを大きく揺るがしたのに対し、他の地域ではほとんど影響を受けない場合もあるでしょう。そのような対応の違いがみられた場合に、それはなぜなのかを考えてみることは、それぞれの社会の特質に対する理解を深めることにも繋がるでしょう。遠く離れた地域で生まれ、相互に何らの情報ももたなかった人々を「同時代人」と呼ぶことは普通はないかもしれませんが、それでも彼ら彼女らがコン・テンポラリーすなわち同じ時のなかに生きていた、ということの面白さを味わってみたいと思います。

第三に「世界史」とは何か、という問題です。今日、グローバルヒストリーという標語を掲げる著作はたくさんありますが、「一国史」の枠組みを超えるという点でほぼ共通するとはいっても、その方法はさまざまです。気候変動・環境や疫病など、自然科学的方法を加味したアプローチによって広域の歴史を扱うものもあります。また、比較史的方法にせよシステム論的方法にせよ、アジアに重心をおいてヨーロッパ中心主義を批判するものもあります。さらに、多言語史料を駆使した海域・交流史をグローバルヒストリーと称する場合もあります。本シリーズは「世界史的」視野をめざしつつも、必ずしもグローバルヒストリーという語は用いず、それぞれの執筆者に任意の方法で執筆していただき、また対象についても自由に選んでいただく方針をとりました。世界史といっても、ある年代の世界をいくつかの部分に分割してそれぞれの部分の概説を書いていただくというかたちではなく、むしろ範囲は狭くても可能な限りヴィヴィッドな実例を扱っていただくようにお願いしました。したがって、それぞれの巻は、その年代の「世界」を網羅的に扱うものには必ずしもなっていません。その結果、一見したところ、いくつかのばらばらのトピックの寄せ集めとみえるかもしれません。しかし、各巻の諸章の対象を一国あるいは一地域の枠のなかに押し込めず、世界に向けて開かれた脈絡のなかで扱っていただくことも、執筆者の方々に同時にお願いしたところです。「世界」をモザイクのように塗り分けるのではなく、いわば具体的事例を中心として広がる水紋のかさなり合い、ぶつかり合いとして描き出そうとすることが、本シリーズの特徴だと考えています。「世界史」とは、一国史を集めて束ねたものでないことはもとよりですが、「世界」という単一の枠組みを前もって想定するようなものでもなく、むしろ、それぞれの地域に根ざした視点がぶつかり合い対話するところにそのいきいきした姿をあらわすものである、と考えることもできるかと思います。

以上、三点にわたって本シリーズのコンセプトを簡略に述べました。歴史の巨視的な動きも、大政治家、学者から庶民にいたる諸階層の人々の模索と選択のなかで形成されていきます。本シリーズの視点はグローバルであることをめざしますが、それは個々の人々の経験を超越した高みから世界史全体を鳥瞰するということではなく、今日の私たちと同様に未来の不可測性に直面しながら選択をおこなっていた各時代の人々の思考や行動のあり方を、広い同時代的視野から比較検討してみたい、そしてそのような視点から世界史的な「転換期」を再考してみたい、という関心に基づいています。このような試みを通じて、歴史におけるマクロとミクロの視点の交差、および横の広がり、縦の広がりの面白さを紹介することが本シリーズの目的です。

本シリーズの巻別構成は、以下のようになっています。

1巻　前二二〇年　帝国と世界史の誕生
2巻　三七八年　失われた古代帝国の秩序
3巻　七五〇年　普遍世界の鼎立
4巻　一一八七年　巨大信仰圏の出現
5巻　一三四八年　気候不順と生存危機
6巻　一五七一年　銀の大流通と国家統合
7巻　一六八三年　近世世界の変容
8巻　一七八九年　自由を求める時代
9巻　一八六一年　改革と試練の時代
10巻　一九〇五年　革命のうねりと連帯の夢
11巻　一九一九年　現代への模索

各巻には、各章の主要な叙述以外に、「補説」としてやや短い論考も収録されています。各巻の巻頭には、全体像を概観する「総論」を設けました。見返しの地図、巻末の参考文献も、役立てていただければ幸いです。

『歴史の転換期』監修　木村靖二・岸本美緒・小松久男

1789年　自由を求める時代

総論　自由を求める時代

島田竜登

十八世紀の世界

十八世紀とはどのような時代であったのだろうか。世界史的な観点からは、十八世紀は、かつてはそれほど重要な世紀とはみなされてこなかった。むしろ世界に近代化の波が押し寄せる十九世紀研究の方が、人々を魅了していたといっても過言はなかろう。十八世紀といえば、偉大なる近代化を遂げた十九世紀という時代の前史にすぎないように考えられていた。しいていえば、十八世紀末にあいついで西洋世界に生じた二つのできごと、すなわち、アメリカ独立戦争(一七七五～八三年)と一七八九年に勃発するフランス革命のみが重要とされてきた。

たしかにアメリカ独立戦争とフランス革命が重要だとしても、それはたんにこの二つのできごとで、実際の百年を前後に数十年延ばした「長期の十九世紀」とでも呼ぶ激動の近代化の時代が開始したとみなすほうが望ましいとも考えられていた。つまり、これらのできごとは十八世紀に生じたとしても、実質的内容としては、華々しい近代化を遂げた十九世紀の嚆矢《こうし》として、たまたま十八世紀末に発生したにすぎないということである。いわば、長期の十九世紀という見方に立つ限り、十八世紀の世界史というものは魅力の乏しいものであり、あるいはまた、近代という視点に立てば、十八世紀の世界は否定すべき社会であったかのごときである。まさしく、アンシャン・レジームたる旧体制とはフランス革命以前のフランス社会のことを指すが、十八世紀の世界全体そのものが、否定すべきアンシャン・レジームなのであった。

とはいえ、近年では、十八世紀の世界について、歴史研究の内容が大きく変化してきた。この潮流としての新たな歴史研究による結論を先取りしていえば、つぎの二点の論点にまとめることができるだろう。第一の論点は、十八世紀の世界各地の歴史について実証研究が進展し、十八世紀から十九世紀への連続性が大きく重視されるようになったことである。もちろん、世界各地の社会はさまざまな変化を経験したが、十八世紀末から十九世紀にかけて一気に世界が変化したというよりも、むしろ十八世紀初め頃から時間をかけて社会が成熟し、さらには社会が長期的に変化していったというのである。

もう一つの論点は、西洋中心主義的な近代史像の再考である。そもそも旧来の見立てとはつぎのようなものである。すなわち、西洋世界、なかんずくイギリスやフランス、さらにはアメリカ合衆国における社会の変化が非西洋世界にも大きな影響を与えた。しかも、その影響の与え方は、西洋世界から非西洋世界への一方向的なものであったとする見方である。かつてはこのような見立ては当然視されていたし、今でもなお、こうした歴史的発想からは脱しえていない。しかし、歴史をみる目を十八世紀全体に向けるとき、近年の研究動向は、むしろ西洋世界と非西洋世界は、近代化という点において、双方向的に影響を与えあっていた。そして、全地球的に十八世紀全体を通じて、新たな十九世紀的な近代世界をつくり出していったことが明らかにされつつある。決して、西ヨーロッパで生じたことが、世界中の他の地域を一方的にリードし、とくに近代化という点で、非西洋世界が西洋世界に従属されるようになったわけではないのである。

こうした全地球的な視点で十八世紀全般を五つの章を切り口に眺めることが本巻の目的であるが、まず、ここでは十八世紀全般の変化について、いくつかの点をあらかじめ概観しておくことにしよう。

世界の一体化の進展

十八世紀の世界史をみるときに忘れてはならないことは、世界の一体化が前世紀に比べてより一層進んだことである。いわゆる「大航海時代」は十五世紀末に、コロンブスやダ・ガマに代表されるヨーロッパ人が、大西洋を越えてアメリカ大陸に達したり、アフリカ大陸南端の喜望峰を経由した海路を通じてヨーロッパ人が自ら仕立てた船団でヨーロッパからアジアにたどりついたことで開始された。

近年では、こうしたヨーロッパ人の立場から、大航海時代という世界史の時期区分をおこなうことは西洋中心主義として否定されることがしばしばある。たとえばアジアでは、東アジアから東南アジア、南アジアをへて西アジアにいたるまで海上交易が、ヨーロッパ人が海路でアジアに到来する以前からさかんであった。環シナ海地域とインド洋地域はそれぞれの地域内での交易も、両地域を結ぶ交易も発展を遂げつつあり、大交易時代とも呼びうる状況であった。それゆえ、ヨーロッパ人の海域アジアへの到来は、アジアの大交易を一層発展させる契機になったが、少なくとも時期区分として一大転機となるほどの事態ではなかったというのである。しかしながら、こうしたアジアの大交易時代論は、たんに海域アジア内部の議論にすぎないともいえるだろう。なぜなら、世界全体を見渡すならば、事実として、アメリカ大陸がヨーロッパやアフリカ、アジアと連結し、世界が有機的に一体となり、グローバルな歴史を織りなす前提条件が成立したことは否定できないからである。

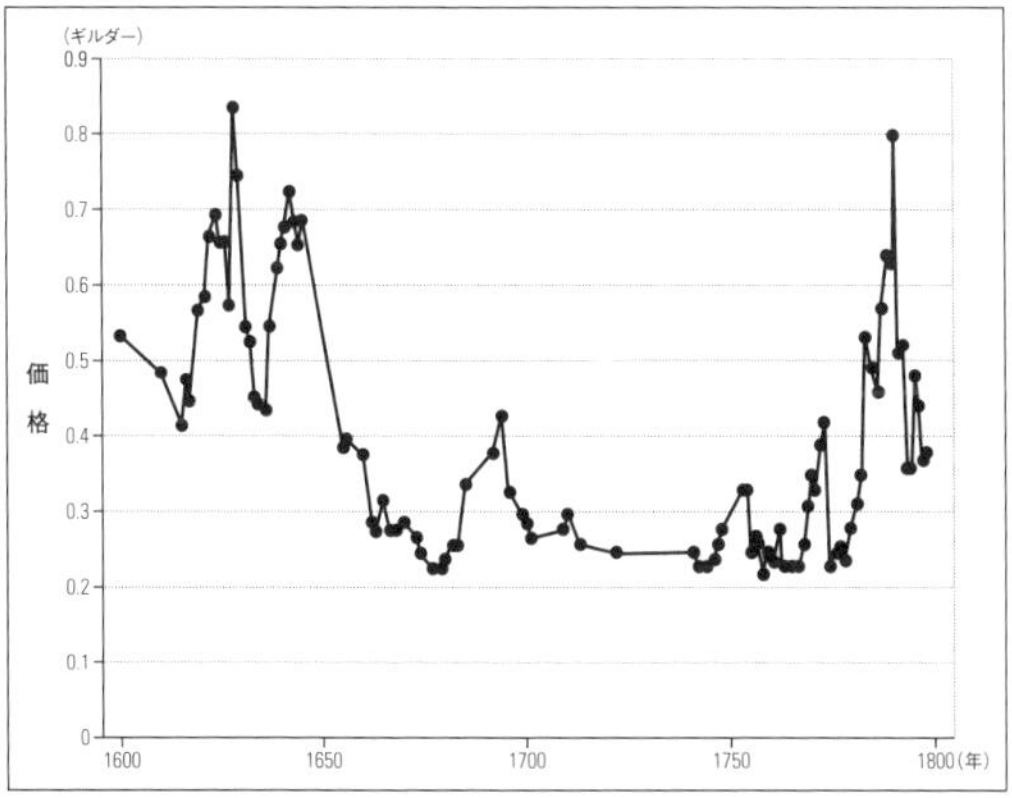

オランダにおけるブラジル製白砂糖の価格変遷(1609〜1800年)
縦軸は，１オランダ・ポンド(約494グラム)あたりの価格(ギルダー)。

ともあれ、十六世紀には、ポルトガルとスペインが世界各地に進出し、世界中を駆け巡る貿易網を構築した。また、のちに、アジア各地で築いた交易拠点であった植民都市の後背地で植民地的な開発を実施する基盤を形成し始めた。一方、中南米では先住民を酷使し、のちにはアフリカから黒人奴隷を導入して、プランテーション型の農業開発も開始された。続く十七世紀にはオランダやイギリス、フランスも世界各地に進出し、ヨーロッパ諸国間での競争をともないながら、世界経済の動脈となる貿易網を構築したのであった。

　十八世紀になると、アメリカ大陸を接合する世界貿易網にも変化があらわれてきた。一つには、取扱商品の変化がある。十七世紀までの世界貿易商品の構成はどちらかといえば奢侈品貿易である性格が強かった。生糸や砂糖、胡椒、さらには、ナツメグやクローブといった高級香辛料が貿易商品の中心であり、銀を支払い手段として決済されていた。一方、十八世紀には、綿織物や銅、錫《すず》などが主要商品として台頭し、また、それ以前から取引されていた奢侈品的な商品も大量生産されるようになった。砂糖は代表例であり、その価格が低下した。じつに、世界的に生産量が増大したことにより、いまや奢侈品とはみなしにくく、大衆品へと変化しつつあったのである。オランダのアムステルダムにおけるブラジル製白砂糖の価格動向をみると、十七世紀を通じて白砂糖の価格は大幅に低下し、十八世紀には白砂糖価格は安値でほぼ安定し、十八世紀の第4四半期に戦争などの社会的混乱で再び価格一般が上昇するまで安値が続いた。もちろん、砂糖価格の低下は、それだけ砂糖の消費者層が拡大したことはいうまでもない。

もう一つの変化は世界貿易の構造化と参入者の多様化である。いわゆる大西洋の三角貿易は十八世紀に安定的な構造となる。アフリカ大陸から黒人奴隷がアメリカ大陸に「輸出」される。アメリカ大陸では、彼ら黒人奴隷を酷使するプランテーション農園で、砂糖やコーヒー豆、タバコ、綿花などが栽培され、ヨーロッパに輸出される。ヨーロッパからアフリカへは、武器などの諸道具のほか、インドからヨーロッパへ輸入された綿織物やアフリカで貨幣の一種として用いられたインド洋産の子安貝も再輸出されたのだった。もちろん、イギリスが十八世紀から十九世紀にかけて産業革命をへて、旧来はインドから輸入していた綿織物を自国内で生産するようになるが、その時に原料として必要になる綿花は、この大西洋の三角貿易のシステムが存在したからこそ、入手可能なのであった。

世界貿易の担い手の変化

アジアや世界のその他地域での貿易活動を検討すると、十八世紀には新たな貿易参入者があらわれてきたことがわかる。そもそも世界の貿易活動の担い手については、およそ三つの変化があったといえるだろう。

第一の変化は、アジア貿易におけるオランダ東インド会社の独占の衰退である。十七世紀末頃には、オランダ東インド会社は海域アジアで独占貿易体制をつくり上げた。オランダ東インド会社はオランダ本国とアジアを結ぶヨーロッパ―アジア間貿易に従事していたほか、海域アジア各地に設けた多数の商館のあいだでも貿易活動をおこなうアジア域内貿易にも積極的に乗り出していた。ヨーロッパ・アジア間貿易とアジア域内貿易という二つのタイプの貿易活動を有機的に結びつけ、イギリスやフランスの東インド会社と比べ、有利な立場を構築していたのである。とりわけオランダ東インド会社のアジア域内貿易のうち、マラッカ海峡を越えて、環シナ海地域とインド洋地域とを結びつけるアジア域内貿易は十八世紀初めの頃にはほぼオランダの独占状態にあった。しかし、十八世紀の半ばからイギリス系自由貿易商人がこのマラッカ海峡を越える貿易に参入し始め、オランダのこの独占貿易は、結局は長くは続かなかったのである。

第二の変化はロシア人商人、さらにはアメリカ人商人のアジア貿易への参入である。第二章で検討するように、十八世紀を通じてロシア人商人はシベリアから北太平洋さらには中国の広州貿易にまで参入するようになった。一方、アメリカ合衆国の独立後には、アメリカ東海岸から多数の貿易船が中国から東南アジア、インドにいたる海域アジア各地に進出し、アジア域内貿易や欧米とアジアを結ぶ遠距離貿易にも従事するようになる。これまでアジアとヨーロッパを結ぶ海上貿易はおもに西ヨーロッパ各国の商人によって担われていたが、十八世紀には新たな参入者が登場したのであった。

アジア貿易への参入者は何も欧米人商人に限ったことではなかった。なんとなれば、アジア人自身で広範なアジア域内貿易に積極的に乗り出していく集団もあったからである。このアジア人商人の台頭が世界貿易の担い手に関する第三の変化であり、もっとも顕著なのが中国人商人の東南アジア進出である。いわゆるジャンク船を駆使して、東南アジア各地に進出した。そのうえ現地に拠点を多数おき、それぞれを一族のネットワークで結びつけ、商業を円滑に進めるようになった。また、中国人商人以外でも、第三章でふれるように、マレー人やブギス人による貿易活動も十八世紀後半に顕著となった。マラッカ海峡のリアウ諸島に拠点をおき、東南アジア内での貿易活動に従事した。オランダ東インド会社がつくり上げていた貿易の独占を打破しつつあったのである。

平和の中の社会変化

そもそも、十八世紀は世界的にみて平和の時代であったといえるだろう。たしかに戦乱がまったくなかったわけではない。一七二〇年代にはサファヴィー朝イランが事実上滅亡し、イランからインド北部にかけて戦乱の時代にはいった。とりわけナーデル・シャーの台頭とデリーでの虐殺は壮絶である。また、東南アジアではタイのアユタヤ朝が、ビルマのコンバウン朝に攻められ、滅亡している。加えて、一七八〇年代にはアメリカ独立戦争にともなう第四次英蘭戦争において、アジアの海域でも戦乱が発生し、さらにはフランス革命後のヨーロッパの戦時動乱はアジアやアメリカ大陸にも波及した。

それにもかかわらず、十八世紀は、前の十七世紀や後の十九世紀と比べ、世界的にみて戦乱の少なかった世紀であったと考えたい。ある意味、平和の世紀ともみなせる状況にあって、世界各地の社会は近世社会として成熟していき、時に成熟のなかで社会変化を成し遂げていった。

社会の成熟といった視点では近年のアジア史研究は格段の成果をあげてきている。地方社会あるいは地域社会の充実といったものが、アジア各地で散見されるのである。日本を含む東アジアからビルマ・北部ベトナムにかけて、小農を基盤とした近世経済社会の成熟がみられた。あるいは南アジアでは、ムガル朝の衰退にともない、インド各地で地方政権が台頭した。ムガル朝という強力な中央集権システムを脱するという環境のもとで、各地方政権は自らの領土へのインフラ投資も進めた。こうした地方社会や地域社会の充実は、サファヴィー朝崩壊後のペルシア湾岸にもみられたし、アナトリアなどオスマン朝下の地方社会における名望家の誕生もインドの事例に近い要素がある。

一方、西ヨーロッパ社会でも長期的に変化が生じた。フランスのブルボン朝を典型例とする絶対王政論がかつての見方だとすれば、今日の歴史学は詳細な実証研究に基づいて社会の諸相を明らかにしている。政治史の面では、とくに徴税力に優れた国家が、集めた税収を軍事力増強に費やしたというイギリスを事例とした軍事財政国家論もあるが、社会として重要なのは、つぎの二点であろう。イギリスなどのコーヒー・ハウスが広く人々の集う場を形成し、政治や経済、社会に関して議論する場となり、自由や民主主義に関する思想を広範に形成させる社会をつくりだしていた。また、東洋趣味(オリエンタリズム)の広がりも重要である。フランスでは十八世紀後半において啓蒙思想家による百科全書派の活動にも影響を与えたことはよく知られており、人々の物事の考え方を大きく変化させる基盤の一つともなった。また、コーヒーやそれを飲む際に利用する砂糖はアジアやアメリカ大陸で生産され、西ヨーロッパに輸入されたものである。さらに東洋趣味そのものが、アジアとの貿易の進展の結果ともいえるだろう。いずれにせよ、世界の一体化の進展が、西ヨーロッパ社会の変化の下地を提供していたことは見逃すことはできない。

つまるところ、十八世紀とは、世紀の初めから世界的には比較的平和を享受し、みえざるかたちで世界各地域の諸社会が成熟し、近代に向けて前進していった時期であったといえる。なにも十八世紀末に世界の近代化が突発的に生じたのではなく、十八世紀という長い時間を通じて、世界の諸社会が近代への準備をしていたのであった。

イギリス産業革命

十八世紀は静かな成熟と内なる変動の時代ととらえるのがふさわしいが、十八世紀後半になると、歴然としたかたちで新たな革新的変化が生じたことは事実である。一つには、自由を求める動きが世界的にみられるようになったことであり、これは本巻の主題でもある。もう一つの革新的変化は、イギリスで生じた産業革命である。

近年では、イギリス産業革命をめぐる見方がめまぐるしく変わってきている。かつて二十世紀後半には、数量経済史研究の発展にともない、イギリス産業革命史像が大きく見直された。十八世紀後半から十九世紀前半までの時期が、いわゆるイギリス産業革命期とみなされてきたわけであるが、当時のイギリスの成長率を計算すると、今日の我々の感覚からすると成長率はわずかであり、いわば低成長の時代にすぎなかった。一部の部門における急成長を除けば、社会全般が一変するほどの革命的変化が生じたとはいいがたいというのが、数量経済史研究の成果であり、それが通説として認められるようになった。

しかしながら、二十世紀も終わりを迎えるにいたり、こうした数量経済史研究に基づく「通説」が影を潜めることとなった。イギリス産業革命の世界史的意義を問うことが提起されたのである。二〇〇〇年にケネス・ポメランツの話題作『大分岐』の原著が出版された。この著作は、十八世紀における西ヨーロッパ、なかんずくイギリスと、中国の経済先進地である揚子江下流デルタ地域を経済史の立場から比較分析した研究である。ポメランツによれば、どちらの地域も十八世紀の初めにはほぼ同じ程度の生活水準にあった。両地域とも成長を実現するためには土地制約に苦しんでいたが、十八世紀の終わりにはイギリスが化石燃料である石炭を利用して工業化を実現し、大いなる逸脱(Great Divergence)を成し遂げたというのである。

イギリス産業革命の世界史的意義を見直そうという試みは、R・C・アレンによってもなされた。アレンの著作『世界史のなかの産業革命』(原著出版は二〇〇九年)は、石炭を本格的に利用することになったイギリス産業革命の世界史的重要性をさらに強調した。石炭をエネルギー源として利用するための蒸気機関、さらには、この蒸気機関を利用する綿業などでの機械の開発ともあわせ、イギリス産業革命の世界史的意義を強調しているのである。

共時性の世界史

ところで、本書の意図するもう一つの試みは、グローバル・ヒストリー的醍醐味の提示である。近年、グローバル・ヒストリーの必要性が喧伝されて久しい。グローバル・ヒストリーはその名のとおり、地球的規模からの歴史的考察ということである。もちろん、グローバル・ヒストリーと称される研究や著作にはさまざまなタイプが存在する。とりわけ、グローバル化の歴史を扱う研究、あるいは特定のモノや事象を取り上げた世界史叙述などがグローバル・ヒストリー研究の中心をなすといってもよいであろう。しかし、二十世紀の国際機関の歴史を扱うグローバル・ヒストリー論文もあれば、アンガス・マディソンのように二千年にわたる国別の比較経済史を試みる大著もある。グローバル・ヒストリーとは、特定の研究傾向というほどには定義は定かではないのである。あえていえば、カタカナで「グローバル」と呼ぶほどに、グローバル的であること、地球規模的であること以外に、大方の同意を得るほどの定義はないようである。

そもそも、本シリーズ「歴史の転換期」が、本巻では一七八九年といった具合に、ある年次で世界史を輪切りにし、古代から二十世紀までを十一の巻に分けて叙述を試みようとすること自体、一種のグローバル・ヒストリーであるといえるだろう。それが世界史なのか、あるいはグローバル・ヒストリーなのかということは判断が難しいが、グローバル・ヒストリーであることの一つの指標として、アメリカ大陸までを視野に入れているかということが重要となる。地球規模から歴史を論じる以上、アメリカ大陸が視野におさまらない限り、真の意味でグローバル・ヒストリーたりえないと考えるからである。少なくとも本巻は、アメリカ大陸をできる限り視野に入れつつ、一方、本シリーズが目指すミクロの歴史からの世界史の叙述にも心を砕いている。具体的には、ある一人の人物が残した日記や旅行記など、歴史学が本来よって立つミクロな史料を分析しながら、五つの章の執筆者がより大きな世界史像を模索し、全体として一つのグローバル・ヒストリーを提示できるように試みた。

こうした営みは、ある意味、チャレンジングな行為でもある。そもそも、グローバル・ヒストリーなるものは一人の人物が叙述するものであって、複数の著者による分担でなしえるのかは、いまだ答えのないところだからである。ミクロの集積がマクロのグローバル・ヒストリー的世界史像を必ずしも提示できるわけではないのである。

グローバル・ヒストリーの試み

どのような工夫を凝らせば、ミクロの歴史の集積が地球規模からみた世界史ないしはグローバル・ヒストリーの叙述になりえるのであろうか。しかも、一人の著者が一冊の書籍の執筆に取り組むのではなく、分担執筆のかたちでおこなうことができるのであろうか。複数の著者で分担執筆をするとなると、各分担執筆者は極めてミクロな層まで自分の専門地域を押さえていることになる。このメリットをうまく利用し、一つの適切なテーマのもとで、グローバル・ヒストリーの図書として分担執筆のかたちで実現することを本巻の編者は意図している。もし、これが成功をおさめることができるのならば、あるいは何らかの教訓をえることが可能になる。それはまた、グローバル・ヒストリー研究をさらに前進させることができ、歴史学的にも意義深いこととなるであろう。とくに、グローバル・ヒストリーという歴史叙述が、人間の一般的な行為を記した歴史叙述から大きく乖離し、親近感のわかないマクロ叙述だけに終始してしまったのなら、グローバル・ヒストリー研究の前途は暗いものとなるであろう。本巻は、自由を求める時代という今回の一テーマのもとで分担執筆をおこない、双方向型の世界史叙述を目指し、グローバル・ヒストリー研究を価値あるものとさせる試みでもあるといえる。

さて、目次を一見すると、フランス革命に始まる自由を求める運動が世界に伝播して行くプロセスを描いているだけに思われるかもしれない。しかし、それはまったくの誤解である。これを前提として、第一章「近代への転換点であるフランス革命」はフランス革命を扱う。これまでさまざまなフランス革命史が提示されてきたが、フランス史の範疇で考える限り、やはり時代を区分するできごとであり、近世から近代への大きな転換点であった。このフランス革命で生まれた自由について、宗教的自由、さらには美術館や教育など、多様な面から社会の変化について本章では検討される。

第二章「毛皮が結ぶ太平洋世界」はロシアのシベリアから北部太平洋への商業的な進出を論じる。ロシア人商人への東方への進出は、陸域と海域をまたぐ商業的進出であり、江戸時代の日本とも交差する。江戸時代の日本には、一七九二年のラクスマンの来航など、何度かロシア船が登場することは広く知られている。そもそもラクスマンの日本来航は、八九年、シベリアのイルクーツクで、彼が漂流者の大黒屋光太夫に出会ったことに直接の端を発するのである。本章は、そうした「鎖国」時代の日本とロシアとの関係についてロシア側からアプローチする論考でもあるといえよう。もちろん、本章は、ロシア商業資本の自由を求める一連の動き、さらには北アメリカへの進出という事象も検討する過程で、日本との問題を明らかにする優れた研究である。

第三章「東南アジアの海賊と『華人の世紀』」は、東南アジア島嶼《とうしょ》部の「海賊」について検討する。十八世紀後半から十九世紀前半の東南アジアは、近年、「華人の世紀」と呼ばれることがある。中国からの移民が増加するとともに、東南アジアから中国への輸出が増え、東南アジアでの社会・経済での中国の影響力が増大したのである。もっとも「華人の世紀」というと、中国人が主体となる歴史を想像してしまいがちだが、実際に、東南アジア現地の人々はどのように生計を成り立たせていたのであろうか。また、当時は、オランダ東インド会社や十九世紀以降にはオランダ植民地当政庁が本格的な植民地支配への基盤を整えつつあった。いわば三つ巴の状態での東南アジア島嶼部の状況のなかで、自由を求める動きを析出する。

第四章「スコットランドの自由貿易運動」は、イギリスのスコットランドにおける自由貿易を求める運動の分析をおこなう。イギリスでは東インド、すなわちアジアとの貿易はイギリス東インド会社の独占となっていたが、実際にはアジア域内の貿易はイギリス東インド会社の独占状態であったというよりは、むしろイギリスの自由貿易商人(カントリー・トレーダー)に門戸が開かれていた。この自由貿易商人はスコットランド出身者が比較的多いという状況にあった。十八世紀末になると、さらにスコットランド商人はヨーロッパとアジアを結ぶ貿易への参入を要求するようになる。これこそスコットランドの自由貿易を求める運動であり、本章は彼らスコットランド商人の西インド貿易の問題を含めて、自由貿易要求という事象を解明する。

第五章「インド洋西海域と大西洋における奴隷制・交易廃絶の展開」では、東アフリカを含むインド洋世界からアメリカ大陸までの広大な地域を対象とする大きな問題、すなわち奴隷制度廃止や奴隷交易廃止が引き起こしていった問題について検討する。イギリスを中心とした奴隷制・奴隷交易廃止は実際のところ実効力をもったのであろうか、あるいはまた奴隷とされる人々を生み出した社会や彼らにとっての影響はいかなるものであったのであろうか。さらには、そもそも自由を求める時代が、皮肉にも、新たな不自由をも生み出した可能性についても言及する。

このように、本書はフランスを起点に、シベリア経由で北大西洋やアメリカまでに視野を広げ、ついで南下して東南アジアや中国などのシナ海世界をめぐったのち、いったんイギリスのスコットランドに焦点を戻す。そして、最終章では舞台はインド洋世界やアフリカ大陸、アメリカ大陸となる。めまぐるしく世界を駆けめぐるわけではあるが、こうすることで、世界各地について多方向型の歴史叙述が可能となるであろう。

全体として、この十八世紀末葉から十九世紀初めの時期を、自由を求める時代と位置づけた。ただし、繰り返し注意すべきは、この時代が何も十八世紀末葉に突如として生まれたものではないという点である。十八世紀を通じた静かな成熟のなかで、内なる変動の一つとして、自由を求める機運が熟成されてきたのである。また、自由を求める行為が何も西ヨーロッパのみに発生したのではなく、十八世紀を通じた世界の一体化と地域社会の円熟の結果として、共時的に自由を求める動きが生じたということを強調したい。この二つの点を念頭に入れていただき、これから続く、五つの章を味わっていただければ幸いである。

一章　近代への転換点であるフランス革命

松嶌明男

1　一七八九年に世界の何が変わったのか

問われ続けるフランス革命

一七八九年に勃発したフランス革命の歴史的意義については、革命以来、二百数十年にわたって議論がおこなわれてきた。それが近世と近代を分ける転換点とみなされたからである。十九世紀以来フランスで正統派とされたジャコバン史学は、革命による近世身分制社会の克服の恩恵を幅広く国民が享受したとし、フランス革命は社会を束縛していた旧弊や利権を一掃することで、自由と平等を基盤に民主的な近代市民社会を実現させたと礼賛した。それに対し、革命であらゆるものを失った旧支配層である王族や旧体制貴族は、革命はフランスの伝統と社会的な紐帯、文化遺産を破壊し、多くの血を流して秩序を崩壊させ、社会は過去との繋がりを失って根無し草のような状態になったと悲憤を隠さなかった。その後の歴史研究によって解き明かされた革命の多面性・多義性を考えると、両者の言い分は、どちらかが正しく、どちらかが間違っているというものではない。

革命の歴史研究では、一九七〇年代が大きな転機であった。フランソワ・フュレが、正統とされていたジャコバン史学の革命像を否定し、その修正を提言した。それに対する正統派からの反論により、いわゆる修正主義論争が始まり、革命史研究は深化し多様化した。同時期に、ヨーロッパ近世史研究が大きく進展した影響も無視できない。日本では、フランス近世史の二宮宏之を端緒とし、それに続いたドイツ中近世史の山本文彦の貢献が大きい。絶対王政下でのちの時代に大きな実を結ぶさまざまな革新が着手されていたことや、近世は時代として「市民革命で克服されるべき不完全な近代」ではない独自性を有することが明らかにされた。

革命でフランス社会は過去との断絶もその克服もしていなかったことが明らかになっても、フランス革命がヨーロッパで身分制社会を消滅に向かわせ、社会を近代に移行させた転換点であることは問題にされなかった。近世社会は、近代とまったく異なる制度やルールに立脚するからである。フランスでは、絶対君主が宮廷貴族や同業組合など身分に依拠した利益集団である社団に利権や恩恵を与え、その見返りとして社団から貢献や忠誠を得ることで、君主と社団のあいだに互酬関係を構築する社団国家体制をとっていた。神聖ローマ帝国では、皇帝の封臣を集めた帝国議会に加えて、帝国の各地域の秩序維持や意思決定を、神聖ローマ帝国の貴族身分に相当する帝国等族に委ねる単位であるクライスが活用され、皇帝と帝国等族が意志疏通や利害調整をはかった。フランス革命はそのような近世的な秩序や制度を過去のものとし、さらにナポレオンが一八〇六年に神聖ローマ帝国を解体して支配をドイツまで押し広げ、そこに革命の成果を輸出したのである。

フランス革命前後の連続性とフュレの問題提起

この問題に関しては、フュレが批判したジャコバン史学の学説の一つ、革命的ブルジョワジーがその象徴である。絶対王政に不満をもつブルジョワが革命を勃発させ、それを主導したとする学説であった。フュレは、ブルジョワが身分制社会に不満をいだいていたことが史料から確認できないため、革命的ブルジョワジーなど存在しないと断定した。

　では、革命以前のフランスのブルジョワは、いかなる人々だったのか。もっとも富裕な大ブルジョワは、遠隔地との商取引で莫大な収益をあげる大貿易商人や、国税の徴収と納入などを委託されて高額の手数料収入を得る財務取扱業者に代表される。彼らは支配層の一部であり、社会変革ではなく、さらなる社会的上昇を欲していた。それを熟知するブルボン朝は、国庫の収入不足を補うために導入した売官制を利用し、一部の官位に購入者が貴族となれる特典を付与した。富裕なブルジョワは王権の誘いに乗り、高等法院司法官など権力と利権を兼ね備えた売価の高い有力な官職を購入し、法服貴族となった。彼らは子孫にそれを家産として相続させ、代々王国政府の統治機構に加わって立身出世をめざした。こうして、元ブルジョワの法服貴族という強力な社団が形成された。大ブルジョワほどの財力をもたず、商工業の一般的な担い手であった中小ブルジョワは、生業の発展と蓄財に励み、自らを法服貴族となす官職の購入に手が届く未来を待望したのである。

　売官制によって合法的に貴族となる富裕なブルジョワが続出すると、反発も生じる。中世以来、武力と高貴な血脈で王家を支えてきた伝統の武家貴族は、法服貴族を卑しい成り上がり者と蔑んだ。しかし、両者は緊張関係にありながら、社団国家体制をとる王権の保護のもとで同じ貴族身分として特権を享受し、自分たちに特権を授ける国王を支えた。その仕組みを突如として転覆させたのが革命であった。革命によって身分制の支えを失った法服貴族やブルジョワのなかから、革命に積極的かつ主体的に関与し、それを主導する革命的ブルジョワジーがあらわれた。フュレの議論は、革命勃発後の事態の転換を看過していた。

ただし、絶対王政下のフランス社会に、身分制に対する憎しみや怒りがなかったわけではない。社団国家の特徴として、国王がさまざまな利権を授けるのは、社団の一員であり、国王が見返りを期待できる少数の支配層だけだったからである。例えば田舎貴族は華やかな宮廷とは縁遠い存在で、彼らの多くは貧しく、貴族の体面を保つために借金をかさね、その経済は破産寸前であった。ブルジョワでも経営規模の小さい者は、高等法院司法官の購入など考えもせず、名誉職である国王顧問官など安価な最低ランクの官位を購入するのが精一杯であった。国王顧問官となった彼らが、腰に剣を吊って貴族様を名乗る滑稽さは嘲笑の対象であった。そんな小人物たちと、彼らの虚栄に「下から」嘲りの視線を向けつつ、自らの明日には希望がない貧民とのあいだに、いわゆるストレスゾーンが存在していた。

この断層の下方に、民衆の苦しい日常生活があった。そこには、ロバート・ダーントンが『革命前夜の地下出版』で見出した、売文で糊口をしのぐ、報われない自称啓蒙思想家、「どぶ川のルソー」たちも生きていた。革命勃発後、彼らの多くが革命家あるいは議員となり、身分制を断罪する鋭い舌鋒をふるい、華々しく政治デビューを遂げることになる。

このように革命前後の継続性と断絶性の両方が強調されると、つぎのような問いが浮かびあがるだろう。一七八九年に、いったい何が変わったのか。以下でそれに答えていこう。

フランス人権宣言の歴史的位置

最初の手がかりとしては、一七八九年八月二十六日に定められたフランス人権宣言が適切だろう。この宣言の正式名称は『人と市民の権利宣言』であった。この人権宣言は、革命が立憲王政の樹立をめざすなかで制定された。絶対王政下に王権を支えた社団は、革命によって不平等の象徴とみなされた。そのため、フランス革命は身分制と社団を廃止し、主権者たる各市民がいかなる利権団体にも属することなく、国家の強大な権力と独力で対峙する体制を構想した。そのなかで、各市民が国家権力の恣意的な行使から身を守るための保障として、人権宣言が必要とされたのである。

この宣言を出すにあたって、その名称でわざわざ人の権利と市民の権利を分けて示しているのには理由がある。当時の草案の起草者たち、それを審議した国民議会の議員たちは、人をフランス市民とそうでない者に分けた。この時、フランス人のなかで富裕な有産者の成人男性にのみ、制限選挙制での参政権が認められ、彼らは能動市民として位置づけられた。フランス人の成人男性でも、貧しい者は参政権のない受動市民とされた。この区別はなぜ設けられたのか。当時は、資産税を払うほどの財産を所有し、それを管理運用して収益をあげている有産者でなければ、長期的な視野をもって大所高所から政策判断をくだすことができず、政治的な権利を行使するに値しないと判断された。その背後には、日々の生活に追われる無産者は、生活苦から考えなしに「目の前に差し出されたお金」を受け取り、簡単に買収されてしまうという偏見があった。

それは、貧しい民衆が持続可能性を欠くバラマキ政策を掲げる扇動政治家の虚言を支持し、国家を衆愚政治の危機に直面させることに対する恐怖であった。それこそ、十九世紀ヨーロッパで制限選挙制が広く支持された土壌であり、しかもそれは根拠を欠いた杞憂ではなかった。古代ギリシアで栄耀栄華を誇ったアテネ民主政は、その末期に扇動政治家が民衆の支持を集めて国政を壟断《ろうだん》する衆愚政治に陥り、結局は国を滅ぼした。その歴史を知る者にとって、民主政治が衆愚政治に転ずる悪夢は現実のものだった。

この人権宣言では、フランス市民とそうでない者の権利も明確に分けて定められた。前者は市民権をもち、それによって課される国家に対する義務をはたしている成人男子とされ、さまざまな義務と権利が法で定められるのは、古代地中海文明以来の伝統である。同時に、フランス市民でない者にも、人であれば誰にでも自動的かつ不可侵のものとして保障される「生まれながらに獲得される諸権利」である基本的人権を中心に、自然権が保障された。この人権宣言では、後者の一つとして、第十条で宗教的自由がつぎのように保障されている。

何人も、各自の意見について、たとえそれが宗教的なものであろうとも、その表明が法によって確立された公共の秩序を乱さない限り、脅かされてはならない。

この条文では、一般に宗教選択の自由や信仰告白の自由と表現される保障の対象が、宗教的な意見の表明となっている。それはなぜだろうか。続いて、近世と近代の違いを示す指標として、宗教をとらえなおす。

2　三十年戦争と革命以前の「支配的宗教」

フランスの参戦とウェストファリア条約

近世の独自性を特徴づける要素の一つが、宗教改革である。教皇庁にとって「異端運動」である宗教改革は、その支持層が身分的にも地理的にも広く厚く分布し、結果的に大規模な教会分裂を引き起こした。そして、西ヨーロッパの広い地域が、カトリックとプロテスタントが混じりあって暮らす地域となった。それは各地で宗教紛争を引き起こし、長く凄惨な宗教戦争によって決着がつけられることとなった。その最終局面こそ、三十年戦争(一六一八〜四八年)と、その講和条約であるウェストファリア条約であった。

三十年戦争の終盤、参戦を前にしたフランス王国は、神聖ローマ帝国ではハプスブルク皇帝の圧政によって帝国等族の地位や権利が脅かされていると主張した。そして等族を皇帝の横暴から守ると称して、等族を内包する帝国ではなく、皇帝だけに宣戦を布告した。三十年戦争は宗教戦争であるから、カトリック信仰を奉じる皇帝軍には多くのカトリック等族が加わっていた。皇帝軍と戦って帝国等族の権利を守ろうとする対立陣営は、プロテスタント等族によって固められていた。ところが、ここでフランスが持ち出した参戦の理由には、両陣営の宗派性に関する議論が意図的に欠落させられている。そして、ブルボン朝の真の狙いは、ハプスブルク家から帝位を奪って我が物とすることにあった。具体的には、帝国議会に議席と投票権をもつ等族から支持を集め、皇帝選挙で勝利して皇帝に推戴され、帝位を

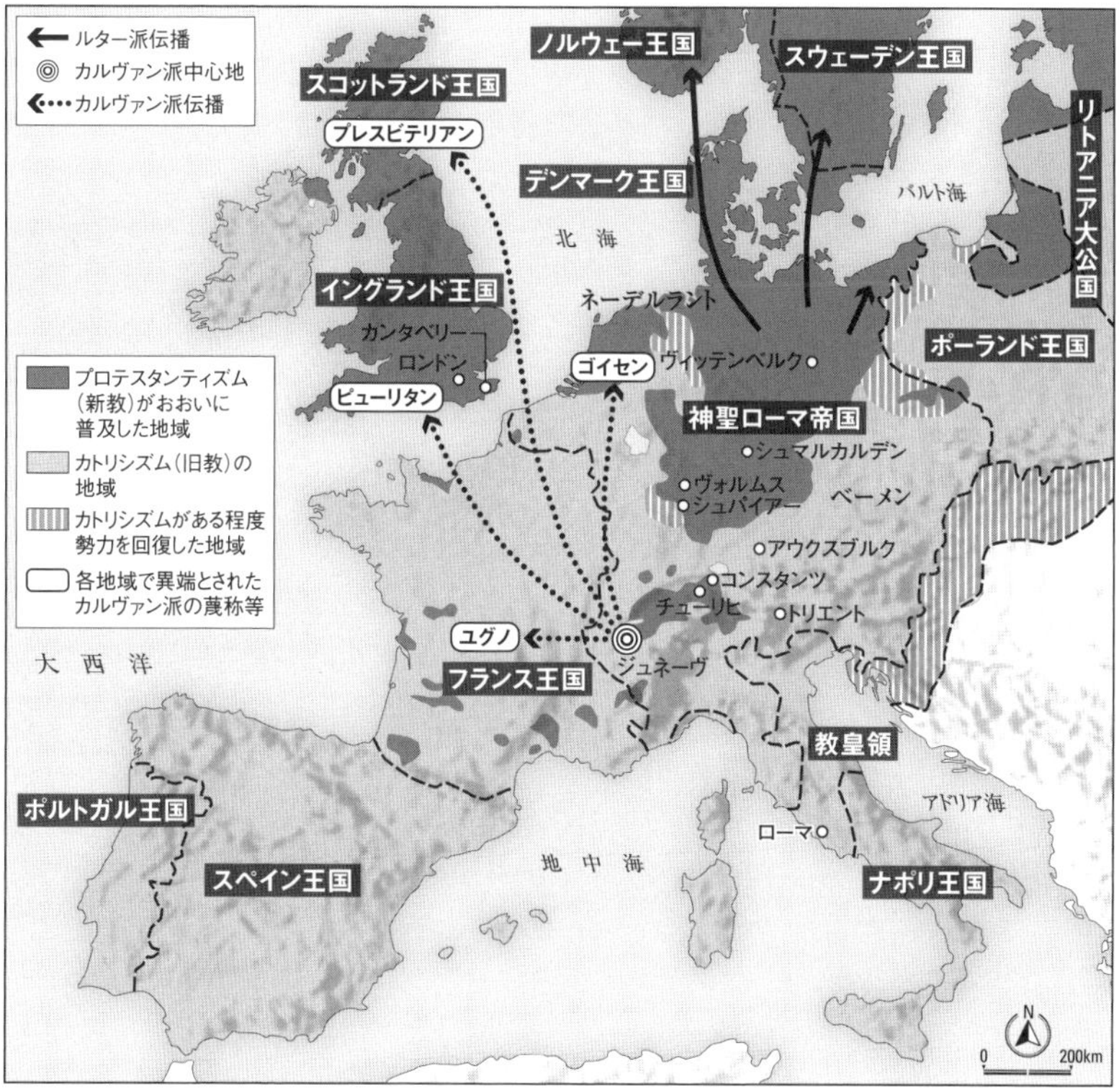

新旧両教派の分布(16世紀半ば)
宗教改革当時の宗派分布図から，両派の混在状況が読み取れる。

ハプスブルク皇帝家から奪うという長期的な戦略構想であった。よくいわれる「新たな主権国家体制の開幕を告げる国家理性の発揮」ではなく、伝統的な皇帝家とフランス王家の勢力争いがそこにある。

フランスの枢機卿宰相マザランは、帝国等族と連携を強め、皇帝選挙勝利の前提となる財力・軍事力も備えようとしていた。長期の宗教戦争で疲弊した皇帝軍は、進撃を開始した新鋭のフランス軍をとめられず、大敗を喫した皇帝は和平を強いられた。皇帝は講和に応じ、フランス王とはウェストファリア条約(ミュンスター条約)を、フランス王と同盟するスウェーデン女王とはウェストファリア条約(オスナブリュック条約)を結んだ。

だが、この勝利はフランスにとって苦いものとなった。長い伝統をもつハプスブルク皇帝家の外交は、つねにしたたかである。この時も敗者でありながら、交渉の合意内容に将来的な展望を盛り込むのを怠ることはなかった。ミュンスター条約に仕込まれたのは「遅効性の毒」であった。安酸香織が指摘するように、フランスからアルザス地方に存在するハプスブルク家領の割譲を求められた皇帝家は、その条件を巧妙に整えた。ここで皇帝がフランスに譲渡したのは、権限が曖昧なアルザスのラントフォークトという官職とハプスブルク皇帝家の所領だけであった。各等族と封建関係を結ぶ皇帝と異なり、フランス王はアルザス地方全域に権力を行使しうる明瞭な根拠をもたなかった。そのため、アルザスで大規模な軍事行動をおこなおうとすると、どうしてもフランス領のなかに虫食い状に点在する中小の帝国等族の所領と、それに付随する諸権利が邪魔になった。帝国等族の所領はミュンスター条約による譲渡の対象外であった。しかし十七世紀後半、フランスは国益追求を優先し、それらを蹂躙《じゅうりん》する。対抗上、アルザスの帝国等族は帝国議会に使節を送り、フランスによる権利侵害を訴えた。それを受けて帝国等族はフランス王を共通の敵とみなすことで一致し、プロテスタントも含めて皇帝支持で結束した。フランス王とプロテスタント等族の良好な関係は終わり、皇帝は両者を反目させることに成功する。かくして、帝国議会で等族の支持を集め、皇帝選挙で勝利するというブルボン朝の野望は潰えた。

ウェストファリア体制下の「宗派化」

ウェストファリア条約によって、君主の信仰がその支配がおよぶ地域の信仰となる原則が定められたが、カトリックとプロテスタントが混じり合って暮らす地域では対立と紛争が続いた。宗派の混在が持続するなかで、君主の信仰とその領地の多数派の信仰が不一致である地域がまれではなかったからである。

このような宗派対立を前提とする社会のあり方を、ヨーロッパ近世史研究では「宗派化」とし、ヨーロッパ大陸が「宗派化」された時代をウェストファリア体制と呼ぶ。当時、ライン川左岸地域には、「宗派化」された小さな領邦国家が多数存在した。それらはのちのフランス革命戦争によってフランス共和国に併合され、その県制度のもとにおかれた。この併合地は一八一四年の第一次王政復古によって元の支配者に返還されたが、その際にフランス統治下の行政文書がパリへ移送され、現在はパリのフランス国立公文書館に収蔵されている。そのなかに、ウェストファリア体制期にカトリックの君主が没収し、カトリック用に改装して使用した教会堂を返してもらいたいと、プロテスタントの地域住民が現地の県知事に願い出た請願書が残されている。

フランス本土の場合、カトリックとカルヴァン派の戦いで多くの血が流されたユグノ戦争ののち、一五八九年のアンリ四世即位と九八年のナント王令の発布により、一応の宗教的安定がもたらされた。しかしその実態は、フランス王国の領内でカトリックとプロテスタントが地理的な住み分けをおこない、お互いを引き離して紛争を避ける体制を整えたものであった。これは古い定説と異なり、近代的な宗教的自由の保障とは異質なものである。ナント王令に定められたプロテスタント都市は、自治権を保障されたうえで、防衛のために高度に要塞化することが容認され、王権が立ち入る隙のない国家内国家と化した。

危うい国内の宗教バランスを支えた国王アンリ四世が一六一〇年に暗殺されると、状況は大きく変化した。後継の国王ルイ十三世とリシュリュー枢機卿宰相は、教皇庁やフランス聖職者団と良好な関係を築くことで王権の強化をめざした。彼らは宗教的寛容政策を転換し、フランス西部最大のプロテスタント拠点都市ラ・ロシェルの攻囲戦(一六二七～二八年)に代表される、プロテスタント自治都市を武力で王国に再統合する政策を強行した。

その後もフランス王権は、プロテスタントの諸権利を剥奪していった。それは最終的に、ルイ十四世による一六八八年のナント王令破棄に行き着いた。国王はそれを定めたフォンテーヌブロ王令にこう書き記させた。

自称改革宗教〔カルヴァン派〕に属する我が臣民のなかで、最良にして最大のグループがカトリックを信仰するようになり、その結果として、ナント王令および自称改革宗教のために命じられたすべての優遇措置の執行は、今や無用のものとなっている。

このような現状認識に立脚して新たな宗教体制が構築され、カトリック教会は独占的な地位を認められて「支配的宗教」と称した。今日、ルイ十四世の宗教政策は強く批判されるが、「君主の宗教をその国の宗教とした」点で、ウェストファリア体制には適合的であった。それが具体的に信仰の場にいかなる事態をもたらしたのか、続いてみていこう。

フランスにおける「支配的宗教」

「支配的宗教」は耳慣れない言葉であろう。この時代、カトリック教会はフランスの公共圏でおこなわれる宗教活動を独占していた。カトリック教会は社団の一つとして王権と密接な関係を保ち、社会に強大な影響力を行使した。「支配的宗教」とは、そのような地位・状態を指す。そしてフランス聖職者団は、信徒に対する司牧や信徒とともに挙行する礼拝を通じて、秩序維持の担い手となった。とくに司祭らは、最後の審判の折に人々の魂が選別され、天国へのぼる者と犯した罪で地獄に落ちる者とに分けられるという教義を利用した。彼らは教会に従順でない信徒が告解で罪を告白したさいに、赦しを与えないことで圧力をかけ、教会への服従と規律の遵守を強いた。

この時代、王国の初等教育を担ったのも聖職者であった。彼らが子どもたちに読み書きと道徳を教えるために使用した教理問答書によって、基本的なカトリック教義の説明と信徒のはたすべき義務も教授された。当時、民衆向けの教育とカトリックの宣教は、渾然一体のものとして実施された。近世フランスでは、カトリック信仰の堅固な地域でも、信徒の信仰心をさらに強く正しく育むために何度も宣教団が送り込まれた。広場や街道の辻には、宣教団の活動成就の証である伝道の十字架が打ち立てられた。

カトリック教会は、社団としての力を強めるため、教会の利害と貴族身分のそれとを一致させる方針

シャンパーニュ地方ランス市内にあるカトリック教会の小礼拝堂と，その前の広場に建てられた石造りの十字架

もとった。司教や大修道院長といった高位聖職者、すなわち教会の名誉ある高収入の職には、長子相続制のもとにあって不遇を強いられる名門武家貴族の二男、三男が独占的に叙任された。そうして職を得た武家貴族生まれの司教に、のちにフランス革命で活躍し、ナポレオンの外務大臣となるタレランがいた。彼は名門の武家大貴族の長男であったが、乗馬中の事故で重傷を負い、片足を引きずる障《しょう》碍《がい》者になった。剣をとれなくなった息子に武門の家名を汚したと父は激怒し、彼を廃嫡したうえでオタン司教に叙任されるよう手配して厄介ばらいした。聖職者になる未来など思い浮かべたこともなかった彼は担当司教区に赴くことさえせず、パリやヴェルサイユの社交界にとどまった。かたわらに美女を侍らせ、酒と賭博に耽溺する享楽的な暮らしを続けた。意に反して高位聖職者となった武家貴

族子弟の生き方として、そんな若き日のタレランは例外ではなかった。

それに対し、下級聖職者は多くが貧しい生まれだった。彼らは教会で職を得ることにより、貧窮の苦しみを脱した者たちだった。ただし、彼らは下級聖職者の地位に多くを望むことはできなかった。市町村より狭い、町内会レベルの広さしかない小教区で暮らす信徒が支払う、わずかな礼拝の謝礼金で、彼らは自分の生計と小教区教会の運営を賄った。絶対王政下の聖職者ヒエラルヒーで、下級聖職者の上昇限度は小教区の長である主任司祭であった。さらに上の位階に昇進するルートは存在しなかった。高位聖職者と下級聖職者は明瞭に分断されており、それは聖職者団に具現される身分制と呼ばれている。

当時の信徒にとって、主任司祭が代表するカトリック教会は二律背反の存在であった。中世以来、領主の暴虐にさらされる領民のかたわらに立ち、国王や司教に領主の悪逆非道を訴え、貧者の力になろうとした司祭や修道士は少なくない。しかし当時のフランス・カトリック教会と聖職者団はそれぞれが社団であり、貧者を搾取する封建領主の顔ももっていた。

その搾取の象徴は、信徒に課された教会十分の一税である。これは、飢饉や災害などの危機に備え、小教区の信徒同士の相互扶助を目的に導入された税である。各信徒の収入・収穫の十分の一を徴収し、各小教区で備蓄した。ところが、備蓄の管理を委ねられた主任司祭が、予算の不足から、教会堂の修復や司祭の生活費としてこの税を目的外に流用することが多かった。いざ危機が現実のものとなり、蓄えを使う必要が生じた時、流用されて残っていないことが発覚する。その悔しさは信徒の世代を越えて語り継がれ、この税に対する敵意と反発をおおいに強めた。

「支配的宗教」と「礼拝の公共性」

さて、「支配的宗教」として王権と深く結びつき、その支配の強化に貢献することで、カトリック教会が得た見返りとは何だったたか。それは「礼拝の公共性」をカトリック教会が独占することであった。「礼拝の公共性」とは、ある国の公共圏で人目にふれるかたちの礼拝をおこなうことであり、それをおこなう権利も意味した。ブルボン朝はそれをフランスでカトリック以外の宗教宗派には全面的に禁止し、禁を犯す者を厳しく断罪した。例えばプロテスタントの牧師がフランス領内で捕縛されれば、宗教活動をしていなくても死刑であった。

意外に思われるかもしれないが、教皇庁の方針でも、当時のフランス王権の定めでも、一般の信徒がカトリック以外の信仰をもつこと自体は罰せられるべき罪ではなかった。教皇領には、教皇自身の保護を受けて一定数のユダヤ教徒が暮らした。彼らは教皇国家で、利子を禁じる教義の関係からカトリック信徒では担当できない金融などの仕事を委ねられていた。ブルボン朝が、プロテスタントであるとわかっている外国人に、国家の要職を委ねることも異例ではなかった。王国が必要とする高度な技能をもつ専門家を国外に求めるとき、その信仰が問われることはなかった。その代表例が、ルイ十六世が財務長官としたスイス人銀行家ネッケルである。

その背景には、ブルボン朝は、異教異端の信仰をもつことを法で禁止しても、得られる成果が薄いことを認識していたことがある。中世以来のユダヤ教迫害の結果として、我が身と家族を守るため、拷問で責め立てられた者は「喜んで改宗する」と、本心と違うことをいうのがわかっていた。しかも多くの偽装改宗ユダヤ教徒は、土曜には家族だけでユダヤ教の礼拝サバトを秘密裏に開いてヤハウェに祈り、日曜にはキリスト教のミサに堂々と列席して救世主イエスへの祈りに唱和した。彼らは熱心で敬虔なカトリックにしかみえなかった。結果としてフランス王権は、改宗したユダヤ教徒やプロテスタントに、その真摯さを問うても意味がないと判断した。

それゆえ、近世フランスのカトリック教会にとって、「支配的宗教」の地位の保持、すなわち公共圏から他の宗教宗派を排除し、そこで人目にふれるかたちの宗教活動をおこなう権利を独占し続けることが最重要課題となった。それは教皇庁がつねに求めるところでもあった。カトリック教会が勝者であることは、フランス国民の目にそうして可視化されたのである。

迫害下のフランス・プロテスタント

「支配的宗教」の時代、フランスのプロテスタントは王権によってさまざまな圧力を加えられた。それにさらされたカルヴァン派の人々は、地下に潜伏して活動を続ける。そうして彼らは王権からの迫害を耐え抜き、「支配的宗教」の終焉までその信仰を守った。

ブルボン朝が用いた迫害手法の一つが、竜騎兵宿泊である。ルイ十四世時代の竜騎兵は陸軍の騎乗歩兵部隊であったが、国内でプロテスタントに改宗を強要することを任務として運用された。その兵士は武装してプロテスタントの各家庭に分宿し、迫害をおこなった。十七世紀当時、民家への兵士の分宿は通常のものでさえ重い負担として忌み嫌われた。例えば一六二八年にイングランド議会が国王チャールズ一世に提出した権利の請願でも、規制が要求されている。竜騎兵宿泊の場合、兵士には勝手な飲み食いや家産の窃盗が容認されていたうえ、改宗させる手段として家人に暴力をふるうことも認められてい

アルザスの中心都市ストラスブール市内のルター派地区にある神学校
プロテスタントらしく，外観や規模もカトリックより質素なものにとどめられている。

た。結果は対象とされたプロテスタント共同体にとって破滅的なもので、大量の改宗者が生じた。ただし、竜騎兵宿泊が用いられたのは伝統的なフランス本土に限られ、ウェストファリア条約の保護下にあるアルザス地方は対象外であった。そこには、王権や富裕なカトリック信徒の篤志家からの資金で宣教団が送り込まれたが、改宗に応じる者は少なかった。なお竜騎兵は革命前夜に迫害任務を解かれ、陸軍で通常の騎兵部隊として運用された。

「支配的宗教」が存在するフランス近世社会では、プロテスタントの日常生活は困難なものであった。迫害で牧師を欠いたプロテスタント共同体が多く、各信徒の人生の節目におこなわれる各種の宗教儀礼を実施するのにも困難がともなった。例えば、この世に誕生した人を、キリスト教徒となす儀礼が洗礼である。これについてフランスのプロテスタントは、カトリック司祭によって施された秘跡としての洗礼であっても有効であるとした。キリスト教では、洗礼を受けずに死んだ者は不信仰者として地獄に落とされる。そのため、プロテスタントの親だけでなく、洗礼を施すカトリック主任司祭も、宗派を問わずに赤子へ洗礼を施してキリスト教徒となし、不信仰者として死ぬ者を一人でも減らすことは重要な務めであった。しかしプロテスタントは、カトリック司祭によって授けられる婚姻の秘跡と終油の秘跡、臨終にさいしての最後の告解を、宗教的に意義あるものとして認めなかった。カトリックの主任司祭にとって、プロテスタントは秘跡を拒否して神の救いの手を拒む異端者であり、司祭の許可なく夫婦になるなど宗教的倫理にもとる存在であった。

ルイ十四世は、プロテスタントが王権の定めた秩序を乱すことを重くみて、抑圧を強化する。「事実婚」夫婦のあいだに生まれた「私生児」は両親から引き離され、王権が建設した専門の「孤児院」に収容されてカトリックに改宗させられ、そこで修道女によって敬虔な信徒となるよう厳しく躾《しつ》けられた。さらに「事実婚」の「内縁の妻」や「私生児」には、「内縁の夫」が死去した場合の相続権が認められなかった。遺産のすべては王権によって没収された。王権が富裕なプロテスタント商人の死後に遺族を経済的破滅に突き落とすことで多くの悲劇が生まれ、悪影響は広く社会におよんだ。それを受けてルイ十六世は、プロテスタントの結婚や死亡に法的地位を与えるために法整備を命じた。一七八七年のヴェルサイユ王令により彼らの結婚や死亡を記録する台帳が整備され、子育てと相続の権利がプロテスタントに保障された。かつてこの王令は寛容令と呼称されていたが、王令の前文に宗教活動に対する保障は一切含まないと明記されており、誤りである。

3 「支配的宗教」の克服と学問・芸術

革命の宗教的自由とナポレオンの公認宗教体制

絶対王政末期、異端取締りを命じられた取締担当者のなかに、巧みな誘導尋問でプロテスタントが信仰告白するよう導いて、その者を公共圏で異端者であると公言した罪で逮捕、処罰したと思われる事例がある。キリスト教は信徒に対し、信仰告白、すなわち公共空間で自らの信仰を声に出していうことを、重要な宗教的義務として課している。ブルボン朝は人の内面に秘せられた信仰を処罰の対象とはしていないが、「異端信仰」を公共空間で公言して「支配的宗教」に挑戦したとなれば別である。そういう先例があったからこそ、人権宣言第十条では、宗教的意見の表明は自由であると定められた。

一七八九年の人権宣言制定により、公共圏で「異端」の信仰告白をしても罰せられなくなった。「礼拝の公共性」はカトリック教会が独占するものではなくなり、宗教的多元性のもとで宗教選択の自由が保障された。これは王権と一体化した「支配的宗教」の消滅を可視化し、大きなインパクトを社会に与えた。

問題は、人権宣言には礼拝の形態に対する不干渉の原理が含まれていなかったことにある。それはある宗教宗派が挙行している礼拝について、国家権力や他の宗教宗派が干渉しないことを基本原則とする定めである。国家に関しては、治安維持上の対応は例外として許容されるのが一般的である。この保障を欠くと、政府に批判的な宗教集団が弾圧されたり、対立する宗派間で「相手の間違った信仰をやめさせる」という理由で紛争が始まったりする。しかし、革命初期の段階ではそこまでの議論はおこなわれず、結果的にナポレオン体制によって宗教の安定がはかられるまで、フランスは十年の宗教的混乱に陥る。

一七九九年、ブリュメールのクーデタで権力を握ったナポレオンは、ただちに宗教の安定をめざした。難しい交渉のすえ、彼は一八〇一年に教皇ピウス七世とコンコルダを締結する。革命下の弾圧によって、フランスで「礼拝の公共性」を失っていたカトリック教会はそれを回復し、ナポレオンは教皇庁と関係を正常化した。それを受けて宗教監督官に任じられたポルタリスは、〇二年にコンコルダ、カトリックの附属条項、プロテスタントの附属条項の三つを束ねた国内法である、共和第十年ジェルミナル十八日法の起草と制定を主導した。これはカトリックに加えて、ルター派とカルヴァン派を公認し、プロテスタントにも「礼拝の公共性」を保障し、公認宗教体制を確立する法律であった。

教皇庁を中心とするカトリック保守派は、ナポレオンによる「異端」の公認に強く反発した。しかし、複数宗派の公認という他に例をみない政策により、ナポレオンは宗教の安定を実現した。彼は「礼拝の公共性」を中心とする宗教的自由の行使に法的な保障を与え、同時に「宗教的多元性の保障」と各宗派の「礼拝の形態に対する不干渉の原理」を守るため、監視と保護の準備も調えた。公認宗教体制のもとでは、行政や警察、聖職者が加わった人的ネットワークが形成され、それを通じて監視と保護は一体運用された。そのため、そのネットワークは双方向性をもつ強固な紐帯となり、国家と諸宗教を長期間安定して結びつけた。一八〇八年には、ユダヤ教も追加公認された。ナポレオンが確立した公認宗教体制は、一九〇五年に第三共和政が破棄するまで存続し、百年を越えてフランス国民に平穏な日常の宗教実践を保障し続けた。

「支配的宗教」と知的な営み

絶対王政期の「支配的宗教」は、そのもとにおかれた学問や芸術にも影響をおよぼした。ヴォルテールらの啓蒙思想や、ディドロやダランベールによる百科全書派の学問は、理性と知識で世界を把握しようとする先駆的な知の営みであった。その本質はカトリックが掲げる神中心の教義に異議申し立てをおこなうもので、この種の著作は政府による検閲で禁書の指定を受けることが多かった。しかしながら、彼らは迫害を受けるどころか、ポンパドゥル女公爵ら国家権力の中枢に位置する有力者の保護を受け、先端的な学問や新思想を好む貴婦人のサロンの常連となり、そこで自説を開陳するなど公然と活動した。こうした「逸脱」は、支配層のなかで楽しむ場合には大目に見られた。

カトリック聖職者団の内部では、当時も今日も、科学に対する態度は割れている。原理主義的な神中心主義から、「人間が知るべきことはすべて聖書に書いてある」と豪語し、人間の知的営為の意義を否定する司祭もいる。しかし教皇庁の見解は異なる。一九六五年に第二ヴァチカン公会議で定められた『現代世界憲章・喜びと希望(Gaudium et spes)』に明記されているように、神の存在を否定し無神論を立証しようとするものでなければ、科学研究は自由だと定められている。

近世から近代にかけて、聖職者のなかにも先端的な科学研究に従事する者があらわれた。神の被造物であるこの世界が従っている「神の定めた、秘められたルール」を解き明かすことに、彼らは情熱を燃やしたのである。それを代表する存在は、ドミニコ会士ジョルダーノ・ブルーノである。ルネッサンス

カトリック教会の中心地，ローマの聖ペテルス大聖堂
聖ペテルスの墓とされる遺跡の上に建てられ，それが教皇の権威の源泉ともなった。

期のローマで、彼は異端審問所に喚問されながら、断罪された自説、すなわち地動説を中心とする研究業績を撤回せず、科学者としての信念に殉じて火刑に処せられて死んでいった。

「支配的宗教」が存在する国家では、教会の権威に挑戦した科学者は、教会裁判で断罪されるリスクをまぬがれられない。異端教説の提唱や瀆《とく》聖《せい》、背教の罪を裁く権利は教会に属していた。たとえ教会裁判や異端審問所で断罪されずに済んだとしても、彼らの日常生活には迫害のリスクが存在し続けた。司祭へ告解しても罪の赦しが得られない立場におかれたり、死後に司祭から異端者として教会墓地への埋葬を断られたりする恐怖が、その者を待ち構えていた。「支配的宗教」のもとで科学研究は可能であったが、それは教会の権力から自由ではなかった。

必然的に、解剖学や進化論といった生命を対象とする学問は、革命以降に発展期を迎えた。フランス革命が「支配的宗教」を打倒し、ナポレオンの公認宗教体制によってそれがフランスで二度と再興されないことが保障されたのちに、ようやく長足の進歩を遂げたのである。公認宗教体制は宗教的意見の多様性を保障するもので、その確立以後はカトリック教会の教義と一致しない学説を提唱しても、教会裁判にかけられる恐れはなくなった。そのため、公認宗教体制が発足した一八〇二年以降に、ピネルとビシャの解剖学の研究、ラマルクの進化論の研究といった、聖書の「天地創造説」を乗り越える科学史上の大きな成果が、つぎつぎと公刊された。

一般に科学革命は十六世紀に始まるとされるが、こと研究成果の発表と流布において、「支配的宗教」の存在は巨大な障害であった。ブルーノやガリレオが教会裁判にかけられ、自説の撤回を強要されたのは、当時のローマが教会との見解の相違を許さない「支配的宗教」のもとにあったからである。市民革命による「支配的宗教」の排除は、近代科学の成立に不可欠の前提条件であった。

ここで始まる研究環境の好転と先駆者達の成功を受けて、医学が劇的に進歩したのは、一八七〇年代以降であった。パスツールとコッホによる近代細菌学の確立により、多くの病気の原因が病原菌であることが証明されたことが転機となった。近代細菌学以前のヨーロッパでは、病気は病人自身が犯した宗教的な罪が招き寄せた神の罰であるとする、宗教的な考え方が支配的であった。病気の原因を特定できない医者がおこなう治療は、瀉血《しゃけつ》と対処療法が中心で、ほぼ効果がなかった。そのため、瀕死の病人を病院ではなく教会に連れて行って、司祭の媒介によって神の慈悲と赦しを請い願い、本人と家族で祈りを捧げるという神中心主義的な対応にも、一定の妥当性があった。人間の生と死において近代は、医学に全面的信頼をおく現代よりも、神の手に病者を委ねた近世との連続性が強かった。

「支配的宗教」と絵画芸術

ルネッサンス以来、古典古代の神話に着想を得た異教的な題材の絵画が多く描かれてきた。ボッティチェッリの『ヴィーナスの誕生』は、描かれた当時から名高い傑作であった。カラヴァッジョやミケランジェロらルネッサンスを代表する芸術家が、ローマで古典古代の題材で作品を製作した時、その多くは教皇を中心とするカトリック教会の要人が発注者であった。その種の作品はフランスでも人気があった。王立絵画・彫刻アカデミーが主催する官展にもさまざまな古代テーマの絵画が出品されている。「支配的宗教」のもとにあっても、異教の神を描いた芸術作品を鑑賞することは広く許容されていた。それが異教の聖画像ではなく、信仰とは無関係に鑑賞される美術品であることはすでに共通認識であった。

同時に、官展にはキリスト教をテーマとする宗教画も多数出展されたが、それらも「礼拝すべき崇敬の対象」として扱われなかった。世俗的ないし異教的な画題の絵と同様、絵画芸術として鑑賞された。信仰の対象として敬うべき聖画像の機能は、官展で展示されることで一時的に停止された。ただ、聖画像としての機能の停止は目にみえるものではなく、その違いを理解するのは容易ではない。近年、東京国立博物館の国宝展で展示された阿弥陀如来像の例がわかりやすい。如来像は寺からの搬出前に僧侶が「御仏の魂」を抜く儀礼をおこなって、信仰の対象ではない状態にして展示に備える。にもかかわらず、国宝展を見学にきた門徒の方々は、如来像の前に賽銭を供え、念仏を唱えて祈りを捧げていた。

服部春彦は『文化財の併合』において、この問題をフランス革命初期の議会でルーヴル美術館設立にさいして提唱された、「博物館による収蔵品の世俗化機能」によって解説した。それは反封建・反教権

コンデ公の居館シャンティイ城の絵画室
19世紀の所有者オマル公によって修復されたものだが，現代と異なる近世以来の伝統的絵画展示法を今日に伝える。

を掲げた革命家のヴァンダリズムによる文化財破壊運動から、教会の貴重な美術品を守るために生み出された考え方で、近代博物館の基本理念の一つである。すなわち、宗教画や聖画像は博物館に収蔵された瞬間に世俗化され、一個の文化財となり、見学者に向けて美術品として公開されるという考え方である。これを欠くと、聖職者ではない俗人の学芸員が、宗教に由来する文化財を収蔵し管理し展示することが困難になる。この博物館の世俗化機能は革命による発明ではなく、その起源の一部は絶対王政期の宗教的画題による絵画芸術の鑑賞に存在する。

そして、ここで述べたどの事例でも、絶対王政期の学問や絵画芸術は、その成果を受容する層が特権身分に限られていた。啓蒙思想家を交えて社交がおこなわれる貴婦人のサロンには、一定の公共性があって、閉ざされた私圏の一部ではない。しかし、そこで共有される情報は公共圏に開かれたかたちでは存在せず、広く社会に知られるものではなかった。王立絵画・彫刻アカデミーが主催する官展も、当時は美術鑑賞が一般的な行為ではなく、民衆でも自由に出入りができる公共に開かれた場ではなかった。絶対王政において、先端的な学問や芸術の成果の受容もまた、身分制のもとでの特権とされたのである。

フランス革命と美術館の成立

フランスにおいて美術館の創設が試みられるようになった端緒は、啓蒙主義の影響で、ブルボン朝末期に王家のコレクションを有効利用しようとしたことであった。一七九二年に革命戦争が始まってから、美術館の創設は具体化した。フランス軍が列強の同盟軍に対して反撃に転じ、占領地を拡大するなかで、政府の命令によって組織的に各地で著名な芸術作品が戦利品として獲得された。パリに届けられた傑作を展示する施設として、のちにルーヴル美術館となる共和国中央美術館が開設された。

ナポレオンは、美術品のもつ社会的影響力と中央美術館の機能に理解があった。彼は一七九六年に第一次イタリア遠征へ出陣すると、対仏同盟に加わった各都市国家やローマ教皇の部隊を撃破した。彼は敗者に賠償としてルネッサンス期の傑作を譲渡するよう要求し、相当なコレクションをパリへ送った。さらに一七九九年、彼はクーデタで最高権力を手にすると、まもなく軍を率いて第二次イタリア遠征に赴いた。その快進撃には、占領した各地で名高い美術品や稀覯本《きこうぼん》を確保して没収することを任務とする委員が随伴した。彼らはパリに向けて、だれもが知るイタリア芸術の傑作をつぎつぎと発送した。ナポレオン大勝利を可視化する戦利品は大々的なパレードでパリ市民にお披露目され、熱狂をもって迎えられた。さらに彼は中央美術館をナポレオン美術館と改称し、その拡充を命じた。

ナポレオン体制の美術行政を統括する立場にあったのは、ヴィヴァン・ドノンであった。彼は館長となったナポレオン美術館をたんなる戦利品展示施設で終わらせるつもりはなかった。彼はヨーロッパ美術史の始まりから同時代まで、すべてを傑作の実物から学ぶことができる、芸術家の教育施設の機能をもつ世界一の美術館をつくり上げることを夢想していた。ドノンはそれを実現するためにナポレオンの政治力と軍事力を利用し、必要となる不朽の名作をすべて入手しようとした。彼は自ら戦地に足を運び、自分の目で作品を確かめ、必要と判断すると没収してパリに送る作業を率先しておこなった。

ドノンがナポレオン美術館に想定した主たる利用者層は、啓蒙すべき自国の民衆ではなかった。ナポレオン美術館は、だれでも見学できる一般公開日は厳しく制限されたのに対し、自国の画学生や外国人の来訪者は休館日であっても見学が許された。ナポレオン美術館は、芸術の高みをめざす者たちに一流の芸術とは何たるかを示すことをその任務とした。

しかしドノンの夢は、ナポレオンがワーテルローで決定的敗北を喫したことで、完全に瓦解した。かつて芸術作品を奪われた同盟国は、パリに使節を送って迅速に回収を進めたのである。しかし列強の多くは、回収した作品を元の教会や貴族の館に戻すことはせず、新たに首都に国立中央美術館を設立して、そこに展示した。ナショナリズムが国民統合の中軸におかれた近代世界において、自国が育んできた美術の栄光ある歴史を国民に広く伝道することが、それら新しい国立美術館に与えられた任務であった。各国で、民衆が美術鑑賞を通じて民族意識の身体化と愛国心の涵養を求められる時代が訪れた。

4　フランス革命による教育政策

絶対王政下の教育

革命以前のフランスでは、貴族や富裕なブルジョワが利用した家庭教師を除き、教育は教会が担うものであった。絶対王政は、王権神授説をとって「支配的宗教」との一体化を進め、聖職者による初等・中等教育に民衆の教化と規律化を委ねたのである。小教区教会の司祭らがおこなう日曜学校での教育では、宣教の一環として教会が制定した教理問答書がテキストとして用いられた。より組織的な中等教育の担い手としては、イエズス会やオラトリオ会など教育系修道会が運営しているコレージュが存在した。コレージュではおもにフランス語の読み書きと計算に加えて、人文学や古典語文法も教えられた。

それらとは別に、世俗的な高等教育が存在した。フランス絶対王政のもとで社会的上昇をはたし、国家エリートとして支配体制に加わるルートが、テクノクラートを養成する学校によって開かれていた。ルイ十五世は、架橋と道路建設を中心に、構造計算を必要とする土木工事に対応できる専門技術者を育成する必要性を認め、一七四七年に王立土木学校を創設した。ルイ十六世も、高度な専門知識と技術を必要とする坑道建設を中心に、鉱山の効率的な運営のため、八三年に王立鉱業学校を設立した。両校は国家エリートたるテクノクラートの養成校として今日まで存続し、それぞれ専門の技術者を輩出している。

絶対王政の社団であった教育機関の解体

一七八九年は、近代的な公教育の成立という点でも転換点であった。フランス革命は旧体制の社団を不平等の象徴として解体した。そのなかにはコレージュを運営していた教育系修道会も含まれていた。中世以来の伝統をもち、教授と学生が所属して、彼らの学びと生活の場としてギルドを形成した旧制の大学も、解体すべき社団であった。九一年以降、フランスでは大学の各組織が順次廃止され、長い伝統を誇った旧制パリ大学も、九三年にその組織的活動を終えた。

革命期のフランスでは、主権者たる国民を聖職者の影響力から解放するため、世俗的な教育を確立する必要性が叫ばれていた。竹中幸史によれば、世俗の初等公教育の整備が議会で熱心に論じられ、少なからぬ法律が制定されたが資金と人材と設備が圧倒的に不足していた。上垣豊が明らかにしたように、初等公教育の整備を実施できるようになったのは十九世紀の後半であった。中等公教育については前田更子が示したように、総裁政府(一七九五〜九九年)によって、各県に県レベルでの中央学校設立が命じられ、整備が進められた。中央学校は一定の成果をあげたのち、ナポレオンがリセに改組し、今日にいたる。

国家エリート養成校の設立——理工科学校と模範学校

総裁政府はテクノクラートとして国家を支える実務家育成を充実させる狙いで、高等公教育の整備も進めた。ここで定められた基本方針が、現在のグランゼコール(国家エリート養成校)による優れた人材の国家的育成政策の端緒である。

国民公会は、共和第二年テルミドール九日（一七九四年七月二十七日）のロベスピエール派によるクーデタ未遂事件を鎮圧し、恐怖政治を終息させた。その後、共和第三年ヴァンデミエル一日（九四年九月二十二日）から、高等公教育の整備が進められた。同七日（九月二十八日）に、著名な数学者の議員モンジュと、同じく数学者として知られ、革命戦争の供給連鎖管理で辣腕をふるって「勝利の組織者」と綽名《あだな》された議員カルノが中心となり、土木技術者の養成を目的とする公共事業中央学校の設立が提案され、可決された。この学校は共和第三年フリュクチドール十五日（九五年九月一日）に、理工科学校（エコール・

旧制パリ大学ソルボンヌ校舎
現在，日本の学部に相当する規模であるパリ第1，第3，第4の各大学が配置され，共同利用している。

ポリテクニーク)に改組される。ここで、「ポリ＝複数の・並行した」「テクニーク＝技術教育」という新名称に則してカリキュラムが見直された。同校の生徒は、複数分野の技術を同時並行して修得させられるため、卒業には猛勉強が必要であった。

理工科学校はその後、共和第十二年メシドール二十七日(一八〇四年七月十六日)に、第一統領ナポレオンによって改革される。同校は軍の管轄下におかれ、軍の技術将校を養成する学校としての性格が付与された。カリキュラムでも数学重視が打ち出され、軍の技術将校に求められる数学の必要性に応える内容となった。同時に校地は、フランスの高等教育機関が伝統的に位置してきた、いわゆるカルチェ・ラタンの一角、聖ジュヌヴィエーヴの丘に用意された。軍を率いる人材の育成を担いながらも、軍での任官に縛られない国家エリートとしての進路を卒業生に用意するという理工科学校の特色が、ナポレオンが選んだ校地に象徴されている。

少し時期は遡るが、国民公会は共和第三年ブリュメール九日(一七九四年十月三十日)のデクレにより、模範学校(エコール・ノルマル)の設置を定めた。これが今日も世界有数の国家エリート養成校として知られるパリ高等師範学校の起源である。その設立は、革命の成果を社会に広め、あわせて社会改良の実現も狙った多面的な政策であった。当代一流の学者から、哲学と科学に立脚したカリキュラムによって自ら最先端の学問を身につけつつ、同時にそれをより若い世代に教え広める技術を習得し、卒業後はフランス各地に散って、地域の教員を教導する立場に立つ。つまり、次世代のフランス国民の模範たりうる若者を育成することが構想された。模範学校卒業生は、聖職者が有する地域社会への影響力を削ぐことを任務とし、いわばフランス革命による「習俗の革命化」の先兵であった。ただ、壮大な構想に反し

理工科学校の正門
理工科学校の移転後も，ナポレオンが選んだ校地に正門が残された。その装飾には軍事と技術に重きをおく同校の任務が示されている。

パリ高等師範学校
模範学校の後身は，1847年に現在の校地へ移転した際，共和第3年に設立されたことを記念する装飾を施した正面玄関を設置した。

て準備がともなわなかった。自然科学博物館の階段教室における講義は、一七九五年中に半年あまりで終了している。

その後、一度は頓挫した模範学校の可能性に着目したのが皇帝ナポレオンであった。帝国の公教育整備の一環として、彼は模範学校を蘇らせることを決意する。一八〇八年三月十七日、皇帝は少人数制の模範寄宿学校を設置し、教育行政の指導的地位を占める人材を育成すべく、それを帝国ユニヴェルシテ（帝国教員団）の任務に追加することをデクレで定めた。全国から選抜され、入学を許された少数精鋭の生徒たちは、軍隊に準じた厳しい共同生活の規律を課され、軍服に準じたデザインの制服着用が義務づけられ、猛勉強が求められた。それに応えるべく、当代一流の学者を教授陣にそろえるのは、同校の伝統となった。その校地には、聖ジュヌヴィエーヴの丘のパンテオン界隈が選ばれた。それは先行して開校していた理工科学校からも程近い場所であると同時に、今日の新制パリ大学の前身として、一八〇六年に文系、理系、神学系の各ファキュルテが活動を再開させていたソルボンヌ校舎とも同じ界隈に位置した。

その一八〇八年三月十七日、ナポレオンは公教育制度と公認宗教体制を同時に再編成した。まず、ユダヤ教を追加公認して公認宗教体制に包摂し、「礼拝の公共性」を認めて公共圏での礼拝を許すなど、その地位を法的に保障した。その実質は、不足する陸軍の新兵を補うために、ユダヤ教徒の若者を徴兵の対象とする決定をくだした見返りであった。ユダヤ教を厚遇することには、イエス・キリストの受難、その十字架上の死の責任をユダヤ教徒に負わせ、敵視・蔑視の根拠としてきたカトリック教会の保守派からの異議申し立てや、ユダヤ教徒の高利貸しから借金をして苦しむ、フランス東部の多くの貧農からの反発が予想された。同じ日の模範寄宿学校の設置もまた、教育分野でカトリック教会の力に対抗することを狙いとする。あらかじめナポレオンは、それらの埋め合わせを用意していた。この日、彼は公教育全般を統括する職務である帝国ユニヴェルシテ総長を、カトリック聖職者から選ぶと決定した。また、東部のユダヤ教徒に関しては、移住を禁じるなど差別を法制化した十年間の時限立法をおこなった。かくしてナポレオンは、国内の反発を封じて公認宗教体制の強化と世俗高等教育の充実を実現した。しかし、それによって教皇ピウス七世との対立はさらに激化し、事態は翌年の皇帝ナポレオン破門へと突き進む。そしてそれは、ナポレオンに破滅をもたらす没落の始まりであった。

ナポレオン没落後の国家エリート養成政策

一八一五年の百日天下で敗北したナポレオンがフランスを去ると、パリに戻った復古王政は本格的に統治体制を整えていった。二二年、帝国ユニヴェルシテ総長に任じられたヘルモポリス名義司教フレシヌスは、ナポレオン体制を支えるエリートを輩出し、理数系の教育を重視する模範寄宿学校を問題視し、閉鎖させた。ただし、同校とそこで育成されていた人材は、復古王政にとっても不可欠なものであった。同時に、試験に合格すれば入学が認められる国家エリート養成校が、広く国民に保証する立身出世の可能性は、社会の安定性を高める機能も発揮していた。それがどれほど険しく苦しい登り坂であろうと、それをあおぎみる若人には輝かしい明日へいたる一本の道筋であった。さらにそれは、貧しい家庭の親にとって、我が子を働かせるのをやめて学校に通わせる理由にもなった。復古王政は一八二六年に早くも過ちを認識し、準備学校の名で同校を復活させ、ソルボンヌ校舎のそばにあるコレージュ・ルイ＝ル＝グランの旧校舎を与えた。

この変わり身の早さ、優れたバランス感覚こそ、復古王政の長所の一つであった。復古王政は、掲げる大目標はブルボン朝絶対王政復活の一枚看板であるが、実際の施策に意固地さはない。復古王政は百日天下後に教皇庁と再交渉し、公認宗教体制の破却を試みた。一八一七年には両全権代表団のあいだで合意が形成され、新たなコンコルダの調印がはたされた。ところがその合意内容は、一五一六年に結ばれたコンコルダを復活させるなど、あまりに時代錯誤なものであった。無残な結果に直面した復古王政は新コンコルダの批准を避け、それにはピウス七世の教皇庁も同調し、このコンコルダは発効すること

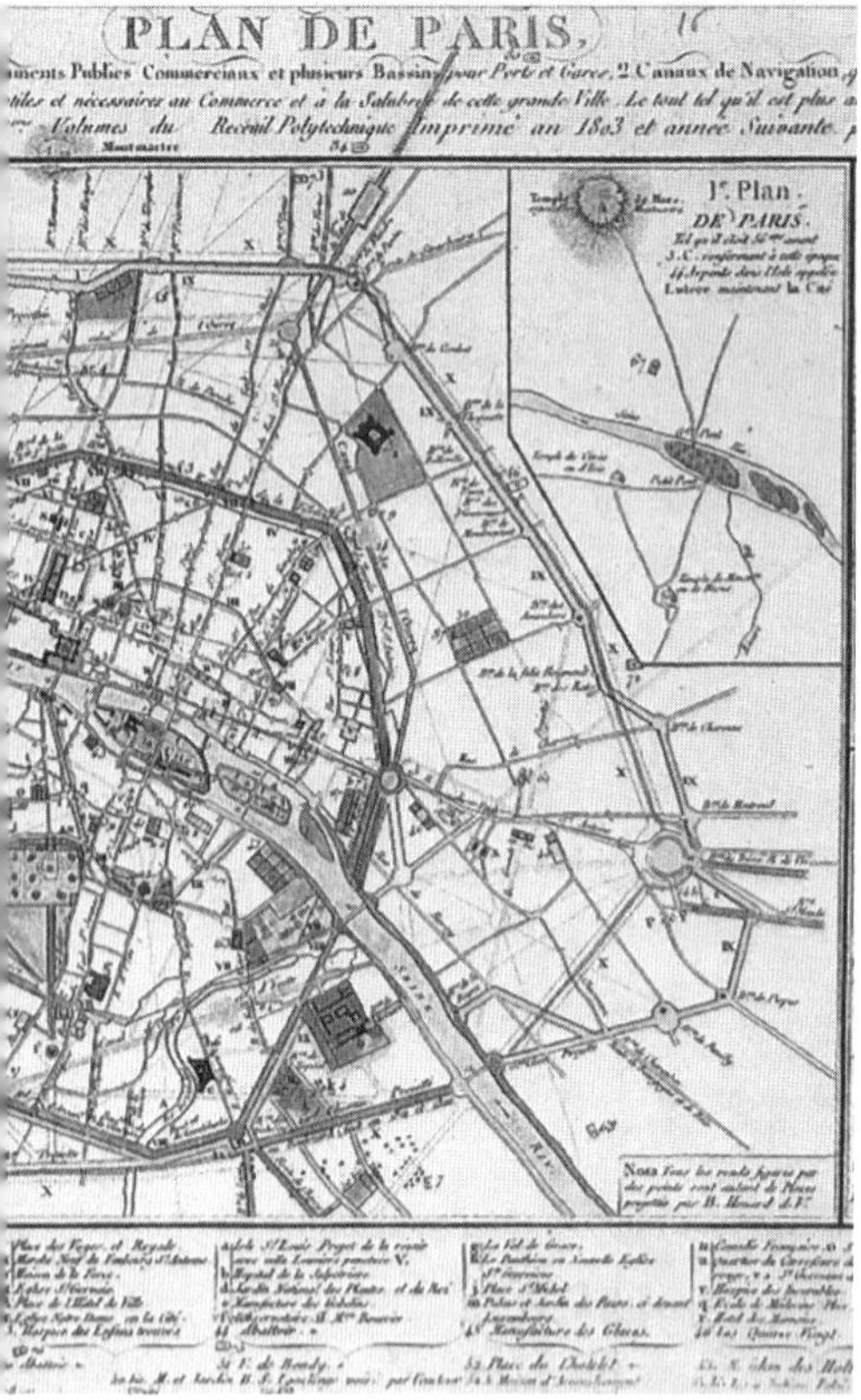

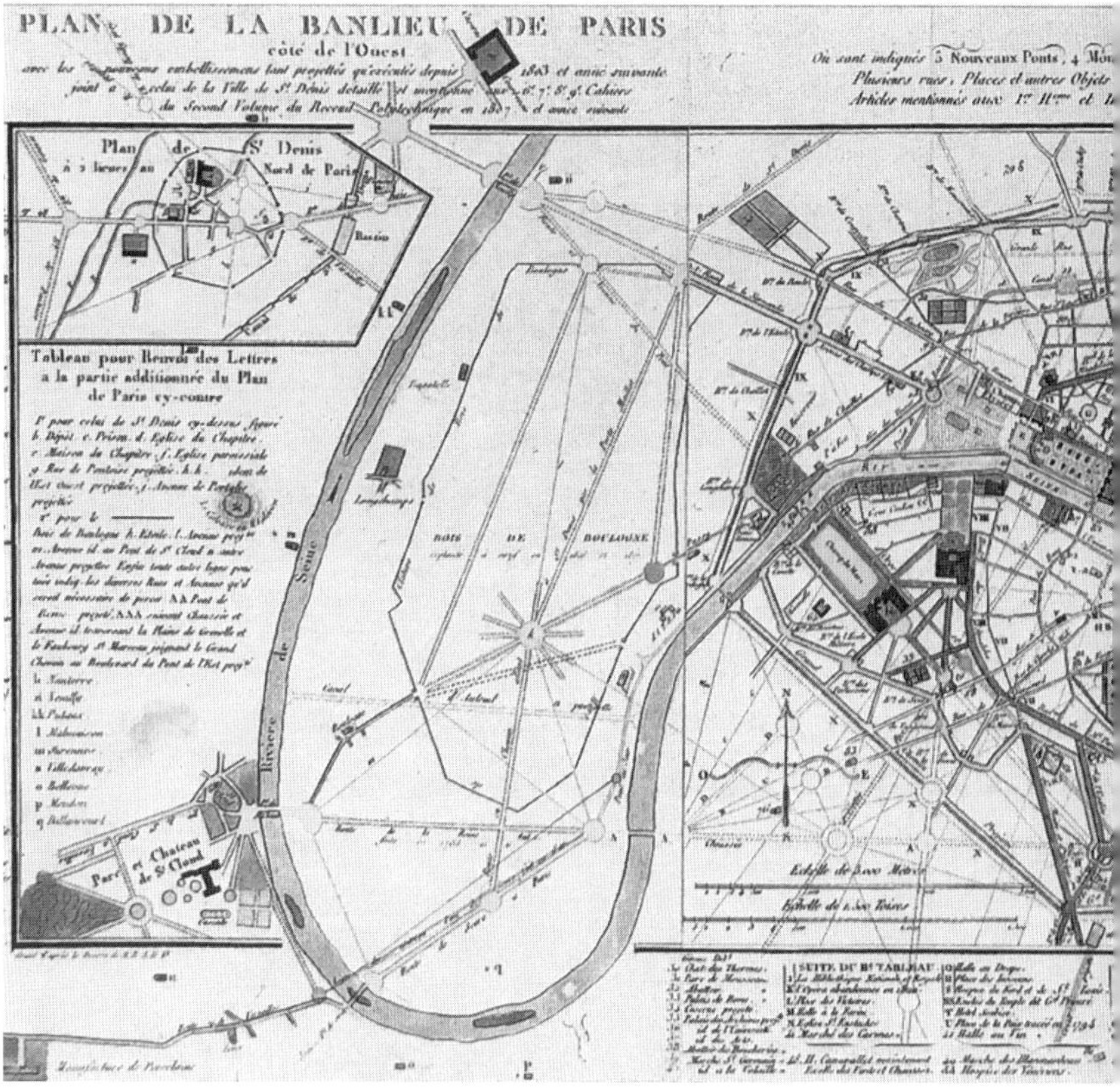

パリ(1804年)

地図左端のセーヌ河岸にブリュメールのクーデタの舞台であるサン＝クルー宮がみえる。アカデミズムの中心地，聖ジュヌヴィエーヴの丘はパリの中心シテ島の南で，リュクサンブール公園の東にあり，頂上のパンテオンが目印となる。軍の施設が集中するのは西方で，練兵場シャン・ド・マルス，廃兵院，陸軍士官学校が地図上に見て取れる。政治の中枢は両者の中間で，官邸(テュイルリ宮)，護民院(パレ＝ロワイヤル)，立法院(ブルボン宮)，元老院(リュクサンブール宮)がある。外縁部に市壁が残っていること，市街地の広がりがその内側で狭いこと，第二帝政のオスマン改造でつくられたリヴォリ通りなどの幹線道路がないことなどから，今日のパリと異なる印象を伝える。

シャルトル市のベネディクト会大修道院
革命でベネディクト会大修道院が廃止されたのち，教会堂の左にある修道院の大規模建物は，リセの校舎に転用された。

なく葬り去られた。このような柔軟性があればこそ、復古王政は、革命とナポレオン戦争で痛めつけられたフランスで迅速に秩序を再建し、分裂した国民の再統合を実現できたのである。

しかし、反革命を基本政策とする復古王政は、工業化の進展による社会構造の変化には対応できなかった。工業都市に職を求めて農民が流入し、スラムが形成され、そこで暮らす貧しい民衆が参政権を求めると、それを弾圧して七月革命を勃発させた。この革命で復古王政は打倒され、オルレアン公家出身の新国王ルイ＝フィリップが即位した。新国王は、復古王政の宗教的エスタブリッシュメントであったカトリック教会を敵視する政策をつぎつぎ打ち出した。準備学校も、わざわざ革命を想起させる共和第三年の旧称に則して模範学校という名称に戻された。一八四五年には上級模範学校（エコール・ノルマル・シュペリウール）と改称され、現在、日本で高等師範学校と翻訳されている名称になった。さらに一八四七年には、聖ジュヌヴィエーヴの丘の北斜面に位置する現在の校地に移転された。

近代フランスにおける公教育の整備は、国立エリート養成校による少数精鋭主義の人材育成制度の確立と一体で進められた。それは広く社会に人材を求める政府の姿勢を国民に印象づけ、社会的流動性を担保して社会の安定に寄与するものでもあった。エリート校からは実際に多数のノーベル賞受賞者や大臣となる政治家、高級官僚、大企業の経営者が輩出され、多くの国民に世俗教育による学校で学ぶ動機を与えた。同じ高等師範学校という名称の学校は日本にもかつて存在したが、中等学校の教員を大量に養成するためのものであった。日仏の構想の違いは大きく、誤解を避けるために名称の訳を一部で改めた。

近世から近代へ――この転換期に成し遂げられたこと

フランス革命による「支配的宗教」の打破と、その成果を不可逆のものとした公認宗教体制により達成された成果は、礼拝の場の安定だけにとどまらなかった。社会全体が教会裁判の恐怖から解放された影響は、広く社会に波及した。「異端」とされた少数派の信仰が守られただけでなく、学問研究や芸術活動も自由におこなえるようになった。聖職者から「宗教的に正しい」内容の教育を受けなければならない時代も終わった。一気呵成に数年間で達成された政治制度の変化と異なり、社会の変化は時間をかけて進行した。それが大きな実りをもたらしたのは、一八七〇年代以降であった。その頃、一七八九年に始まった近世からの移行期は終わり、フランス社会は新しい時代の開花期を迎えたのである。

5 フランス革命期行政史料の実地調査

公文書の保存と文書館での公開

フランスでは十九世紀末から二十世紀初頭にかけて、歴史史料の保存と整理に着手した人々がいた。彼らは公権力に働きかけて文書館設立の予算を確保し、行政から古い文書の移管を受けて収集と蓄積を進めた。入手した文書を整理分類して史料番号を付し、その番号と史料の概要をアンヴァンテール(史料登録台帳)に記入した。そして用意が整ったものから公開を進め、重要性の高い手稿史料は読みくだして刊行史料を出版するという、地道で膨大な作業に多くの人々がたずさわった。渡辺和行が明らかにしたように、この運動は二十世紀初頭に多くの文書館を発足させ、刊行史料も多数出版するという成果をあげた。

今日、フランスの文書館で実地に調査をおこなうと、われわれフランス革命期を研究する歴史家が、他の時代や分野を研究する歴史家たちから、おおいに羨望のまなざしを向けられる理由がよくわかる。まずは用紙と筆記法の問題である。時代が遡れば、中世写本は紙ではなくて羊皮紙が用いられており、扱いが難しくなるうえ、稀覯書扱いで閲覧が困難な写本も少なくない。近世も古い時代のものほどラテン語の文書が多くなり、フランス語の文書であっても、文法はもちろんアルファベットの書体まで今日のそれとは異なる。逆にのちの時代、十九世紀中頃の第二帝政の文書となると、書記の用いる書体も綺麗で読みやすく、ペンや紙も工業製品となって品質が大きく向上し、用紙のサイズもほぼ統一される。

しかし、長期保存が困難な酸性紙が使われるようになる。同じ史料箱におさめられていても、酸性紙はすぐわかる。薄くてつるつるの酸性紙は、酸化して劣化すると赤錆色となって独特の臭気を漂わせる。それは端から数ミリの幅で、砕けるように破損していく。作成された年代が古い絶対王政やナポレオン体制の文書が、丈夫な手漉き洋紙に書かれていて、まだしっかりしているのと比較して、明らかに史料としての余命は短い。

つぎに、革命期以降の史料は残存状況にも恵まれている。革命政府によって全国規模で中央集権化が進められ、地方自治体の組織が整えられたため、行政文書は首都と地方で、それぞれ元本と写しが系統立てて作成された。中央政府でも各省庁の権限が明確化されたため、探す先もはっきりさせやすい。そして、近代文書館制度の確立以降、フランスのアルシヴィスト（古文書管理専門家）が積みかさねた努力により、近代史料にはよく整理されたアンヴァンテールが用意されている。それのおかげで、フランス近代史研究者は、市町村文書館はともかく、県文書館であれば間違いなく、きちんと整頓された史料を閲覧できるのである。

このように、フランス近代史研究者が歴史研究で用いる史料そのものにも、近代という時代の特性があらわれている。この節では、革命期に作成された公文書を一つ、近代史の史料として紹介することで、それを読み解く喜びと楽しみを伝えたい。

史料で読むフランス革命による教会財産没収

西洋史学者はおもに各国の公文書館で実地調査をおこなうが、図書館も調査対象となる。ヨーロッパの場合、国立図書館が収蔵しているのは印刷物だけではない。文豪の生原稿や政治家の日記など、後世の研究者が多く閲覧を希望する重要な手書き文書も収蔵し、公開している。フランス国立図書館の場合、旧館のリシュリュー館に位置する西洋手稿史料部がおもに歴史家の仕事場となる。その収蔵史料には行政文書が含まれており、以下で紹介する史料番号ＦＲ七七九四の文書は、フランス革命期にパリ造幣局で作成された文書を、国立図書館がファイルに張り込んだ綴りである。

この綴りに張られている史料は、各地方自治体からパリ造幣局に向けて発送された銅製品の送り状と、地方造幣局から提出された作業報告書であり、それに含まれる数値をパリ造幣局で毎月、各県ごとに取りまとめた統計の一覧表というのがオリジナルの形態である。記録の対象となる銅製品は、教会から没収されたものと亡命貴族から没収されたものであるが、量のうえで前者が大半を占める。収録された史料が作成された時期は、一七九三年一月から九四年四月までである。今回は、この綴りのなかから、五一、五二、五三と通しの史料番号が振られた、三葉一組からなる文書を紹介する。

革命期に教会から没収された動産のなかで、金属器はまず貴金属類と銅製品を含む卑金属類に分けられた。前者は礼拝で用いる聖杯や聖体顕示台などの聖具類である。これらはパリ造幣局に集められ、そこで溶解のうえで金銀の地金にされ、国庫の収入不足を補った。卑金属類のなかで、銅製品は基本的に地方造幣局に集められ、そこで溶かされて銅の地金や銅貨の素材にされた。銅は合金の違いで三種類に分けられ、赤銅・真鍮（黄銅）・鐘（青銅）に分類された。銅と亜鉛の合金でつくられた真鍮器には、ニッケルが添加された白銀色の洋銀の物もあったが、それらも真鍮として扱われた。真鍮の一部には金銀でメッキされた高級品があったが、それらはメッキに用いられた貴金属を取り出すため、あるいは見た目

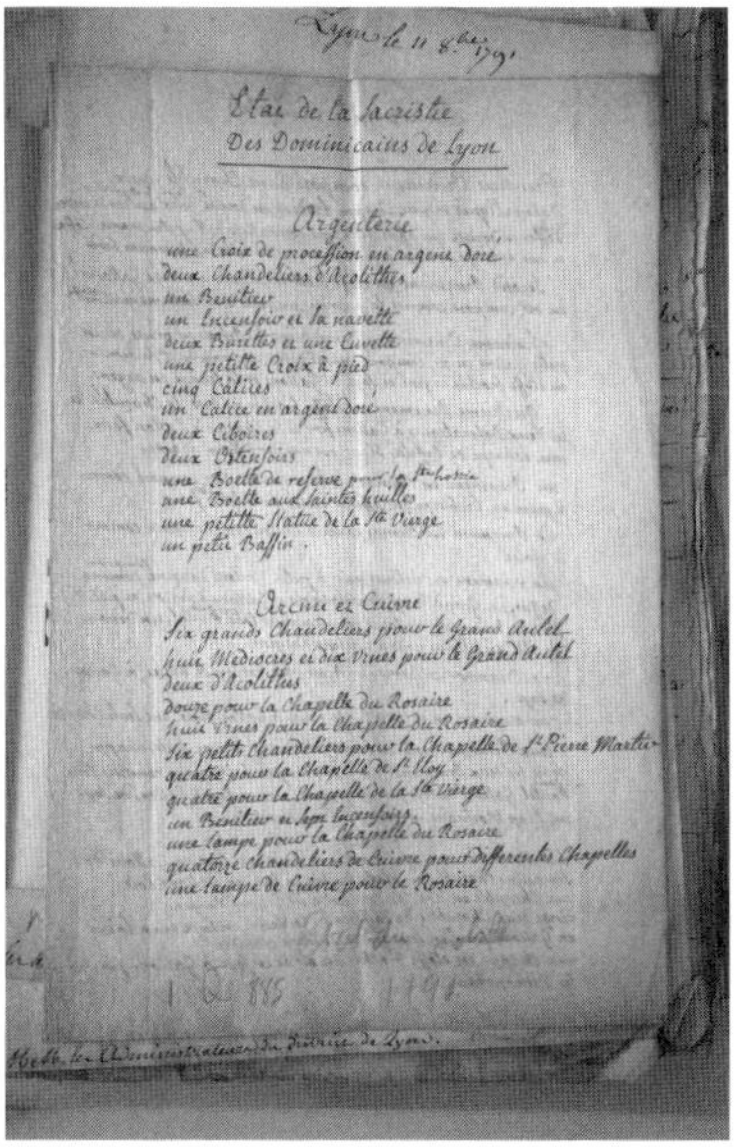
Lyon le 11 8bre 1791

Etat de la Sacristie
Des Dominicains de Lyon

Argenterie
une Croix de procession en argent doré
deux Chandeliers d'Acolithes
un Benitier
un Encensoir et la navette
deux Burettes et une Cuvette
une petitte Croix à pied
cinq Calices
un Calice en argent doré
deux Ciboires
deux Ostensoirs
une Boette de reserve pour la Ste hostie
une Boette aux Saintes huilles
une petitte Statue de la Ste Vierge
un petit Bassin.

Airain et Cuivre
Six grands Chandeliers pour le Grand Autel
huit Mediocres et dix vrais pour le Grand Autel
deux d'Acolithes
douze pour la Chapelle du Rosaire
huit vrais pour la Chapelle du Rosaire
Six petits Chandeliers pour la Chapelle de St Pierre Martir
quatre pour la Chapelle de St Eloy
quatre pour la Chapelle de la Ste Vierge
un Benitier et sept Encensoirs
une lampe pour la Chapelle du Rosaire
quatorze Chandeliers de Cuivre pour differentes Chapelles
une lampe de Cuivre pour le Rosaire

国立図書館は撮影禁止のため，ローヌ県文書館で撮影した，よく似た書式の報告書を示す。こちらは1790年６月17日付，リヨンのドミニコ会修道院からの没収品目録である。

で金銀製と区別がつきにくいため、貴金属器と同様にパリへ送られることになっていた。

この史料には造幣局が作成した一覧表だけでなく、表の作成に用いられた個別の報告書も綴じ込まれているのが特徴であり、今回紹介する史料もそちらに含まれる。じつは、造幣局で作成された統計の一覧表は、途中で書記がかわってから足し算の間違いがひどくなり、しかも間違えた合計値はついぞ見直されることがなく、毎月、時に足し算をさらに間違えて加算が続けられた。巻末の最終的な数値は、本来の正しい数値とは相当異なったものになっている。そのため、各県から送られてきた生の数字をとどめる文書が価値をもつ。

パリ造幣局のような数字の正確さを重んじる組織に、満足に足し算のできない書記が配置されていることは、現代からすると考えられない。しかし、公教育の整備が進んでいない当時のフランスでは、書記は読める字が書けることを期待されているので、足し算まできちんとできる人材は確保が困難だったのだろう。むしろ責任者が検算をおこなっていないことが信じがたい。

造幣局では、一覧表の作成にさいして、鐘の場合には個数と総重量を記録するよう報告書の書式を定めていた。赤銅器と真鍮器については、集められた没収品の総重量だけが記録されている。つまり、フランス革命中に、教会や修道院からどのような銅製品が何個ぐらい没収されたのか、その前提として教会や修道院でどのような銅製品が用いられていたのかという実態を知ることは、現存史料の制約からかなり困難な状況である。革命期の教会動産国有化の手続きは、ほぼ全国一律に短期間で教会堂と修道院の備品の在庫改めをしたかたちになっている。今回の史料は個別に没収品目を列挙しており、その当時の聖職者の日常の一端を、数字で確認することをわれわれに可能としてくれる記録として貴重である。

以下で紹介する史料の作成者は、フランス南部のエロー県で県の主都が位置するモンプリエ・ディストリクトの行政官であり、作成日は一七九二年十二月十八日である。ディストリクトは九〇年の県制度施行にさいし、県と市町村のあいだにおかれた地方自治体である。九五年に廃止され、郡に置き換えられて現在にいたる。文書作成の時期は、国民公会が発足して第一共和政が宣言されてから三カ月ほどが経過している。文書中で用いられる尊称もまだ「市民」ではなく、旧体制風の「閣下」が用いられている。

《史料紹介(日本語訳)》

一七九一年年八月二十六＝二十九日法(廃止された修道院・教会堂・小教区に由来する銅と青銅の器、動産、什器に関する法)

エロー県、モンプリエ・ディストリクト
廃止された修道院および信心会の古銅器
パリ造幣局への発送および移管の明細書

我ら、モンプリエ・ディストリクト執行部の行政官は、当市の造幣局に赴き、そこにおいて我らとモンプリエ造幣局長バジル閣下の臨席のもとに、廃止された修道院および信心会に由来する古い銅製および真鍮製のさまざまな物品を確認し、計量した。それにともない、先の一七九一年八月十六日法（国庫編制法）を執行した結果に則し、以下に明細を示す我らの調書が作成されることとなった。

記

【記載の凡例】

■修道院名および信心会の名称

銅器の物品名（以下、**銅器**）とその点数：その内訳
真鍮器の物品名（以下、**真鍮器**）とその点数：その内訳
小さな鐘・ベル（以下、**鐘**）とその点数：その内訳

■聖カタリナ・ドミニコ会女子修道会

銅器7個：タルト型1個およびその蓋1個、ソース鍋1個、吊り下げ用大鍋1個、片手鍋2個、卵の黄身用小ソース鍋1個、菓子用抜き型1個。
真鍮器25個：枝付き飾り燭台1組計2個、ランプ1個、灌水器1個、居室用燭台6個、祭壇用燭台16個。
鐘4個：ベル3個、ミサ用小ベル1個。

■隠棲の聖母女子修道会

銅器16個：焼肉用脂受け2個、吊り下げ用鍋3個、蓋付き両手鍋2個（軍事委員が取り除け）、ボウル3個、片手鍋1個、タルト型4個、田舎風オーブン1個とその蓋2個〔ダッチオーブンと同系統の金属鍋〕。

真鍮器7個：洋銀製の祭壇用の燭台6個および附属の十字架1個。

■聖母御訪問女子修道会

銅器22個：大きなタルト型3個およびその蓋2個、小さなタルト型8個、蓋付き両手鍋3個（軍事委員が取り除け）、片手鍋1個、吊り香炉1個、吊り下げ用鍋2個およびその蓋1個、炙り焼き用グリル1個、小リボン状器具1個、行《あん》火《か》2個。

真鍮器59個：洋銀製の祭壇用燭台18個、同小燭台14個、壺20個、枝付き飾り燭台2組計4個、小水差し1個、医務室用小燭台2個。

鐘8個：ミサ用小ベル4個、ドアおよび共同寝室用呼び鈴4個。

■ヴィニョグ修道院

銅器12個：片手鍋8個、ソース鍋2個、両手鍋1個、魚料理用細長鍋1個。

真鍮器16個：室内用燭台8個、洋銀製の祭壇用燭台4個、洋銀製ではない祭壇用燭台4個。

鐘1個：ミサ用小ベル1個。

■聖シャルル僧院

銅器10個：(注意書き：銅製の大小の両手鍋計6個は、軍事大臣による命令により供出用と認定された後、軍事委員が取り除けた)吊り下げ用鍋3個、田舎風オーブン3個およびその蓋1個、ソース鍋1個、ボウル1個、小型の保温用火桶1個。
真鍮器21個：祭壇用燭台12個、室内用燭台7個、真鍮製燭台2個。
鐘3個：呼び鈴3個。

■御摂理僧院
銅器12個：ボウル2個、タルト型1個およびその蓋2個、盥《たらい》1個、両手鍋およびその蓋二組(軍事委員が取り除け)、小ソース鍋1個、吊り香炉1個、吊り下げ用鍋2個、特大匙1個、炙り焼き用グリル1個。
真鍮器10個：ランプ用蠟燭立て1個、祭壇用燭台4個、聖歌隊席用ランプ1個、灌水器1個、吊り香炉および附属の舟形香入れと匙、計3個。
鐘1個：ミサ用小ベル1個。

■聖ウルスラ僧院
銅器25個：(注意書き：両手鍋3個、ソース鍋2個、蒸留器1個、小さな秤2個は、軍事委員によって保管用に取り置かれた)ソース鍋2個、田舎風オーブンの下部容器1個、タルト型3個、盥5個、片手鍋5個、吊り下げ用鍋5個、長柄付き行火4個。
真鍮器27個：長柄付き片手鍋3個、小乳鉢1個、燭台4個、こんろの部品4個、教会用燭台4個、灌水器1個、洋銀製の祭壇用燭台12個、キリストの磔刑像2個。
鐘2個：鐘ないし呼び鈴2個。

■オラトリオ会の祈祷単願修道会
銅器11個：片手鍋6個、タルト型2個、ボウル2個、田舎風オーブン用鍋敷き1個、両手鍋1個(注意書き：軍事委員が保管用に予約し、取り除け)。
真鍮器24個：居室用燭台3個、洋銀製のキリスト磔刑像1個、同じ素材の燭台6個、洋銀製ではない燭台8個、吊り香炉と附属の舟形香入れおよび匙、計3個、宗教行列用十字架の下部パーツ1個、ランプ2個。
鐘3個：鐘ないし呼び鈴2個、ミサ用の鐘ないし呼び鈴1個。

■神学校寮
銅器35個：吊り下げ用鍋2個、大ボウル3個、両手鍋およびその蓋6組、計12個、漉し器2個、柄杓1個、ソース鍋1個、タルト型3個、片手鍋6個およびその蓋1個、焼肉用脂受け1個、壺用匙2個、蓋付き長円形片手鍋1個。
真鍮器17個：祭壇用燭台10個、小十字架1個、吊り香炉2個および附属の舟形香入れ2個と匙1個、計5個、ランプ1個。
鐘4個：ミサ用小鐘2個、玄関扉および寮食堂用の小鐘2個。

■黒衣修道女の女子単願修道会
銅器14個：吊り下げ用鍋3個、盥2個、片手鍋2個、丸い盆3個、タルト型2個、片手鍋一揃い1組、洗濯桶1個、タルト型1個。両手鍋4個(注意書き：軍事委員の保管用に予約されて取り除けられた)。
真鍮製15個：洋銀製の燭台6個、同素材の十字架1個、同素材のランプ1個、真鍮製祭壇用十字架1個と附属する小燭台6個。
鐘6個：ミサ用ベル2個、屋内で取りはずされた呼び鈴4個。

■白衣苦行信心会
銅器：一点もなし。
真鍮器33個：洋銀製の祭壇用大燭台6個、洋銀製の吊り香炉15個、洋銀製の舟形香入れ4個、洋銀製の枝付き飾り燭台2個、真鍮製燭台6個。
鐘：一点もなし。

■青衣苦行信心会、および廃止された跣足《せんそく》カルメル会の教会堂のなかにある聖クロード礼拝堂(同礼拝堂は青衣苦行信心会に帰属)
銅器10個：銅でつくられた10個の部品から構成される本のカバー、計10個。
真鍮器51個：洋銀製の祭壇用燭台12個、侍祭用燭台2個、吊り香炉15個、聖水盤1個および附属の灌水器1個、真鍮製燭台14個、キリストの磔刑像2個、枝付き飾り燭台2個、携帯用燭台および附属の蠟受け皿、計2点。聖クロード礼拝堂の祭壇用燭台6個。
鐘3個：白色ミサ用小ベル1個、その他の部品2個。

小計、銅器176個、真鍮器316個、鐘35個。
前項、176個の銅製品、316個の真鍮製品、35個の鐘。316点中、ディストリクトによって取り除けられた真鍮製品が51点、残余が265点。

記

銀メッキの燭台36個に加え、祭壇用燭台2個と吊り香炉12個および附属の舟形香入れ1個も銀メッキされている。これらはディストリクト内の各小教区間で真鍮製の同等品と交換するために、すべて取り除けられた。より高価なものの方が上記記載の品のなかではより有用だからである。残りは265点であり、その重量は960リーヴル・ド・ターブルないしリーヴル・プチ・ポワにのぼる。ポワ・ド・マールに換算すると813リーヴル8オンス〔398キロ208・25グラム〕となる。

176点の銅製品も同様に計量され、それらの品の重量は597リーヴル・プチ・ポワにのぼり、ポワ・ド・マールに換算すると497リーヴル8オンス〔243キロ526・25グラム〕となる。

最後に、35個の鐘および呼び鈴も計量され、157リーヴル・ド・ターブルであり、ポワ・ド・マールに換算すると130リーヴル14オンス〔640キロ633・12グラム〕となった。

総計して、14キンタル41リーヴル14オンス〔705キロ797・81グラム〕であった。

モンプリエにて、一七九二年・フランス共和国第一年十二月十八日

モンプリエ・ディストリクトの行政執行委員であることを、我らを含むディストリクトの構成員によって委ねられし、署名：F・タンボン議長、バンカス、ルイ・ジョベール、バンベール、ルイ・パヴェ、ショーブ書記

この史料から読み取れること

革命中の教会財産の没収については、まず一七八九年十一月二日にカトリック教会に属するすべての財産の国有化が宣言された。国立中央文書館に収蔵されている史料では、早くも各地の革命勢力が独自の判断で教会堂に赴いて、資産目録の作成や物品の没収を開始した記録が残る。続いて九〇年二月にす

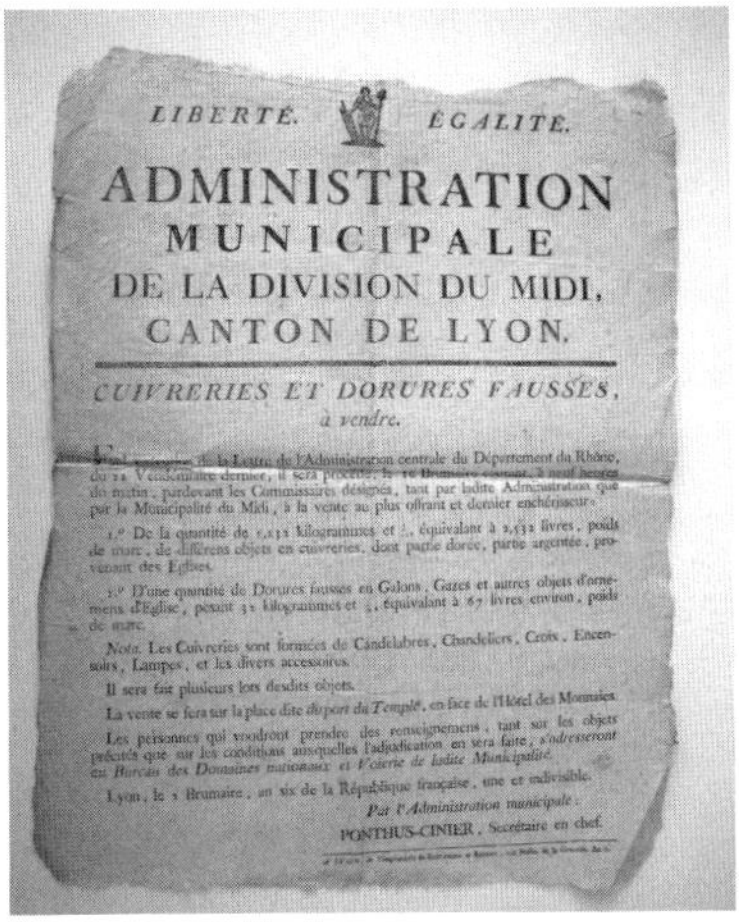

リヨンでおこなわれた，教会から没収した
銅製聖具の売却を告知するポスター
共和第６年ブリュメール２日（1797年10月23日）付。

べての修道院が廃止され、同年七月には信徒数に比して過剰とみなされた多くの教会堂が廃止された。今回紹介する史料が依拠する一七九一年八月二十六＝二十九日法により、廃止された修道院・教会堂・小教区に由来する銅と青銅の器、動産、什器に関する取扱規定が定められた。その後、一七九二年九月十日法によって、地方自治体の教会財産没収の作業手順が定められ、その実施が促された。

　没収された教会動産の金属器で、もっとも史料の残存状況が悪く研究が困難なのは、おもに修道院から没収された銅器類である。これらは什器を中心とする生活用具であるうえ、用いられている金属が銅であり、金銀ほど価値がない。そのため、そもそも没収時に細かい登録簿が作成されることがなく、まとめて計量されてしまうことが一般的であった。その結果、どのような品が何個没収されたのかを伝える史料を見出すことはまれである。

　教会から没収された金属器を扱う革命期の造幣局

文書の多くに、共通する性格がある。それは没収品が「国民の義務としての税（contribution）」に分類されていることである。税の記録である以上、数字の正確さが求められる。行政文書のなかでも仕事の丁寧さや写しの多さが際立つ。本来、造幣局に報告するのは箱に封入した金属の素材と重量の数値だけでよく、個数の報告が求められるのは鐘に限られた。溶かして精錬する以上、個数ではなく重さが問題である。しかし、今回紹介する史料も含めて、実地で対応する行政官たちは、良い意味でそれに従わず、丁寧なリスト作成を心がけることが多かった。

では、この文書から何が読み取れるだろうか。

第一に、没収された銅製品はすべて溶かして精錬し、再利用することが大前提である。にもかかわらず、それに例外があった。軍事大臣の命を受けた軍事委員により、両手鍋が取り置かれて、造幣局への発送分から外されている。これらの大型鍋は、物資不足だった当時のフランス陸軍において、兵士の炊事用の鍋として、そのまま利用されたであろうことは容易に推定できる。

第二に、各修道院から没収されている銅器類は、生活に必要な什器類が大半を占める。この文書のなかには、いわゆる大修道院の記録が含まれていないことも影響しているが、個々の修道院のあいだに際立った差異は認められない。そのため、当時の南仏で暮らした修道士・修道女たちの生活、とくに食生活をある程度イメージできる史料となっている。

第三に、調理方法として鍋で煮ることと炙り焼きが主で、オーブンで焼いたパイ、さらにはソースをかけた料理も食べられていたことは明らかである。ただし、どの修道院からもフライパンに分類される調理器具が没収されておらず、これはソテーやムニエルが一般的な料理法であるだけに、意外である。

シャルトル市にあるサンテニャン教会の主祭壇
中央の塔型聖遺物箱の周囲に，多くの真鍮製燭台が飾られている。ガラスケースのなかの聖遺物は太陽をデザインした布で覆われている。

しかし、この史料に載っていないことを根拠に、エロー県の修道院にはフライパンがなかったと断定はできない。まず史料の性格から、フライパンが鉄製だった場合、このリストには記載されない。つぎに、没収と文書作成にあたっているのは社会的地位のある男性で、什器の分類が正確ではない可能性もある。

　第四に、真鍮器の大半は燭台であり、各修道院でその個数や種類に違いが大きいことである。さらに、この史料に記録されているキリストの磔刑《たっけい》像は、真鍮製ないし洋銀製であり、金銀のメッキも施されていない比較的質素なものばかりであった。かつてはそれを受けて磔刑像は真鍮製が中心と考えたが、近年の各県文書館での調査の結果、財政的に豊かな教会から貴金属製や金銀メッキの磔刑像が没収されて造幣局に送られていることが判明した。磔刑像の代金に支払える金額については、各修道院、教会とそれらを支える地域社会の力が大きく影響するため、各地域で記録された没収品の内容にかなりの違いがあった。

第五に、コルバンが『音の風景』で指摘した交換行為、つまり教会から没収された物のなかに含まれる優れた品と、自分たちが所持している劣った品を交換しようとする行為が、この史料にも記録されている。当時のフランス人には、没収された金属器は溶かして精錬されるのだから、本来の用途において優れている品を取り除け、同じ重さの金属器を供出すれば交換が許されても良いはずであると考える人々がいた。鐘の場合は音が良いものが望まれたが、この史料では、銀メッキ製で見た目が立派なものが交換の対象となっている。本来は国有財産であるため、地方自治体が勝手に交換してしまうことは許されるものではない。さらに、銀でメッキが施されていれば、本当なら銅器・真鍮器であってもパリ造幣局に送らねばならない。おそらくは軍事委員が両手鍋を取り除けているのをみているうちに、モンプリエ・ディストリクトの行政官も、規則をちょっとまげても良いはずだと思ってしまったのであろう。パリ造幣局がこれにどう対応したかは不明であるが、それを見咎めた記録は史料に残されていない。これは政府が定めた法律や原理原則が国民に受容される際に、受け手によって換骨奪胎され、都合良く理解されてしまう現象の一例である。

革命政府から銅製品の処置を命じられたモンプリエの人々は、新たなフランス共和国の主権者として、その任務をやり遂げることに高い意欲をもった。彼らの自負心は、書類の見事な仕上がりに反映されている。手稿史料の現物には、作成した人々のモラルや意欲、生活や教育の水準まで示されるがゆえに、必ず作成された時代の色があらわれる。この文書の場合、それが近世から近代への転換期のものであることが、紹介した文面から伝わることを願う。

二章　毛皮が結ぶ太平洋世界

森永貴子

1　ロシアの毛皮事業とシベリア進出

近世から近代への転換

一般的にフランス革命はヨーロッパの歴史のなかで近世から近代への転換点とみなされている。フランス革命の衝撃はヨーロッパ諸国間に反革命の動きと対仏大同盟の結成を促し、思想、政治、軍事上の衝突を生んだ。しかし革命という大事件の陰に隠れて忘れられがちだが、この時代は経済、情報、知の体系といったさまざまな分野でも重要な変動が起こっていた。イギリス産業革命はヨーロッパ経済の変化を示す典型的現象だが、同時代にこうした変動が起こったのはイギリスだけではない。十八世紀後半にヨーロッパ諸国は太平洋地域に船を派遣し、その結果、地理、自然、民族、資源などの新情報がヨーロッパ地理学界にもたらされた。地理的発見のインパクトと資源への欲望はさらなる太平洋探検を促し、新たに発見された未知なる土地の文化への知的好奇心は、理性と科学を重視する啓蒙思想家たちを刺激した。こうした十八世紀の世界をヨーロッパとアジアの両面からとらえるならば、それは太平洋発見の時代であり、太平洋をはさんだヨーロッパとアジアの本格的接近の時代といえるだろう。

本章で取り上げるのはロシア、イギリス、フランス、アメリカ合衆国などの国々が太平洋世界へ進出した一因である毛皮交易の歴史である。毛皮は中世から十九世紀初頭まで、世界商品として取り引きされた贅沢品だった。その後毛皮獣の乱獲と枯渇、木綿工業の成長によるヨーロッパのモード変化などにより、一八三〇年代頃までに主要商品としての毛皮の役割は終わった。しかしヨーロッパ諸国の船が太平洋に進出し、中国貿易の足掛かりをつかみ、環太平洋地域の領土分割に積極的にかかわった背景には、この領域の豊富な毛皮資源があった。毛皮業者たちは未開拓の土地と先住民に支配を広げ、中国貿易に参入しつつ、自由貿易の利益を求めた。またフランス革命の前後は毛皮事業の拡大という意味でも、太平洋地域の貿易・国際秩序の再編という意味でも、重要な転換点となっている。そのためここではロシアと北米地域の毛皮事業を軸に、十八世紀からアラスカ売却（一八六七年）にいたる太平洋世界の変動と、ヨーロッパ諸国、アメリカ合衆国のかかわりをみていく。

毛皮を求める人々

ロシアのシベリア進出が始まったのは十六世紀、イヴァン四世（雷帝、在位一五三三〜八四）の時代である。ロシアのカザン・ハン国併合（一五五二年）は、ロシア人植民者がウラル山脈に進出する契機になった。ウラル山脈から流れるチュソヴァヤ川周辺からカマ川流域にかけての開拓事業を許可された植民者として、北ロシアの製塩業と毛皮交易で成功したストロガノフ一族がいる。彼らは軍事活動を許可され、コサックを雇い、先住民から毛皮のヤサク（「貢納」を意味するチュルク系用語。以下ヤサクと記述）を徴収し、ロシア人の植民事業を推進した。

ストロガノフ家が植民事業を開始する少し前に、カザン・ハン国の属国シビル・ハン国がロシアに従属し、毛皮のヤサクをおさめると誓った。しかし「シベリア(ロシア語ではシビル)」の語源となったシビル・ハン国はまもなくロシアに反抗し、一五六三年の政変で支配者となったクチュム・ハンが「シベリア皇帝」を名乗った。ストロガノフ家はこのクチュム・ハンの攻撃に対処しながら植民事業を続けた。この時期ストロガノフ家の植民地にあらわれたのがコサックのアタマン(統領)、エルマーク(?〜一五八五)である。

コサックとは、オスマン帝国正規軍を勝手に離れた人々のうち、キエフ周辺にあらわれた「自由の戦士」を指す名称だった。しかし十四世紀頃から重税や宗教弾圧によりポーランド、リトアニアを逃れ、ロシア南方(現ウクライナ地域)へ移住したスラブ系逃亡農奴が新たなコサック共同体を形成した。彼らはタタール系、イラン系住民と一部混血し、平時は農業をおこないつつ、タタール人の騎馬技術や風習を取り入れたが、一方で敬虔な正教徒でもあった。

コサック共同体は居住河川ごとにグループを形成し、オスマン帝国、クリミア・ハン国に侵攻する強力な軍事集団に成長した。そのためロシア、ポーランドにも軍事力として利用され、コサックもこれら大国と政治交渉をおこなった。コサックのアタマンは必然的にリーダーシップがあり、読み書き能力のある人物が選挙で選ばれた。エルマークもアタマンの一人だったが、ヴォルガ川流域で掠奪行為をおこない、仲間とともにストロガノフ家の領地へ逃れてきたと伝えられる。

『ストロガノフ年代記』の記録には、エルマークらが一五八一年に遠征を開始し、シビル・ハン国を征服したとある。先住民反乱を懸念するイヴァン四世はストロガノフ家の軍事行動に叱責の手紙を送ったともいわれるが、後年編纂されたシチェグロフの『シベリア年代記』(一八八三年)は『エシポフ年代

スリコフ画『エルマークのシベリア征服』（1859年）
正教の旗を掲げるエルーク軍とシビル・ハン国軍が描かれている。

記』の記録を参照しつつ、イヴァン四世がモスクワに派遣されたエルマークの部下を歓迎した様子を伝えている。

〔年代記の記述で「シベリア征服」が完了したとされる一五八二年〕エルマークによって派遣されたアタマン、イヴァン・コリツォがコサック五〇人を従えてモスクワに到着し、皇帝に『シベリア帝国』を贈り物として捧げた。コリツォは皇帝に二四〇〇枚のクロテンと二〇枚のクロギツネと五〇枚のビーヴァーから成るヤサクとエルマークの手紙を持参した。エルマークの手紙には以下のことが書かれていた。コサックがシベリア帝国を占領し、クチュム皇帝とその軍勢に打ち勝ち、陛下の支配下に多くの異民族、タタール人、オスチャク人、ウォグルィを加えた。そして神が許したもう限り、いつまでも陛下の権力のもとで欠かさず陛下にヤサクをおさめることを彼らの信仰儀礼により誓約させた。なおロシア人に対して彼らが危害を加えないこと、陛下への勤務を望む者は直接仕えること、神の助けにより絶対に敵を侵入させないこと、彼ら自身心変わりしないこと、クチュム皇帝に他の種族とともに村落へ立ち入らせないこと、すべてのロシア人に対しいかなる悪事も考えず、すべてにおいてつねに正しい立場に立つことなど。

イヴァン四世はコリツォたちに下賜品を与え、エルマークには自分が身に着けていた高価な毛皮のコートなどを与えた。モスクワではシベリア征服を感謝する祈禱の鐘が鳴らされた。エルマークはコリツォを通じて「皇帝軍派遣」の要望を伝えたが、政府は軍政官(軍人・行政官を兼任する役人)を派遣しただけで、軍隊を派遣しなかった。エルマーク自身はタタール人らの反撃により、一五八五年に戦死した。

エルマークのシベリア征服はロシアのシベリア併合の構造をよく示している。コサックがウラル山脈以東の先住民を征服し、クロテンをはじめとするヤサクを徴収し、皇帝に征服を報告する。コサックと先住民の武力衝突は、事実上コサックの判断であって皇帝の命によるものではない。その後、コサック征服地には統治者として軍政官などが中央から派遣され、その土地のロシア併合が確認された。

コサックのシベリア進出を促したのは、先住民から徴収する毛皮だった。徴収された毛皮はヤサクとして記録され、ロシア国庫におさめられたが、コサックは規定以上の毛皮を先住民から徴収したり、商人に横流ししたりした。とくに十七世紀の不正がひどく、行政制度が確立していなかったシベリアまで政府の目は届かなかった。またコサックの征服活動によりシベリアの毛皮交易が活発化し、コサックに続いて毛皮業者、狩猟業者、商人たちが進出した。「自由な」コサックはまず河川網を利用して北極海沿岸や内陸を進み、トボリスク(一五八七年)、トムスク(一六〇四年)、エニセイスク(一六一九年)、ヤクーツク(一六三二年)、イルクーツク(一六五二年)など、主要都市の基礎をつくって急速に征服を進めた。とくに東シベリアから極東地域にかけてのコサックの遠征は、毛皮に加えて金鉱や農業に適した土地を求める積極的「企業活動」だった。一六四三年、ヤクーツク軍政官によって派遣されたポヤルコフらは、ロシア人で初めてアムール川(黒龍江)に到達した。さらに一行は四五年に同川河口からオホーツク海に出て、ウリャ川まで航行した。その後彼らはオホタ川河口(現在のオホーツク)に到達したと考えられている。四七年に派遣されたデジニョフ一行は翌年チュコトカ半島を回航してアナドィル河口に到達した。四九年、ハバロフは自らの投資によりアムール川へ遠征し、清朝中国の雅克薩《やくさ》要塞を占領して「アルバジン要塞」と称し、先住民から毛皮を奪った。これはのちにロシアと清の国境紛争に発展し、アルバジン戦争(一六八三〜八九年)の要因となった。このようにエルマーク遠征からほぼ七〇年でロシアのシベリア征服は完了した。コサックが建設した集落は、毛皮の利益を求める人々がシベリアへ移住する足掛かりとなった。

キャフタ貿易とイルクーツク商人

十七世紀末〜十八世紀前半はコサックによりカムチャツカ半島から千島列島への探検がおこなわれていた一方(八〇〜八六頁参照)、同時期のシベリアでは露清貿易が開始された。ネルチンスク条約(一六八九年)以降、ロシアは北京に貿易キャラバンを派遣し、国庫が清への毛皮輸出を独占した。この条約はアムール川流域に進出したロシア人に対する清朝の防衛戦争の結果として結ばれた。皇帝ピョートル一世(在位一六八二〜一七二五)は「中国との自由な貿易」を望んだ。しかし国営の北京貿易が朝貢貿易だ

キャフタ全景(19世紀の写真)
この時期にはキャフタに定住する商人の集落ができていた。

ったのに対し、ロシアと清の国境付近に位置する庫倫《クーロン》(現ウラン・バートル)ではロシア人、モンゴル人、漢人の民間商人が勝手に毛皮交易をおこない、毛皮商品のだぶつきによる価格暴落を招いた。清はロシアとの貿易の必要はないとして、一七二二年にキャラバン入国を停止した。しかし康熙《こうき》帝死去(一七二二年)、ピョートル一世死去(一七二五年)による新皇帝即位を機に、新たに両国間の交渉がおこなわれ、ブーラ条約(一七二七年)、キャフタ条約(一七二八年)が結ばれた。この条約で、ロシアが希望する北京貿易と、国境上の交易拠点キャフタでおこなわれる「免税と物々交換(バーター)」による民間自由貿易が定められた。

ロシア政府が北京貿易の再開を強く望んだのは、十七世紀半ばからヨーロッパ向け毛皮輸出が減少し、清が巨大な毛皮消費市場となっていたためである。明の万暦《ばんれき》帝(在位一五七二～一六二〇)

の時代から始まったクロテン毛皮の流行は、満州王朝の清代にはいると民衆レベルにまで広まった。清ではクロテンのほか、用途に応じてキツネ、リス、ビーヴァーなどのシベリア産毛皮を消費した。このため北京貿易は「ロシアが毛皮を清に輸出するための貿易」と認識され、初期のキャフタ貿易ではロシア人が中国人に毛皮を売ることが禁止された。しかし北京貿易は再開後まもなく衰退した。なぜならキャフタで取引する民間商人が毛皮を密輸し、北京貿易を凌駕したからである。一説によると、一七三九年に密輸を含む民間商人の取引が北京貿易の約三倍にも上った。このため五四年に北京貿易参加希望者を募集した際には商人が集まらず、事実上この貿易は消滅した。ロシア政府は翌年に新関税規則を発行し、キャフタ貿易参加商人に関税を賦課することを定め、六二年には毛皮の外国輸出を解禁した。これにより、キャフタから清への毛織物輸出に従事していたロシア商人は、政府に関税を支払うことで毛皮を公に輸出できるようになった。

清朝政府は①ロシア側の関税賦課と、②越境逃亡者の引き渡し問題から、しばしばキャフタ貿易を停止したが、ロシアからの毛皮輸出は順調に増加した。キャフタ貿易の成長は、その後背地として毛皮集散地となったイルクーツクの急成長を促した。十八世紀のキャフタは貿易をおこなう小さな人工商業村で、定住者もおらず、男性商人が商品とともに一時的に滞在するだけの場所だった。キャフタが集落として成長するのは十九世紀にはいってからのことである。このためアンガラ川、バイカル湖の水運と繋がったイルクーツクに、キャフタで商う商人が集まった。

キャフタ貿易従事者はモスクワ商人を含むヨーロッパ・ロシア地域、西シベリア、東シベリアなど、ロシア帝国内の多様な地域から集まった。しかし十七世紀末から十八世紀に毛皮を求めてシベリアへ移住し、イルクーツクに流れ着いた人々には一定の傾向があった。ピョートル一世時代に開始した全国人口調査によると、イルクーツク住民の多くがアルハンゲリスク、ソリヴィチェゴック、ヴェリーキー・ウスチュグなどの北ロシア河川商業都市とその周辺からの移住者だった。アルハンゲリスクはイヴァン四世時代にイギリス貿易の利便性のために開港し、同港にそそぐ北ドヴィナ川沿いにはイギリス(のちにオランダ)との貿易品の輸送に従事する人々がいた。そしてアルハンゲリスクから輸出された主要商品は毛皮だった。エルマークの雇用主であるストロガノフ家の事業もソリヴィチェゴックを出発点とし、北ロシア住民とシベリアの毛皮事業には地域的繋がりがあった。その結果十七世紀末から十八世紀にかけて、北ロシア地域とイルクーツク住民の地縁関係が生まれたのである。

十八世紀のイルクーツク商人の多くはモスクワ商人より資金が少ない中小商人たちで、キャフタ貿易の主役はモスクワなどのヨーロッパ・ロシア地域からきた資金力のある商人たちだった。しかし毛皮業者の太平洋進出において、イルクーツク商人の中核となったのは北ロシアからの移住者とその子孫であり、彼らはロシア初の特許株式会社であるロシア・アメリカ会社の一角を占めることになった。

2　啓蒙主義時代の太平洋探検

コサックたちの千島探検

スペイン王室の支援を受けたマゼランの乗った船が西回り航路で太平洋に到達したのは一五二〇年だ

った。その後スペインはフィリピンを拠点に、アメリカ大陸のメキシコ植民地とのあいだでガレオン貿易を開始した。四三年には日本の種子島にポルトガル船が出現し、一六〇〇年にはオランダ船がはじめて日本を訪れた。しかしこれらのヨーロッパ船はおもにインド洋、南シナ海を中心に日本列島、アジア諸国沿岸部を航行しており、航海技術の問題から太平洋上を自由に航行できなかった。とくにスペイン、オランダは地理的情報を秘匿扱いし、太平洋の大部分は十八世紀までヨーロッパ地理学界にとっての空白地帯だった。太平洋の本格的な地理的発見の動きは、十八世紀の啓蒙主義時代に起こった。しかしその少し前、ヨーロッパ諸国と異なる「北からの」経路によって、ロシアのコサックと毛皮業者たちが太平洋に進出した。

先に述べたように、コサックの探検事業は、陸上のシベリアだけにとどまらなかった。彼らは十七世紀中にシベリア北東部のチュコトカ半島に進出し、その一人セミョン・デジニョフが北東アジア沿岸を回航したとされている。しかし現存記録によると、豊富な毛皮獣の噂を聞いたコサックのウラジーミル・アトラソフがカムチャツカ北部のコリャーク征服に部下を派遣したのは、ようやく一六九六年のことだった。カムチャツカ半島の探検がこの頃まで遅れたのは、先住民のチュクチ、カムチャダール、コリャークがロシア人に激しく抵抗し、チュコトカ半島から南へ進めなかったからである。アトラソフも別ルートでカムチャツカ探検に出発して地理情報を調査し、そこでクリル人(千島アイヌ)に遭遇して、彼らが陶磁器、綿織物、漆器などをもっていることに気づいた。クリル人たちは商品が運ばれた経路をアトラソフに答えられなかったが、海の彼方から毎年異国船がきて、「クリル人からアザラシやビーヴァーの油を集めている」と説明した。陶磁器などは日本船や中国船との交易の可能性を推測させる。

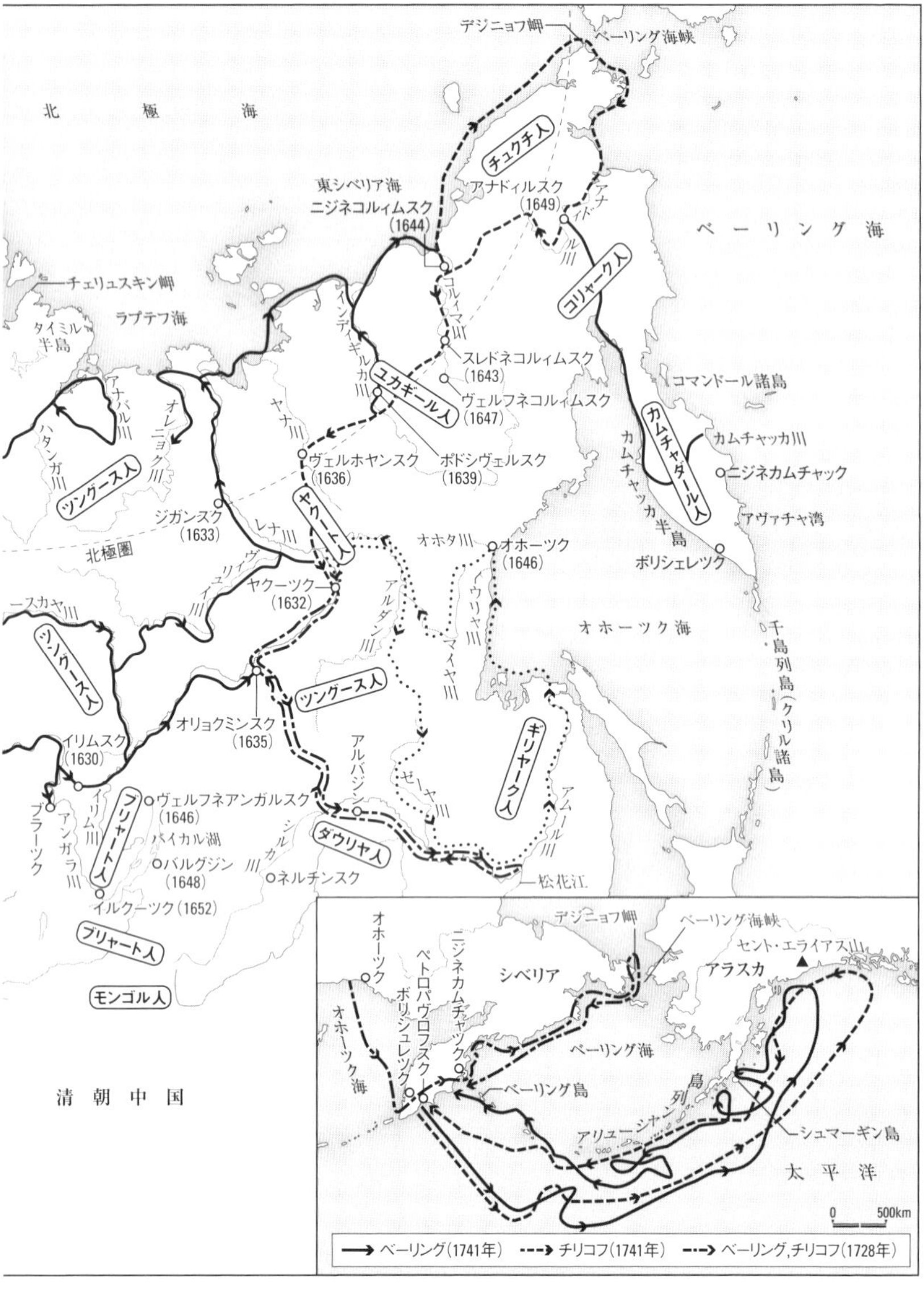
北極海
デジニョフ岬
ベーリング海峡
チュクチ人
東シベリア海
ニジネコルィムスク
(1644)
アナドィルスク
(1649)
アナドィル川
ベーリング海
コリャーク人
チェリュスキン岬
ラプテフ海
タイミル半島
コルィマ川
インディギルカ川
スレドネコルィムスク
(1643)
ヴェルフネコルィムスク
(1647)
ユカギール人
コマンドール諸島
アナバル川
ハタンガ川
オレニョク川
ヤナ川
ヴェルホヤンスク
(1636)
ポドシヴェルスク
(1639)
カムチャダール人
カムチャッカ川
カムチャッカ半島
ニジネカムチャック
ツングース人
ジガンスク
(1633)
ヤクート人
レナ川
アヴァチャ湾
北極圏
オホタ川
オホーツク
(1646)
ボリシェレツク
ヴィリュイ川
ヤクーツク
(1632)
ニースカヤ川
アルダン川
ウリヤ川
マイヤ川
オホーツク海
千島列島(クリル諸島)
ツングース人
オリョクミンスク
(1635)
イリムスク
(1630)
ギリヤーク人
アルバジン
ゼーヤ川
アムール川
ブラーツク
アンガラ川
イリム川
ブリヤート人
ヴェルフネアンガルスク
(1646)
バイカル湖
バルグジン
(1648)
シルカ川
ダウリヤ人
ネルチンスク
松花江
イルクーツク(1652)
ブリヤート人
モンゴル人
清朝中国
オホーツク
デジニョフ岬
ベーリング海峡
セント・エライアス山
シベリア
アラスカ
オホーツク海
ニジネカムチャック
ペトロパヴロフスク
ボリシェレツク
ベーリング海
ベーリング島
アリューシャン列島
シュマーギン島
太平洋
0 500km
ベーリング(1741年)
チリコフ(1741年)
ベーリング,チリコフ(1728年)

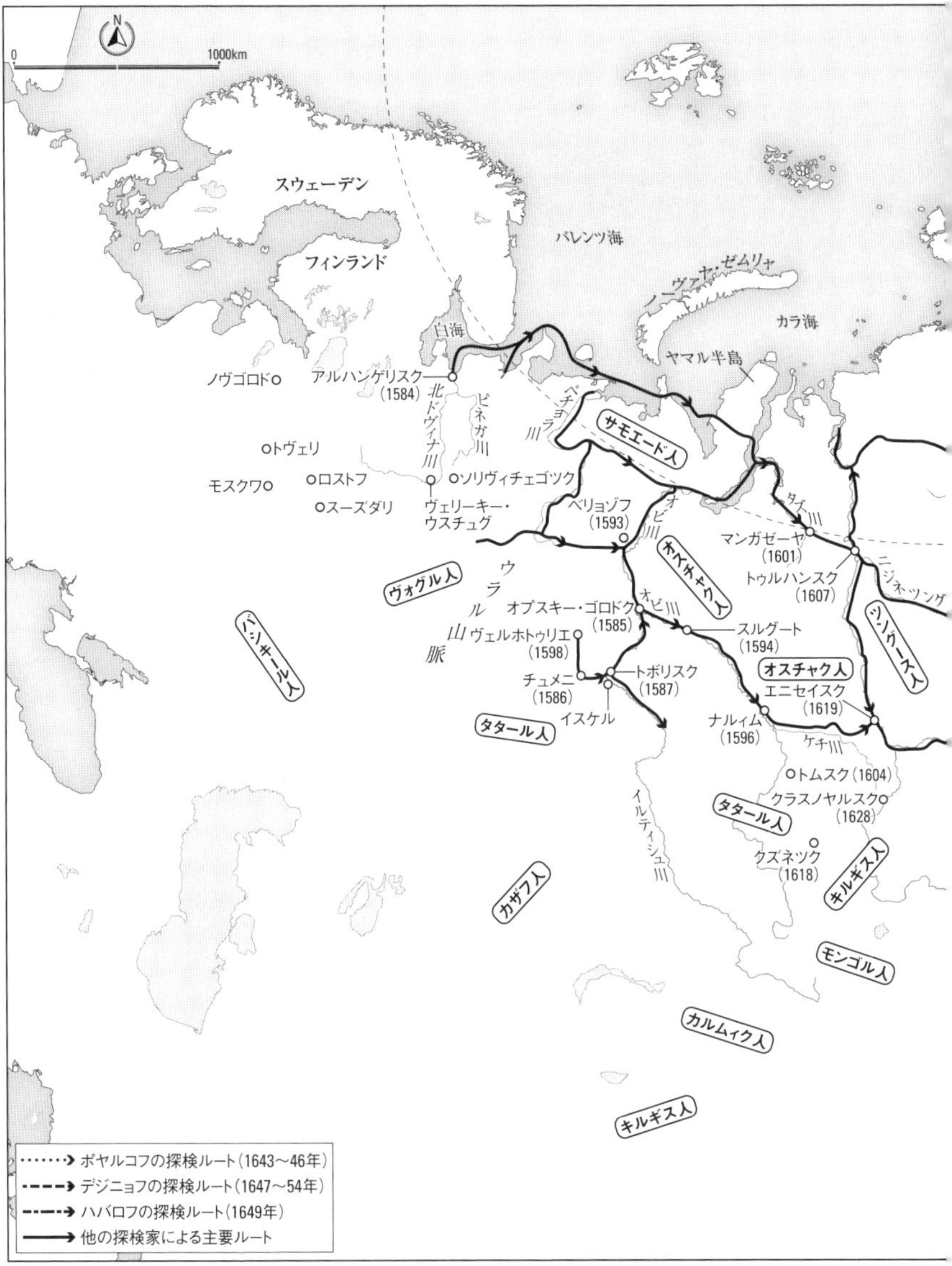
N
0
1000km
スウェーデン
フィンランド
バレンツ海
ノーヴァヤ・ゼムリャ
カラ海
白海
ヤマル半島
ノヴゴロド
アルハンゲリスク
(1584)
北ドヴィナ川
ピネガ川
ペチョラ川
サモエード人
トヴェリ
ロストフ
モスクワ
ソリヴィチェゴツク
スーズダリ
ヴェリーキー・ウスチュグ
ベリョゾフ
(1593)
オビ川
タズ川
マンガゼーヤ
(1601)
トゥルハンスク
(1607)
ニジネツングース
ヴォグル人
ウラル山脈
オスチャク人
オプスキー・ゴロドク
(1585)
スルグート
(1594)
ツングース人
バシキール人
ヴェルホトゥリエ
(1598)
チュメニ
(1586)
トボリスク
(1587)
イスケル
オスチャク人
エニセイスク
(1619)
タタール人
ナルィム
(1596)
ケチ川
トムスク(1604)
クラスノヤルスク
(1628)
イルティシュ川
タタール人
クズネツク
(1618)
キルギス人
カザフ人
モンゴル人
カルムィク人
キルギス人
ポヤルコフの探検ルート(1643〜46年)
デジニョフの探検ルート(1647〜54年)
ハバロフの探検ルート(1649年)
他の探検家による主要ルート

アトラソフは探検を続け、カムチャツカ半島西岸でカムチャダールの捕虜だった日本人漂流民「デンベイ」を見つけた。デンベイは大坂商人の「伝兵衛」という人物で、一六九五(元禄八)年十一月に大坂から江戸に向かう途中、乗っていた船が難破し、カムチャツカ半島に漂着した。生きて漂着した者は先住民の襲撃を受け、船を破壊・掠奪されたのち、さらに生き残った日本人三人がカムチャダールの村に連行された。アトラソフ一行が到着したとき、この村で生きていた漂流民は伝兵衛だけだった。アトラソフは伝兵衛を解放して二年ほどともに暮らし、一七〇一年末にモスクワへ送り届けた。この時点では「ギリシア人そっくりな」伝兵衛の人種も、彼が話す言語もわからず、アトラソフはシベリア庁の尋問で「インド帝国のウザカ(大坂のことか?)国人」と報告した。その後、シベリア庁の慎重な調査で伝兵衛は日本人と判明した。彼自身がロシア初の生きた日本情報となった。

一七〇二年一月、伝兵衛はピョートル一世に謁見し、日本の商業などについて話した。当時ピョートル一世は殖産興業を進めるなどロシアの大改革に着手し、スウェーデンとの北方戦争で戦費調達に躍起になっていた。このためピョートルは伝兵衛の情報のなかでも日本の金銀に強い関心を示した。十七世紀ロシアの支配層のあいだでも、貿易に訪れるオランダ商人を通じて日本情報がおぼろげに伝わっていた。ピョートルは一六九七〜九八年にヨーロッパへの大使節団に加わってアムステルダムを訪れたそのとき、日蘭貿易について聞いていた。伝兵衛の話は日本との貿易の可能性をピョートルに考えさせ、彼は「デンベイにロシア語を教授し、三〜四人のロシア人子弟に日本語の読み書きを教えさせるよう」命じた。またカムチャツカへの分遣隊派遣、日本との交易開始なども命じられた。勅命には以下の文言が記された。

中国人はロシア人と交易を行い、陛下のモスクワから商品を携えた商人たちが派遣されている。これと同じように日本国とロシア人の間で少なからぬ交易が行われ、またこの新たな交易により陛下の国庫が多くの利益を得られるよう、モスクワの内膳官から派遣されることになっている隊長にあらゆる手段を試みるよう、要請すること。そして日本国ではいかなる種類の織物商品を得られるか、またロシア商品はこの国ではいかなる需要があり、何がもっとも売れ行きが良いのか、日本人がロシア人と交易を望むかどうかを彼に照会させること。

勅命が示す「日本との交易」は、十八世紀を通じてコサックや毛皮業者たちのあいだで連綿と記憶された。カムチャツカ半島の先に日本があるという情報は、コサックが千島列島(クリル諸島)に進出する根拠となった。例えば一七一一年、アンツィフェーロフとコズィレフスキーがコサックを率いてカムチャツカ半島で反乱を起こし、アトラソフを含む隊長三人を殺害した際、彼らは反乱動機を隊長の専制だとヤクーツクに嘆願し、罪を贖《あがな》うためカムチャツカ先住民の鎮圧と「日本訪問」を約束した。その前年、彼らは日本人漂流民サニマをカムチャダール人から救出し、日本情報を得ていた。彼らはこの情報を基にカムチャツカ半島のロパトカ岬から海峡を横断して千島第一島シュムシュ島に到達し、千島に渡った最初のロシア人となった。

一七一三年、再び「海峡の彼方の島々および日本国」を訪れる勅命が出され、コズィレフスキーが探検隊長に任命された。彼はサニマをともない第二島パラムシル島に航行し、千島アイヌを通じて日本からの交易品、主要な島の名前などを知った。この調査は『マツマイ島までの全島の地図』としてヤクーツク政庁に提出された。さらに一七一九年にはピョートル一世自らカムチャツカ半島以南の探検調査を命じ、測地技師エヴレイノフとルージンがパラムシル島まで探検した。勅命には「アメリカがアジアに接しているか否かを南北だけでなく東西についても入念に調査し、すべて地図に記入すること」も指示されていた。

次節で述べるベーリング探検の別動隊として企画された海軍士官シュパンベルグの探検隊(一七三八〜四三年)は、はじめて北千島から南千島へ航行した。シュパンベルグの乗った船はその後日本の太平洋沿岸を南下し、一七三九年六月(元文四年五月)には奥州仙台領牡鹿《おしか》郡に上陸して日本人住民と接触した。シュパンベルグ探検隊はこの航行で千島を除く蝦夷地の調査ができず、日本沿岸の測量もおこなわなかったため、正確な地図を作製できなかった。だが千島列島を経由して日本にいたるルートが開拓されたことは、その後のロシア人毛皮業者の千島進出にとって重要な足掛かりとなった。

ベーリング探検とラッコ発見のインパクト

ロシア人による太平洋探検は、ヨーロッパ諸国による地理的発見の動きと切り離すことができない。スペインによりフィリピン航路が開かれたとはいえ、太平洋そのものはしばらく詳しい調査がおこなわれなかった。日本と千島列島の地理情報が十八世紀初頭のヨーロッパに知られていなかったのはこのためである。またこの時期にはアメリカ大陸内部の地理も不明であり、大西洋から太平洋に大陸を抜ける「北西航路」の発見もヨーロッパ地理学界の重要テーマだった。哲学者ライプニッツは手記のなかで、ロシアの緊急の科学的課題の一つに「アジアとアメリカが連続するか、海峡によって分離しているかを見極めること」をあげた。また彼は知人に、ピョートル一世の命令で「氷の岬(チュコトカ半島)」へ向かった人々について知らせてほしいと依頼し、ピョートル以上にこの問題を解決しうる立場の者はないと述べた。一七一一年にピョートル一世に謁見した際には、ロシアの科学アカデミー創設なども提言した。

ライプニッツの提言がピョートルにどれだけ影響したのかはっきりしないが、ピョートルは極東の地理に関して学者たちの意見を聞いたといわれている。この結果、一七二四年の勅命で、デンマーク人のロシア海軍士官ヴィトゥス・ベーリング(一六八一〜一七四一)による第一次探検(一七二五〜三〇年)が許可された。ベーリングはピョートル自筆の訓令を受け取り、そのなかには以下のことが書かれていた。

一　カムチャツカあるいはその方面のどこかで、一隻ないし二隻の甲板がある船を建造すること。

二　船を北方に伸びる陸地にそって帆走させること。そうすればこの陸地はやがてアメリカの一部となるであろう。

三　この陸地がどこでアメリカに連結しているか調べ、またヨーロッパ人の領有する集落まで進出

ベーリング

することそこでヨーロッパ船に遭遇したら、その付近の地名を聞き取って記録し、さらに詳細な情報を得るため上陸し、海図を描いて帰還すること。

ベーリング探検隊のおもな目的はアジア（ユーラシア大陸）とアメリカ大陸の接続・分離問題を解明することであり、当初はアジアがアメリカと繫がっていると推測されていたことが訓令からわかる。探検隊参加者はロシア人海軍士官チリコフ、前節でふれたシュパンベルグを含め総勢六〇人だった。ピョートル一世は一七二五年になくなったが、探検隊は同年から三年の準備期間をへて、二八年七月にカムチャツカ東岸のニジネカムチャツクを出発した。船は半島沿岸を北上し、途中で水を補給しながら八月に岬を回航した。その後は現在のベーリング湾にはいって北緯六五度二〇分地点まで進んだ。しかしまだアジアとアメリカが繫がっているのか、判断はできなかった。部下のシュパンベルグは八月十六日まで前進した後に帰還するよう主張し、チリコフは訓令遂行のため北極海に進んでアジアとアメリカの分離を確認するよう主張した。ベーリングはシュパンベルグの意見を採用して八月十五日に北緯六七度一八分の地点まで進み、アジア側の海岸が西に屈折しているのをみて、「アジアとアメリカは分離している」と判断した。ここで進路を変え、カムチャツカ半島の東方向の海を記したのち、一七三〇年ペテルブルクに帰還した。

しかしベーリングによる第一次探検隊の成果は科学アカデミーなどから非難された。チリコフが主張したアジア側海岸の西、北極海沿岸のコルィマ川河口まで進まなければ、アメリカ大陸との分離は証明されないと考えられたからである。またベーリング帰還の年は、新皇帝アンナ・イヴァノヴナ（在位一七三〇～四〇）の治世開始年で、寵臣ビロンらバルト系ドイツ人の政治勢力が強まった時期にかさなる。

シュテラーによるラッコの図

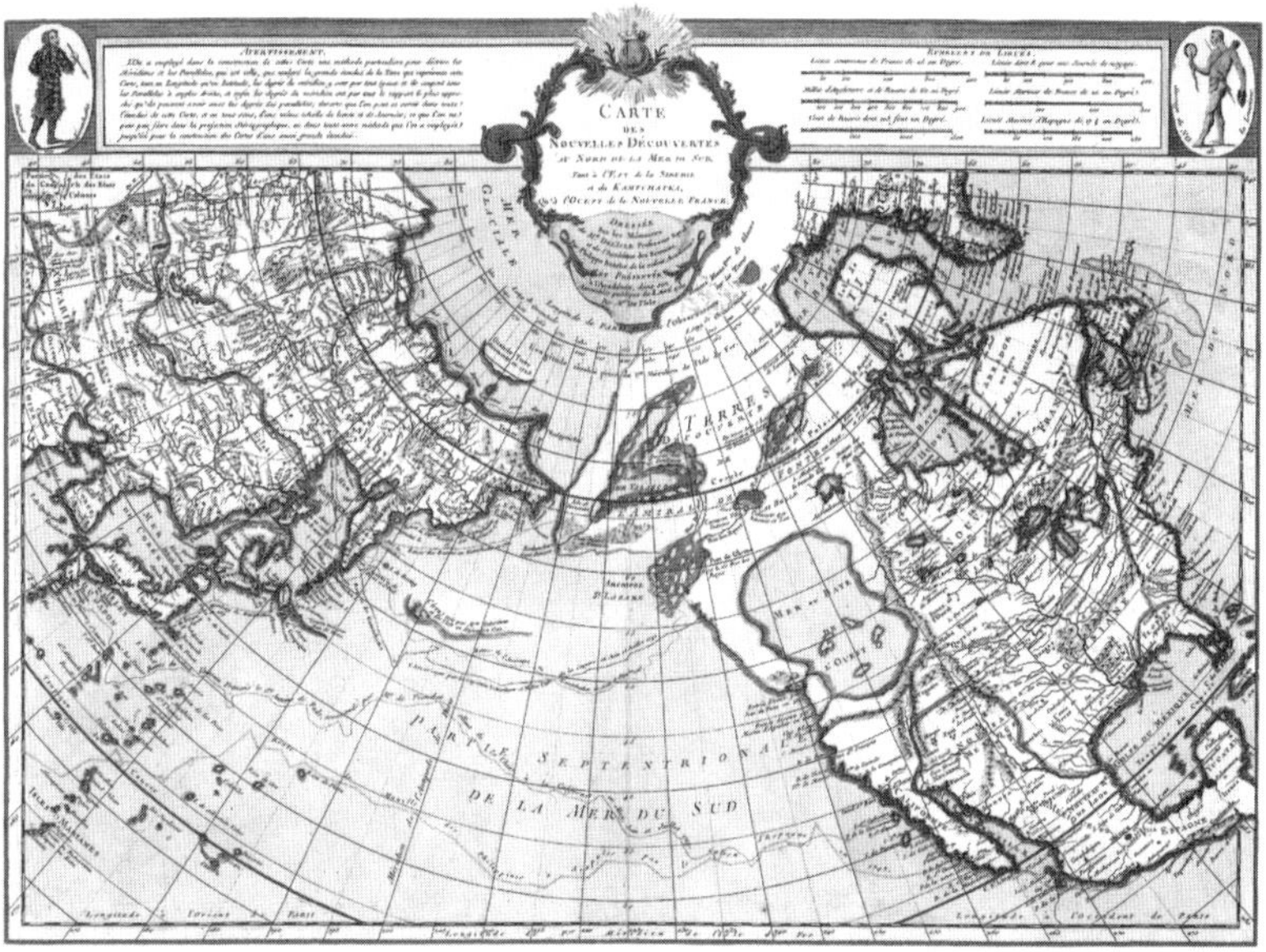

ジョゼフ＝ニコラ・ドリルの情報を基に
フィリップ・ブアシェにより1752年に刊行された地図
北米大陸部分には，当時信じられていた大陸を抜ける「北西航路」が記入されている。

ライプニッツ提言により一七二五年に創設されたロシア科学アカデミーはドイツ人研究者を中心としており、アカデミーは地理的問題を解明すべく大学術探検事業を企画した。これがシベリア、アメリカ、日本への学術探検調査をおこなう「大北方探検」(一七三三〜四三年)であり、ベーリングの第二次探検とシュパンベルグの探検もその一環としておこなわれた。大北方探検メンバーにはドイツ人博物学者グメリン、シュテラー、歴史家ミュラー、フィッシャー、若きロシア人研究者クラシェニンニコフ(のちの『カムチャツカ誌』著者)が含まれた。ベーリング探検隊にはシュテラーのほかにフランス人、スウェーデン人の調査隊員も加わり、国際色豊かなメンバーで構成された。このようにベーリング探検を含む大北方探検事業そのものが、ヨーロッパの学術研究の動きと深く繫がっていたのである。

ベーリング一行はペテルブルク出発後もしばらくヤクーツクなどに滞在し、オホーツク港で三年間、船を建造して準備をした。オホーツク港を出発したのは一七四〇年で、カムチャツカ半島で越冬し、四一年六月ペトロパヴロフスク港から太平洋探検に出発した。七月にはアラスカに到達し、周辺調査ののちアリューシャン列島などを発見した。その後船は西に向かったが、途中嵐に遭い、十一月にコマンドル諸島の島(現ベーリング島)に漂着し、ベーリングはここで壊血病(ビタミンC欠乏による病)のためなくなった。

探検隊はベーリングと同じく壊血病による犠牲者を多数出したが、博物学者シュテラーはベーリング島での越冬中、島の植物、海洋生物を調査し、ロシアに膨大な自然情報をもたらした。彼は巨大な海牛(sea cow)を捕獲し、解剖スケッチなども残した。しかし毛皮事業にとってより重要だったのは「ラッコ」の発見だった。カムチャツカ半島に進出したロシア人はビーヴァーに似たこの動物を「カムチャッカ・ビーヴァー」と呼んだが、シュテラーは海の生物であるラッコが陸の生物であるビーヴァーと種が異なり、カワウソの一種だと考えた。このような誤解が生まれたのもラッコが環太平洋地域にしか生息しない海洋生物だったからである。

ラッコ毛皮は色が濃く滑らかで光沢があり、一枚の皮が大きく、一一四〜一一八頁で述べるように中国人に人気のある毛皮だった。一七四三年にシュテラーらベーリング探検隊の生き残りが帰還したことは、カムチャツカ半島周辺の豊富な毛皮獣と、その生息地である島々の存在をロシア人毛皮業者たちに明らかにした。その結果コサックのエメリヤン・バソフが企画した狩猟船の派遣を皮切りに、ロシア人毛皮業者たちが数々の毛皮事業を企画し、カムチャツカ半島、アリューシャン列島、千島列島をたどって北太平洋に進出していった。ここで獲れた毛皮はオホーツク経由でイルクーツクに運ばれ、六二年以降正式にキャフタから清へ輸出された。

その後、長年ロシア科学アカデミーで働いていたフランス人地理学者ジョゼフ＝ニコラ・ドリルがベーリング探検隊の地理的発見情報を無許可でフランスにもたらし、一七五二年に彼の弟子であるフィリップ・ブアシェがその地図を刊行したため、ロシア側の不興を買った。フランス地理学界はドリルを通じて最新の北太平洋情報を入手したのである。しかし、その後ロシア人毛皮業者たちが知った北太平洋の地理情報はしばらくヨーロッパ側に知られることはなかった。この情報がヨーロッパにもたらされる契機となったのは、次節で述べるジェームズ・クックの第三次太平洋探検である。

理性と科学の時代の太平洋探検

十八世紀の北太平洋探検を最初に推進したのがロシアだったのに対し、南太平洋探検を推進したのはおもに十八世紀後半のイギリスとフランスだった。十八世紀前半のヨーロッパ地理学が、書斎にこもる地理学者たちの思索と、探検航海をおこなう船乗りの航海記で成り立っていたとすると、十八世紀後半の地理学では、国家と科学アカデミーが支援する「科学的探検航海」によってより実践的で正確な情報がもたらされた。一方ロシアでは十八世紀前半にコサックを先兵として国家と科学アカデミーによる北太平洋探検が企画され、一七四〇年代には民間毛皮業者たちの北太平洋進出が始まっていた。

十八世紀後半にヨーロッパで「科学的探検航海」が企画された理由の一つは、一七六三年に七年戦争が終結し、イギリスとフランスの地理学界の情報交流によって地理的発見の動きが加速したことだった。そして地理情報収集の倉庫となり、地理学、天文学、博物学の専門家たちを探検航海に同行させる母体となったのが海軍だった。イギリスとフランスはまず、太平洋の南に存在すると信じられた幻の「南方大陸」を探す探検隊を組織した。

一七六四年、イギリス海軍はジョン・バイロンを指揮官とする世界周航船を派遣した。バイロン一行はフォークランド、パタゴニア、タヒチを経由して六六年にイギリスに帰還したが、南方大陸は発見できなかった。一方、フランス国王ルイ十五世(在位一七一五〜七四)もフランス初の大科学探検隊を計画し、外務大臣ショアズルの資金調達により、ブーガンヴィル探検隊(一七六三〜六四、一七六六〜六九年)を組織した。第一次探検はフォークランド占領に対するイギリス、スペインの反発を受けて失敗したが、第二次探検ではパタゴニア、タヒチ、サモアなどを訪れ、『世界周航記』(一七七一年)でポリネシアの人々の情報をヨーロッパにもたらした。

ブーガンヴィルの情報は、フランスを中心とする啓蒙思想家たちに大反響を巻き起こした。彼は『世界周航記』でタヒチ住民についてつぎのように書いている。

まるでエデンの園にいるような気がした。どこに行っても私たちは優しく迎えられ、安らぎがあり、甘美な喜びがあった。

タヒチの人々はたんにフランスの船が早く去ることを望んで争わなかっただけだが、ブーガンヴィルの目には彼らが原始状態で生活する純朴な人々と映った。同書は文明社会に毒されていない「高貴なる未開人」のイメージをもたらし、感銘を受けたディドロは『ブーガンヴィル航海記補遺』（一七七二年）でヨーロッパ文明批判を展開した。彼はブーガンヴィルをも批判しながらつぎのように主張した。

ブーガンヴィル氏の著作はその多くの箇所で、未開人は一般的にきわめて愚かで、人智の生み出した傑作も、自然の大いなる現象と同様、未開人に何の影響も及ぼさないとしている。……しかし未開人はそれらについて考えもしなければ、感嘆もしない。……ああ！　ブーガンヴィル氏よ、あなたは無邪気で幸せなタヒチ人の住む岸辺からあなたの船を遠ざけるがいい。彼らは幸福でいるのに、あなたはただ彼らの幸福をそこなうだけであろうから。

こうした文明批判はジャン＝ジャック・ルソーの『社会契約論』（一七六二年）の思想と共通しており、啓蒙思想家たちは南太平洋の先住民たちの生活に原初的な理想社会をみた。ただしブーガンヴィル探検隊も、最大の目的である南方大陸を発見することはできなかった。

十八世紀の太平洋探検で同じく大反響を呼んだのはイギリス人ジェームズ・クック（一七二八〜七九）

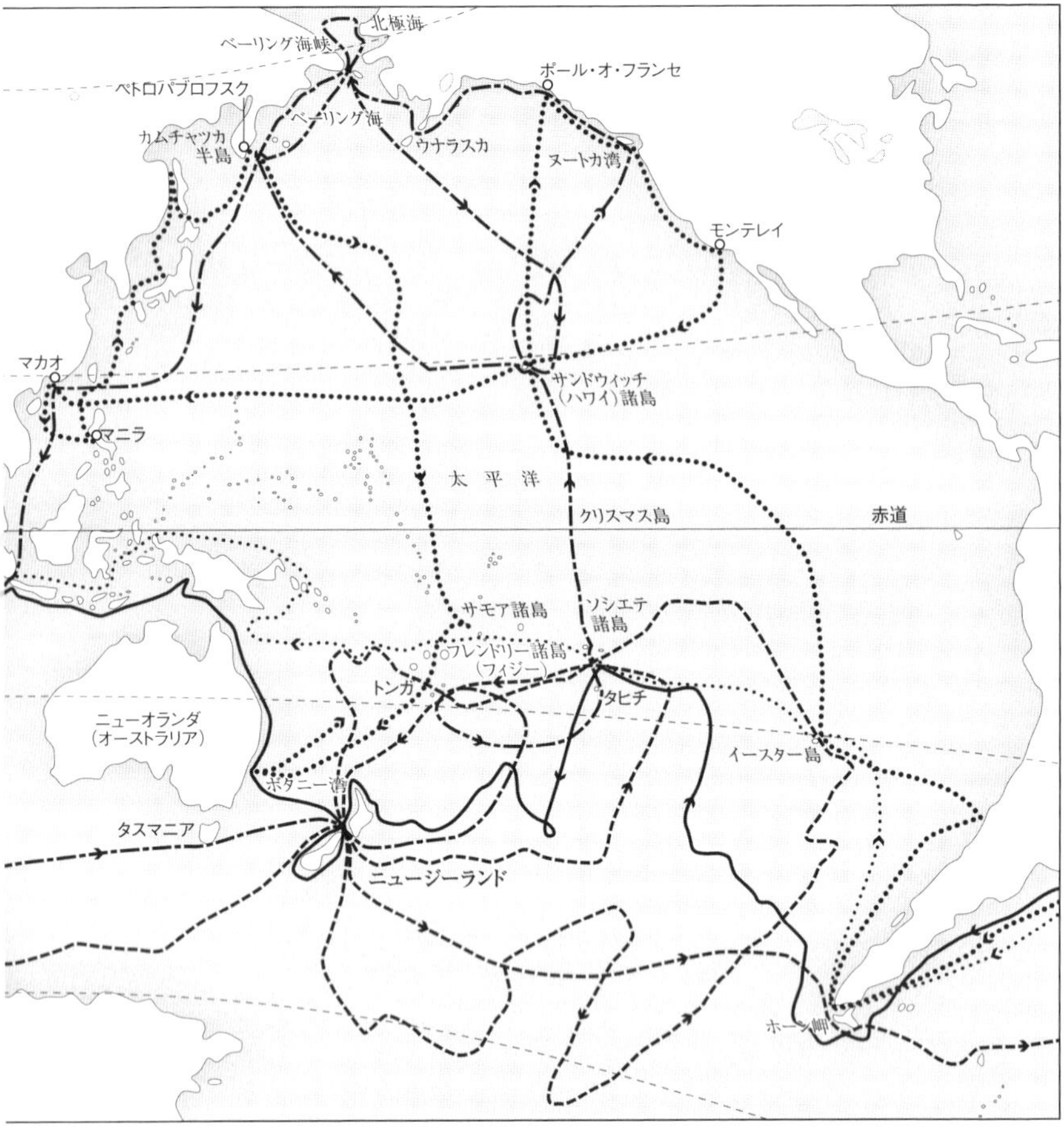
北極海
ベーリング海峡
ペトロパブロフスク
ポール・オ・フランセ
ベーリング海
カムチャツカ
半島
ウナラスカ
ヌートカ湾
モンテレイ
マカオ
サンドウィッチ
(ハワイ)諸島
マニラ
太 平 洋
クリスマス島
赤道
サモア諸島
ソシエテ
諸島
フレンドリー諸島
(フィジー)
トンガ
タヒチ
ニューオランダ
(オーストラリア)
イースター島
ボタニー湾
タスマニア
ニュージーランド
ホーン岬

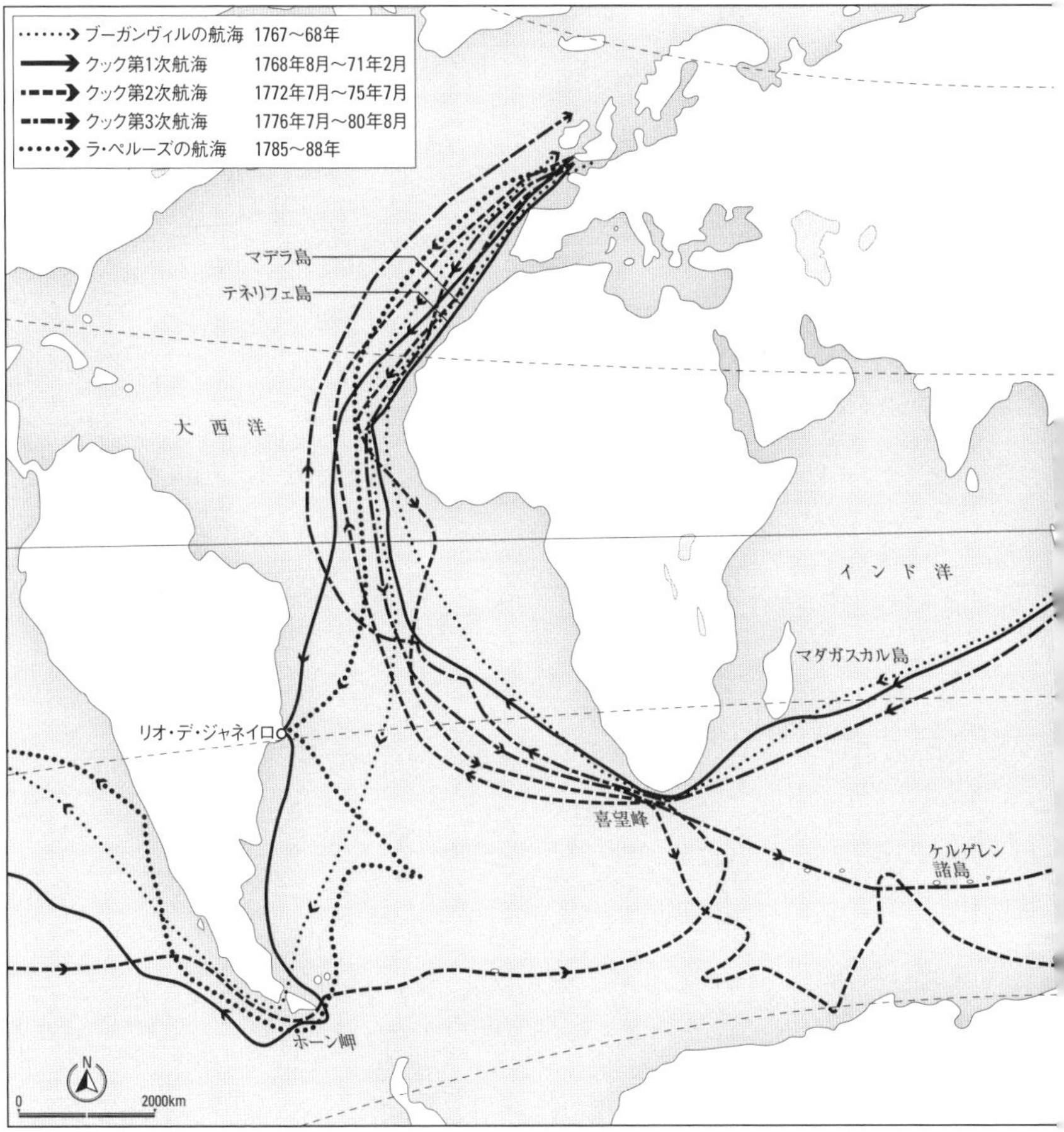

ブーガンヴィル，クック，ラ・ペルーズの探検航路

の事業である。クックは第一次探検(一七六八〜七一年)、第二次探検(一七七二〜七五年)で同じくタヒチ、ニュージーランド、オーストラリア、ニューカレドニア、イースター島、南サンドイッチ諸島(現ハワイ諸島)などを調査し、南太平洋の地理を解明した。そしてこの二度の探検も南方大陸発見を目的としており、調査の結果、クックは南方大陸はないと結論づけた。

ドイツ啓蒙思想を代表するゲオルク・フォルスター(一七五四〜九四)は、クックの第二次探検に同行して『世界周航記』(一七七七年)を刊行し、ポリネシアの人々の暮らしを紹介した。行動する博物学者であり、流麗な文体を高く評価された彼は、クック探検からヨーロッパに戻るとビリニュス大学、マインツ大学図書館で働き、人類学、民俗学の研究を続けた。晩年は再び大旅行に出発することを夢み、「公平冷静にものを見て、見たことを誠実に記述したい」と書いていたが、フランス革命の波に巻き込まれパリでなくなった。フォルスターは地理学的啓蒙を促進するクックの航海探検に参加し、科学の発展を目撃しつつ、「未発見の土地」が消えてゆくことで人間の経験が乏しい時代がやってくるのではという懐疑的感情ももち続けた。啓蒙思想家としてのフォルスターは「誠実な記述」を心掛けつつも、文学の価値も重視しており、クックが当時の人々の認識と啓蒙に貢献したのは法律家のバルベラックや歴史家プーフェンドルフの著作を読んでおらず、未開人についての観察をいかなる理論によっても歪めなかったからだ、と評価した。

時にユーモアを交えつつ太平洋の島々の民俗を記録したクックの観察眼は、第三次探検(一七七六〜八〇年)においてもいかんなく発揮されている。そしてこの第三次探検こそ、イギリスの探検隊とロシア人毛皮業者たちがはじめて接触し、互いの地理情報を交換した貴重な航海だった。

北太平洋におけるイギリスとロシアの接触

第三次探検はイギリス海軍大臣サンドウィッチ伯爵の指示で企画され、前節でふれた北西航路発見を目的としていた。大臣は訓令でスペインを刺激しないよう、「アメリカ大陸西部のスペイン領のいかなる土地にも接触しないよう」厳しく命じた（スペインとイギリスの紛争については一一四～一一八頁参照）。そして「ニュー・アルビオン（アメリカ太平洋岸）」の海岸に到着したら、薪水食料補給の便にかなった港にできるだけ速やかに入り、しかるのち沿岸を北緯六五度まで、または陸地や氷の妨害がないかぎりさらにその先まで航行すること。六五度に達するまでは、川や入江の探検に時間を費やすことがないよう

キャプテン・クック

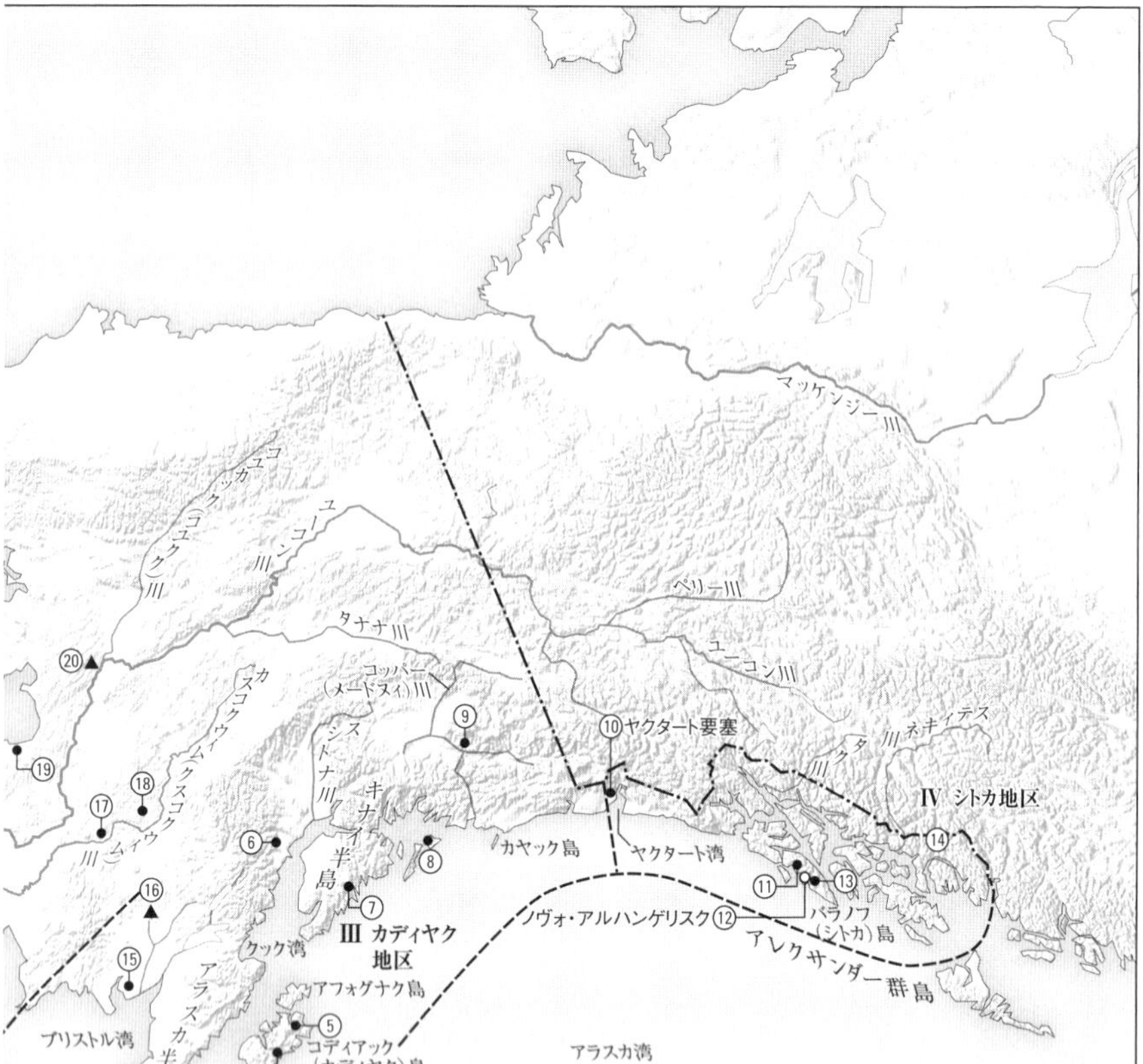

出典：Andrei Val'terovich Grinev, *The Tlingit Indians in Russian America, 1741-1867*, Translated by Richard L. Bland, Katerina G. Solovjova, University of Nebraska Press, Lincoln/London, 2005.

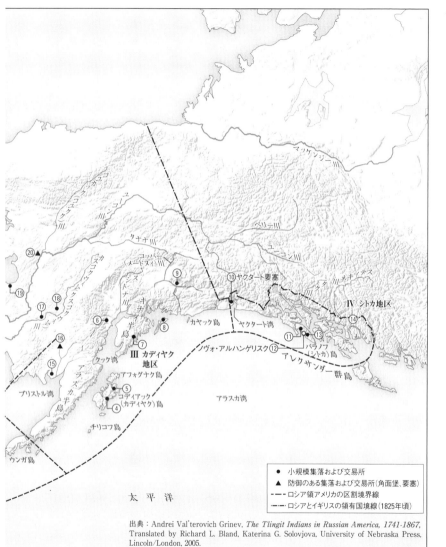

ロシア領アメリカの境界(1825年)とおもな集落

心がけ、来る年の六月に到着することを期待する——六五度に到達した後は、十分な長さがある、ハドスンないしはバフィン湾に通じていると思われる川、ないしは入江を探索して探検すること」と指示した。クックは一七七八年三月にサンドウィッチ諸島からヴァンクーヴァー島へ航行し、ヌートカ湾に上陸して先住民と毛皮を交換した。

ヴァンクーヴァー島の先住民には贈与を競う「ポトラッチ」と呼ばれる交換儀礼があった。投錨したクックらの船の周囲には先住民のカヌーが押し寄せ、カムチャツカ半島で目にしたのと同じ「クマ、オオカミ、キツネ、シカ、アライグマ、ニオイネコ、イワツバメ、そしてとくに海ビーヴァー〔＝ラッコ〕など」の毛皮を持参した。毛皮と交換に先住民は「ナイフ、のみ、鉄や錫の製品、釘、ボタン、およびあらゆる種類の金属」を手に入れた。先住民たちは、最初にクックたちに接触したグループを中心に交易秩序をつくり上げ、イギリス人と平和裏に交易をおこなった。

クック一行はさらにアメリカ北西岸を北上し、一七七八年五〜六月にはアラスカ沿岸を航行した。クックはロシア人交易者がすでにアラスカに進出しているだろうと予測していた。しかし接触した先住民にその兆候はみられなかった。例えばケナイ（キナイ）半島西側、クック内湾と名づけた土地の先住民について、クックは日誌でつぎのように述べている。

私は以前に彼らが鉄を持っているのを観察した。すなわち彼らは鉄製の槍やナイフを持ち、また銅で作った槍も持っていた。彼らの槍は小型の矛に似ており、鞘に収めてあるナイフはかなりの長さである。以上のものとわずかのガラス玉だけが、彼らの間で見た、彼らの製作品ではない唯一のものだった。ロシア人と交易している隣人のだれかから入手した可能性はある。私はあえて言うが、ロシア人は彼らの間に入ってきておらず、また彼らと商業取引をおこなわなかった。なぜなら、もしそうでなければ、彼らが海ビーヴァー(ラッコ)の毛皮のような貴重品を身にまとうことはありえなかったからである。

先住民がロシア産品をもたず、ラッコ皮を日常着にしていたことから、ロシア人はまだこの地に進出していないようだとクックは判断した。そのうえで「この広大な海岸の住民たちと、たいへん儲かる毛皮貿易がおこなわれうることは疑いがない」こと、ただし北西航路が発見されなければ、イギリスと距離があるため毛皮の利益は見込めないだろうともつけ加えている。

クックがアラスカを訪れた時期、ロシア人毛皮業者たちはまだアリューシャン列島の毛皮事業に集中しており、彼らがアラスカ半島に進出したのは一七八〇年代だった。クック一行は一七七八年十月にアリューシャン列島東端のウナラシカ島に立ち寄り、そこではじめてロシア人毛皮業者イズマイロフと接触した。彼らは互いに贈り物をして歓待し合い、地図を見せ合って地理情報を交換した。クックは「彼〔イズマイロフ〕がこの地方の地理やロシア人がはたした発見に通じていて、現代の諸地図にある誤りをたちどころに指摘するのを知った」。

しかし一方でクックは以下のようにも述べている。

イズマイロフ氏もその他の人々も、北方のアメリカ大陸をぜんぜん知らないし、〔ロシア人海軍士官の〕シンド中尉もその他のロシア人も最近それを見たことはないと断言した。シンド氏はそれを彼の言う大きな島に付けたのと同じ名称、すなわちアラシュカと呼んでいた。現代の地図で使われているスタチタン・ニタダという名前を、このインディアンたちもロシア人たちも知らず、どちらもアメリカの名称で理解していた。

この時点でイズマイロフを含むロシア人はアラスカ以東のアメリカ大陸についてほとんど情報をもっておらず、またはじめて「アラスカ」という名がイギリス人に知られた。この二人の邂逅により、イギリスのアメリカ北西岸情報と、ロシア人の北太平洋情報が相互に補完された。クックは北西航路を発見できなかった代わりに、ロシア人がまだ進出していないアラスカで先住民と毛皮交易をおこなう可能性に希望を見出した。しかしクック自身はハワイに帰還した際に先住民に殺害され、イギリスへの帰国はかなわなかった。クックを失った探検船は別の乗員が指揮を引き継ぎ、途中広東に寄港して一七八〇年にイギリスに帰国した。

クックの地理情報は一七八一年にアウクスブルクで刊行された北太平洋の地図に反映され、八四年に航海日誌が刊行された。彼の情報は太平洋の地理情報を向上させ、より精緻な地図の刊行によって安全な太平洋航海を可能にした。またクック死後に探検船レゾリューション号が広東港に寄港した際、イギリス人乗員たちは中国人のラッコ需要が大きいことを認識した。クロテンにかわるラッコ毛皮の人気とともに、イギリス船、アメリカ船などがヌートカ湾に殺到し、新たな毛皮競争が始まった。これについては四節でふれることにする。

こうした理性と科学に基づく啓蒙主義の思潮を背景に、地理学は書斎の学問から、実践的探検航海に参加した専門家の科学的分析によって事実を解明する学問へと変化した。フランス国王ルイ十六世(在位一七七四〜九二)が自ら企画したラ・ペルーズ探検隊(一七八五〜八八年)は、クック探検の成果と地理学界の論争に刺激され、さらなるアラスカ、カムチャツカの踏査とアメリカ、中国との貿易可能性を探ろうとした一大プロジェクトだった。ここでも科学的探検と経済的意図が明確であり、ラ・ペルーズは厳密な測量をおこないながら、啓蒙主義的態度によって先住民と接触し、占領行為はおこなわずに航海を続けた。彼は古臭い征服行為からも、「善き野蛮人」という幻想からも自由な新しいタイプの探検家だったといえる。またラ・ペルーズはカムチャツカ寄港の際に、カムチャダールを使役する毛皮採集の様子を観察し、「ロシア人は、スペイン人が金銀を渇望するのと同じくらい、毛皮を渇望している」と指摘した。しかし探検隊は一七八八年二月の通信を最後に消息が途絶え、カムチャツカで下船した同行者、ジャン＝バチスト・レセップスがシベリア経由でフランスに帰還し、一七九〇年にラ・ペルーズの日誌を刊行した。探検隊が行方不明となったことに対するフランス科学界、海運業界の嘆きは大きかった。だがバイロンからラ・ペルーズにいたる一連の太平洋探検と未知の土地の資源情報は、ヨーロッパ商人たちのアジア貿易欲求を刺激し、太平洋へ向かう商船の増加をもたらした。

3　自由な貿易活動を求めて

シェリホフのアラスカ進出

ロシアの太平洋進出とアラスカ開拓史において、「ロシアのコロンブス」と称されたグリゴリー・シェリホフ(一七四七〜九五)は、南ロシアに近いルィリスクの商家に生まれた。母親は貴族出身ともいわれるが、家庭では商売に必要な歴史、地理、読み書きなどの教育を受け、子どもの頃から父親の店を手

シェリホフ

伝った。彼の出身地はオスマン帝国と交易の歴史があり、毛皮事業に関心が高く、その関係でイルクーツクと繫がりができたと思われる。
シェリホフは一七七二年に隣接都市のクールスクに移ったが、プガチョフの乱（一七七三年）などを逃れてシベリアへ行き、手代奉公に従事した。七五年にはエカテリーナ二世の勅命で日本沿岸への商業・狩猟探検航海が企画され、シェリホフはヤクーツク商人レベジェフ＝ラストチキンとともに早速この事業に参加した。当時の毛皮業者と同じく、シェリホフも日本を含めた太平洋貿易構想をいだいたと推測される。しかし千島の事業は必ずしも上手くいかず、シェリホフはまもなく撤退した。また同時期、彼はイルクーツク県徴税代理人となった裕福なクールスク商人イヴァン・ゴリコフと手代契約を結んだ。シェリホフはゴリコフの豊富な資金を活用し、七七年以後、狩猟船をアリューシャン列島へ派遣した。それまでロシアの毛皮事業は一航海のたびに発行する株から半株を労働者に与え、毛皮の出来高を株で分配する方式だったが、シェリホフは労働者の固定給与制を取り入れ、航海中の食費を給与から差し引く仕組みにした。損害を減らして事業の効率化をはかるシェリホフの改革が成功し、ゴリコフは八一年に共同事業者となるようシェリホフに提案した。これによりゴリコフ＝シェリホフ会社が成立した。

同時代のロシア商人から「燃えあがる炎のような人物」と評されたシェリホフは、自ら狩猟船に乗って太平洋に出かけ、精力的に毛皮事業をおこなった。一七八三年八月、彼は事業のため妻ナタリヤとともにオホーツクを出発し、翌年八月にはアラスカ半島東部に位置するカディヤク島(現コディヤク島)に上陸した。このとき先住民のカニャグ人が集落を捨てて逃亡したが、シェリホフたちは彼らを追いかけ、とらえたカニャグ人に人質を要求した。しかしカニャグ人たちはこれを拒否し、四〇キロ先の巨岩上に避難した仲間五〇〇人ほどが、シェリホフらの砲撃によって海に沈み、溺死したという。この時代において、先住民へのシェリホフの態度がかなり暴力的だったことは否定できない。

カニャグ人を制圧したシェリホフは、彼らの子ども二〇人ほどを人質にし、ロシア人労働者と先住民を使役してラッコ漁をおこなった。人質は先住民の襲撃を防ぎ、毛皮事業を円滑に進めるためにとられた。この間シェリホフはカディヤク島にロシア人居留地を建設し、カニャグ人の少年二五人を「野蛮な父親」から引き離し、学校をつくってロシア語の読み書きを教えた。シェリホフは先住民をロシア人の支配下におき、労働を強制したが、興味深いのはシェリホフ自身が先住民の殺戮を誇り、カニャグ人子弟のロシア語教育を正当とみなしたことである。シェリホフ一行は、巧みなカヌー漕手であり有能なラッコ漁師でもあるアリュート人をアリューシャン列島から連行し、ロシア人労働者にも絶対服従を強いた。これは当時の毛皮業者の一般的なやり方であり、ヤクーツク商人レベジェフ＝ラストチキン、イル

シェリホフが，アラスカでの毛皮事業による
地理的発見を基に1787年に作製した地図

クーツク商人などのライバルが背後にいたことも苛烈なやり方を貫いた一因だろう。

　カディヤク島の過酷な生活のあいだ、シェリホフの妻ナタリヤは娘アヴドチヤ（のちのロシア・アメリカ会社株主の一人）を出産し、シェリホフは彼女をアメリカ生まれの「アメリカンカ（アメリカの娘）」と呼んだ。ナタリヤは、彼が行くところ「どこでも私と一緒についてきたし、常に困難に耐えようとした」頼もしいビジネス・パートナーだった。そして類まれなコミュニケーション能力で手代や部下とシェリホフのあいだを取り持つ「マートゥシカ（お母さん）」でもあった。シェリホフはカディヤク島に居留地の基礎を築くと、エニセイスク商人サモイロフを現地支配人として残し、一七八六年に家族とともにオホーツクに帰還した。

エカテリーナ二世の対外政策

シェリホフが帰還する少し前、清は一七八五年にキャフタ貿易を停止させた。原因はロシアに逃亡した犯罪者ウラザイの引き渡し要求をロシア側が拒否したことと、これを背景とする露清関係の悪化だった。ロシア側はウラザイがロシアの獄中で死亡したため北の辺境に埋葬されたと主張したが、対ロシア防衛に神経をとがらせる清は態度を硬化させた。こうしてキャフタ貿易の停止は七年にもおよんだ。

シェリホフは一七八六年にオホーツク港に帰還した際、停泊していたイギリス東インド会社船と食糧を取り引きし、アラスカ植民地の食糧補給と毛皮貿易の展望をいだいた。彼は翌年四月にイルクーツクに戻ると、県知事ヤコビに対してカディヤク島の記録、地図、事業独占権を許可する特許株式会社設立について報告書を提出した。シェリホフはそのなかで「これら地域の発見と調査、そしてわが女帝陛下の栄光ある統治下に併合することが私の唯一の目的であったから、勅許がなければ私の事業は無意味なものとなり、不十分に終わるだろう。疑いなく上記の事柄は私の目的になるだろうし、自分の利益だけでなく、新たな国益となるものを再び発見できるよう望んでいる」と主張した。そして広東港への船舶派遣許可と、設立会社をイルクーツク総督指揮下に入れるよう提案し、政府から五〇万ルーブルの借款を希望した。ヤコビはシェリホフの成功を「前代未聞」と高く評価し、好意的意見書を添えてエカテリーナ二世に請願書を送った。

ヤコビの意見書に対し、エカテリーナ二世は太平洋の産業振興を検討するよう商務大臣に命じた。一七八八年三月、商務省はヤコビの意見を支持し、好意的報告をおこなった。しかしシェリホフは回答を待ちきれずに同年ペテルブルクを訪れ、寵臣ズーボフなど宮廷有力者に根回しをおこなった。彼はゴリコフと共同で再度エカテリーナへの請願書を作成し、提出した。請願内容は政府借款を二〇万ルーブルに減額したほかは、最初のものとほぼ同じだった。しかし有力者の好意的反応とは反対に、エカテリーナ二世はシェリホフらの請願を却下した。

請願拒否の表向きの理由としては、カディヤク島の殺戮行為があげられる。シェリホフは請願書で成果を誇張し、「四千人を切り殺して千人を捕虜にした」「住民五万人を征服した」と報告した。これは当時の島民人口から推測しても明らかな虚偽だった。加えてエカテリーナはシェリホフの殺戮行為に嫌悪感を示した。またイギリス東インド会社のような「特許株式会社」を時代遅れとみなし、商人の言葉に信頼をおかなかったことも一因である。

一般にエカテリーナ二世は啓蒙専制君主と呼ばれ、自身もそうアピールした。彼女はロシアにフランスの第三身分相当の階層をつくることをめざし、都市改革もおこなった。しかし一七六一年に金星観測のためロシアを訪れたフランス人天文学者シャップが『シベリア旅行記』(一七六八年)のなかでロシア専制政治の「毒」を批判すると、エカテリーナは匿名で『解毒剤』(一七七〇年)を発表し、専制制度への批判に反論した。一七七三年にロシアへ招待した啓蒙思想家ディドロとの対話でも、彼女は専制批判と国民主権の思想を聞き流している。つまりエカテリーナは啓蒙理念を言語、自然科学などの学術分野に限定し、政治ではロシアの伝統と農奴制を重んじ、保守的態度をとった。そのためフランス革命が勃発すると急速に反動化したのである。彼女にとって、「祖国のため」と強調しながら先住民を殺戮し征服したと自慢するシェリホフは、汚職、虚偽報告、役人との争いを繰り返す他のシベリア商人同様、信用できない人物と映ったのかもしれない。その証拠に、エカテリーナは八五年に海軍士官ジョゼフ・ビリングスとガヴリール・サルィチェフに太平洋北東部の探検隊を組織させており、彼らに日本との通商開始任務を与えた。その後もロシア海軍に命じて日本沿岸にいたるルートを探索させている(ただしこれらの試みは失敗に終わった)。

以上がエカテリーナ二世によるシェリホフ請願拒否の一般的説明だが、背後にはより深刻な外交・財政上の問題があった。当時エカテリーナ二世は南方進出を目論む「ギリシア計画」と対ヨーロッパ戦争に着手した。露土戦争(一七八七〜九一年)、第一次ロシア・スウェーデン戦争(一七八八〜九〇年)では戦費調達の必要に迫られ、北太平洋の毛皮事業に資金提供したり、軍隊を派遣したりする余裕はなかった。女帝はシェリホフの請願書への回答としてつぎのように明言した。「帝室費用は現在南方への進出に割かれており、そのため野蛮なアメリカ北方民族および彼らとの交易はそれ自身の運命へと遠ざけられるのである」と。

二つ目の理由は、イギリスとの外交関係である。イギリスは一七三〇年代からオランダを抜いてロシアの重要貿易相手国だったが、第二次英露通商条約(一七六六年)で英露貿易は飛躍的に成長した。イギリス海軍はロシア産銑鉄、大麻(ロープ材料)、木材など造船資材輸出の得意先であり、その他一次産品輸出でもイギリスがロシアの最大貿易相手国だった。しかも貿易収支はロシアの圧倒的黒字で、十八世紀後半にはイギリス商人主導のペテルブルク―ロンドン貿易枢軸が確立した。一方、太平洋ではクックがアメリカ北西岸を航行し、ヴァンクーヴァー島ヌートカ湾にイギリス船が出没した情報がロシアにも伝わった。請願書でシェリホフはヨーロッパ諸国がアメリカ北西岸に進出していないと書いたが、クックの航海日誌が示すように彼らはケナイ半島、ウナラシカ島を訪れていた。このためエカテリーナはロシア人の毛皮事業よりもイギリスへの外交的配慮を優先し、シェリホフとゴリコフには金牌と剣を与えて表彰するにとどめた。

シェリホフの特許株式会社設立構想は毛皮事業に対するロシア政府の後見と庇護、資金援助を必要とした。しかしアメリカ太平洋岸ではスペイン領アメリカとの関係だけでなく、イギリス船との競争があった。フランスからはラ・ペルーズ探検隊も派遣されていた。シェリホフが請願をおこなったのは、このようにアメリカ太平洋岸の毛皮事業をめぐる国際競争が本格化した時期だったのである。

遣日使節団とウルップ島植民

シェリホフは請願の拒否後、ゴリコフとともに太平洋の毛皮事業再編に着手した。キャフタ貿易停止によりアルハンゲリスク、ペテルブルクの毛皮輸出が増加したものの、キャフタの輸出量には遠くおよばなかった。例えば一七六八〜八五年の毛皮輸出の年間輸出は概算で三四〇万枚から七一〇万枚のあいだだった。一方キャフタ貿易が停止した時期のペテルブルクからの毛皮輸出は多く見積もっても五四万枚(一七八六年)、一二〇万枚(一七八七年)、九六万枚(一七八八年)である。キャフタ貿易停止時期にシベリアへ流刑された同時代人は、「ロシアでもラッコの毛皮を着る」人々がいるだろうし、少なからぬ量の毛皮がロシア国庫の債務支払いのためオスマン帝国などに輸出され、ライプツィヒなどにも流れたと指摘している。しかし管見の限りそれを裏付ける史料はない。いずれにしてもキャフタ貿易停止は毛皮業者に大打撃だったとみられる。シェリホフはこの時期に他の毛皮業者との事業提携の道を選び、ゴリコフ＝シェリホフ会社を事業地域ごとに分割・整理して、アラスカの植民事業を進めた。

シェリホフがキャフタ貿易再開を睨んで事業を進めた頃、一七八九年二月に日本人漂流民、大黒屋光《だいこくやこう》太夫《だゆう》一行がイルクーツクにあらわれた。光太夫たちは一七八三(天明三)年に伊勢を出発し、しけでアリューシャン列島のアムチトカ島に漂着したとみられる。彼らは四年間この島で暮らし、八七年に漂着した毛皮商人ジガリョフの狩猟船船員ニビジモフらと協力して船を建造し、島を脱出した。そしてカムチャツカ、オホーツクをへて、日本への帰国手段を求めてシベリアを移動した。じつは光太夫ら日本人漂流民がニジネカムチャツクに滞在したとき、先述のフランス人レセップスが光太夫に会っている。レセップスは光太夫のことを「大変好奇心に富み、鋭い観察眼をもち、身辺に起こったことは正確に日記に書き記している」と描写し、教養もあり仲間への配慮もある人物として高く評価した。光太夫たちのニジネカムチャツク到着はすぐにイルクーツク総督ヤコビに報告され、イルクーツクへの移送が命じられたと推測される。

イルクーツクにはフィンランド人の科学アカデミー会員キリル・ラクスマンがおり、ウプサラ大学での師、カール・ツュンベリ(博物学者、『日本植物誌』の著者)を通じて日本に関心をもっていた。また地元イルクーツク商人も毛皮事業を通じて日本貿易に関心が深く、何人もの有力商人がそれまでに遭遇した日本人漂流民の後見人やロシア名の名づけ親になっていた。一七七八(安永七)年には、レベジェフ＝ラストチキン出資の狩猟船案内人でイルクーツク商人のシャバリンが根室を訪問し、松前藩の役人に交易を申し込み、拒否される出来事が起こっている。この出来事を松前藩が隠ぺいしたことはまもなく幕府に知られ、工藤平助『赤蝦夷風説考』（一七八一、八三年）のロシア情報とともに老中田沼意次《たぬまおきつぐ》の関心を引き、一七八五〜八六（天明五〜六）年に蝦夷地調査がおこなわれた。田沼は幕府内でも重商主義的蝦夷地経営を構想した人物といえる。

ラクスマンとイルクーツク商人はそれぞれの関心から光太夫らの日本送還を政府に請願した。エカテリーナ二世に請願を却下されつつも、太平洋事業の独占権を求めるシェリホフはこの問題に熱心だった。ロシア政府は光太夫らにロシア帰化を勧めたが、ヤコビの後任であるピールはゴリコフ＝シェリホフ会社の意見を支持し、一七九〇年二月十三日の文書で同社による対日使節派遣計画案を政府に提言した。しかし日本人漂流民送還の請願について政府の回答はなかった。そのため一七九一年にラクスマンは光太夫をともなってペテルブルクに赴き、宮廷有力者である侍従長ベズボロトコに帰国願を提出した。光太夫はベズボロトコに便宜をはかってもらうため日本地図まで作成したという。こうした根回しの結果、同年九月にエカテリーナ二世が遣日使節と日本との通商交渉を承認した。ただしこれはロシア政府の使節ではなく、イルクーツク県知事ピールの使節とした。このような奇妙な体裁になったのは、イギリス、オランダを刺激して妨害されることを恐れ、秘密企画にしようとしたからだった。

使節にはラクスマンの息子アダムが任命され、船はシェリホフの持船を借り入れた。ラクスマンの学術的関心とは違い、船にはゴリコフ＝シェリホフ会社代表としてヴェリカウスチュグ商人バビコフ、トチマ商人ロフレツォフの仲買人ポルノモーシヌィらが同乗し、交渉成功時の交易を想定した人員が配置された。ラクスマン使節団は日本人漂流民を引き渡すことができたものの、幕府から交渉のために長崎回航を求められ、つぎのロシア船訪問を約束して帰国した。帰国後のアダムは政府の顕彰を受けたが、その成果への反響はほぼなかった。エカテリーナ二世の関心はすでにフランス革命後の対ヨーロッパ外交に向けられていた。また九二年にはキャフタ貿易も再開した。

こうした遣日使節へのロシア政府の態度にもかかわらず、シェリホフとイルクーツク商人は対日貿易を諦めなかった。シェリホフは一七九四年、アメリカ総支配人としてアラスカにいるバラーノフ（後述）にウルップ島植民計画に関する手紙を送った。

私はウルップで農業に従事する一団を編成するつもりである。ウルップ島は御承知のように、九二年に使節が行った日本近隣にあるので、指示を受けた組仲間の支配人に対して、日本人に会った場合は彼らに友情と親切を示し、我々に対する疑念を一切抱かせないよう命じてほしい。その際、毛深いクリル人（アイヌ）を介して日本とかの地に近いクリルの島々について、現地の豊富な物資や住民の生業について聞き出させるようにしてほしい。

シェリホフはアイヌを介して日本と間接的に交易し、ウルップ島にロシア人居留地を建設して毛皮事業をおこなおうとした。そこでズヴェズドチョトフをリーダーとするロシア人植民団が派遣されたが、この計画はシェリホフの突然死（一七九五年）により忘れ去られた。日本の幕府は一七九九（寛政十一）年に近藤重蔵をエトロフ島掛に任じて調査を指示し、さらにロシア人植民団を退去させるためアイヌのウルップ渡航を禁止して交易を絶ち、ロシアの南下を防ぐ方針をとった。

4 毛皮貿易をめぐる国際競争

毛皮会社の乱立とヌートカ湾危機

一七八九年前後の時期は、アメリカ太平洋沿岸における勢力図の変化にとって重要な転換点だった。その少し前、クックの情報によりヴァンクーヴァー島ヌートカ湾がラッコの豊富な漁場であることがヨーロッパに伝わり、イギリスの私商人がコックス＝リード商会、キング・ジョージ湾会社、ベンガル毛皮商会、アメリカ北西岸会社などを設立し、八五年からアメリカ北西岸の毛皮を広東に輸出する活動をおこなった。これらの会社にはイギリス東インド会社に特許料を支払ってインド、広東で取引するカントリー・トレーダーがかかわっていた。また独立後のアメリカ合衆国からも、後述するボストン商船が毛皮事業に進出した。

スペイン側もこの時期、ヌエバ・エスパーニャ（スペイン領アメリカ）の北部に外国船が進出することを懸念した。一七七〇年代にはブカレリ探検隊が三度派遣され、プリンス・ウィリアム湾まで調査し、探検事業をいったん終えた。しかし八〇年代にはロシア人の進出情報がスペインに伝えられ、ラ・ペルーズ探検隊の情報を得ると、八七年にモンテレー以北の太平洋岸調査が命じられた。司令官マルチネスの調査隊は翌年三月にサン・ブラス港を出発し、七月にはカディヤク島に到着して、ロシア人居留地が建設されていることを確認した。さらにウナラシカ島に達すると、同地のロシア人ザイコフから船を建造してヌートカ湾に進出し、イギリス船を排除する計画があることを聞かされた（ただしこれは実現しなかった)。これに危機感をいだいたマルチネスはいったんサン・ブラス港に帰還してロシアの南下情報を副王に報告した。

副王フロレスは問題の緊急性を理解し、スペイン本国の承認を待たずにヌートカ湾基地建設をマルチネスに命じた。マルチネスが一七八九年二月にヌートカ湾に到着すると、ロシア船との遭遇を予想していたのに反し、イギリスのベンガル毛皮商会船イフィジェニア号、アメリカ合衆国船コロンビア号が停泊していた。マルチネスははじめイギリス船に友好的態度を示し、要塞を建設し始めた。ところがまもなく別のスペイン軍艦が到着すると、マルチネスは武力行使に移り、停泊し続けるイフィジェニア号船長ダグラスを拿捕した。そして彼はダグラスがマカオに戻ることを条件に釈放した。その後ベンガル毛

北太平洋岸の地理と要塞

皮商会の別の船がやってきたが、乗員を追放して船を接収した。

続いて訪れたイギリス東インド会社公認船のプリンセス・ロイヤル号も、マルチネスの要求に従いヌートカ湾を去った。しかしつぎのアメリカ北西会社船アルゴノート号船長コルネットは、マルチネスの日誌によると以下のような目的をもっていた。

私との会話で彼は、自船が所属する会社の名において、ラッコ毛皮を集めるための交易所を建設し、港の支配者となるべく来航したと述べた。彼はまた、この港と他の沿岸諸港で、諸外国が毛皮交易に参入するのを阻止するよう命じられていること、さらに彼の君主たるイギリス国王から、ヌートカ湾とその沿岸を領有して要塞化し、必要施設を設けるようにとの命令を携えてきていると語った。

イギリス国王の命令というコルネットの言葉はのちの調査で否定されたが、この時マルチネスはアルゴノート号の目的を侵略行為と判断し、勾留した。まもなくプリンセス・ロイヤル号もヌートカ湾に再訪したため、マルチネスはスペイン人士官をつけて両船と乗員をサン・ブラス港へ送還した。

その後もマルチネスはヌートカ湾の拠点づくりと要塞化を続けたが、7月末に副王からヌートカ湾撤収命令を伝えられたため、要塞を解体してヌートカ湾を去らねばならなかった。マルチネスと外国船の紛争が大問題に発展したのはこの直後である。一七八九年十月、イフィジェニア号船長ダグラスは同じ会社の船長ミーアズに事件を教え、ミーアズは九〇年にイギリス本国へ知らせた。彼は自分が八八年十月にヌートカ湾先住民から土地を「ピストル一丁で」購入したとして、その権利を主張した。

イギリス首相ピットは工業製品輸出のためにスペイン領アメリカとの貿易に期待していたが、ヌートカ湾事件を含むスペインの強硬策に報復することを決め、一七九〇年五月二日に英国海軍動員令を発した。そして六日の議会演説で太平洋におけるスペインの排他的権利は馬鹿げており、イギリス貿易阻止は不当であるとした。このピット演説は自由貿易に転換しつつあった当時のイギリス政府の方針を反映している。一方スペインはフランス、ロシア、オーストリア、アメリカに反英同盟を呼びかけ、イギリスは十月にスペインへ最後通牒を発して開戦危機が生じた。これはヨーロッパ全体を巻き込む戦争に発展する可能性があった。しかしフランス革命の勃発で「ブルボン協定(フランス、スペイン王室であるブルボン家の協力関係)」の後ろ盾を失ったスペインはイギリスの外交に屈した。同年十月二十八日イギリス・スペイン間で「第一次ヌートカ湾協定」が結ばれ、スペインは①ミーアズらから奪った土地・建物の返還、②暴力・破壊への補償金、③未占有地での先住民との交易容認、④スペイン領以北の土地での自由交易容認などに合意した。

その後イギリスからジョージ・ヴァンクーヴァー、スペインからボデガが全権代表として現地へ派遣され、詰めの交渉がおこなわれた。ヴァンクーヴァーはクックの第三次太平洋探検にも同行した経験豊富な海軍士官だった。現地調査の結果、ミーアズの土地所有権根拠が薄いこと、アルゴノート号船長コルネットがイギリス国王の命令を偽証したことなど、イギリス側に不利な証拠も明らかになった。交渉の結果一七九三年、九四年にそれぞれ第二次、第三次ヌートカ湾協定が締結され、スペインはいったんイギリスに土地を返還し、両国がヌートカ湾から撤退すること、イギリス・スペイン両国が同湾を排他的に領有しない自由貿易拠点とすることが合意された。

この問題の前提として、トルデシリャス条約(一四九四年)から十八世紀にいたるまで、スペインが他のヨーロッパ諸国に対しアメリカ大陸での優先権を保持したこと、スペイン領アメリカにおける外国船の貿易を制限し、排他的経済政策をとっていたことを理解する必要がある。すでにアメリカ太平洋岸にはロシア、イギリス、フランス、アメリカ合衆国の船が訪れ、スペインの「優先権」は崩れていた。また当時カリブ海において、砂糖、糖蜜、コーヒーなどを取引するイギリス、フランスに対し、スペインは劣勢にあった。このように、局地的紛争にみえる「ヌートカ湾危機」とその結果は、スペインが太平洋岸においてもはや経済的・領土的優先権をもたないことを法的に明確化した。ヌートカ湾協定がもたらしたのは、たんなる一拠点の毛皮貿易の自由ではなく、南太平洋を含む「イギリス自由貿易帝国」の幕開けでもあった。

北米イギリス植民地の毛皮交易と内陸探検

ロシアのアラスカ進出と毛皮事業にとって、アメリカ合衆国と英領カナダの毛皮事業は直接、間接に影響した。両国は一七六三年のパリ条約以後もロシアの北米領土拡大にとって障害だったからである。

北米植民地の開拓は、南部の綿花、タバコのような商品作物を中心とした農業植民と、先住民との毛皮交易により奥地へ進出する方法の二形態があった。大陸内部への探検で一定の役割をはたしたのは、先住民との毛皮交易だった。先住民が毛皮を運ぶ河川ルートには交易所(ポスト)が設けられ、ヨーロッパ人入植者たちと商品を交換した。アメリカの毛皮交易を刺激したのはビーヴァー・ハット・ブームだった。ビーヴァー・ハットはビーヴァーの体を覆う長毛、短毛のうち、短毛を梳いて処理した毛をフェルト状に加工し、帽子にしたものである。すでにイギリスのエリザベス一世(在位一五五八〜一六〇三)

の時代にはジェントルマン階層に流行し、ファッションの中心地パリでは、北米のヌーヴェル・フランスとイギリス植民地から運ばれたビーヴァーの毛を使ってビーヴァー・ハットが製造された。しかしナントの王令廃止(一六八五年)で、パリの製帽職人に多かったユグノ(フランスのカルヴァン派新教徒)がイギリスに亡命し、製帽業拠点がロンドンに移ったといわれる。

一六七〇年にイギリスで設立されたハドソン湾会社は、先住民が毛皮を運ぶハドソン湾の交易所を起源とし、現存する最古の特許株式会社となった。一方セント・ローレンス川を中心とするヌーヴェル・フランスは、北米大陸におけるイギリス植民地の拡大に対抗し、一六九七年からラ・サールのミシシッピ川探検を支援して、ルイジアナ植民地を確立した。また毛皮商人ラ・ヴェランドリーは西部探検をおこなって一七三七年にウィニペグ湖に到達した。フランス人猟師たちは先住民の案内で河川沿いに大陸奥地へ出かけ、ビーヴァーなどの毛皮を入手した。彼らのなかには先住民との現地婚による混血(メイティ)が多く、先住民から毛皮獣の生息地情報や地理情報などを得て西部に進出した。

しかし一七四〇年代から東部のイギリス植民地でアメリカ内陸部進出の動きが出てくる。この時期マサチューセッツ州のボストンなどで製帽業が成長し、イギリス本国へのビーヴァー・ハット輸出拠点になっていた。四八年にはヴァージニア植民地の有力者がオハイオ会社を設立し、ヌーヴェル・フランスの利権を脅かした。このとき生じた紛争を背景にヌーヴェル・フランスのフランス・インディアン連合とイギリス植民地のあいだでフレンチ・インディアン戦争(一七五四〜六三年)が起こった。これは事実上北米大陸におけるイギリスとフランスの覇権争いだった。この結果、六三年ヌーヴェル・フランスのうちセント・ローレンス川流域がイギリス領、ルイジアナがスペイン領となった。これはフランス系住民が毛皮交易のため開拓した地域にイギリス人が参入することを意味した。

当初北米イギリス植民地の毛皮事業はハドソン湾会社が中心だった。カナダの歴史は、ハドソン湾会社を中心とする毛皮交易の歴史といっても良い。しかしパリ条約後の一七六八年、イギリスは従来の免許制度を廃止して毛皮交易を一般に開放した。ここにノーウェスター(フランス系を中心とする猟師)と、モントリオールに進出したイギリス系毛皮業者が協力し、八三年にノースウェスト会社が設立された。同社は先住民との結びつきが強い有能な猟師を多数かかえていたため、一八二一年にハドソン湾会社と合併するまで強力なライバルとなった。またノースウェスト会社は「筋金入りのノーウェスター」と呼ばれたスコットランド人アレクサンダー・マッケンジーの内陸探検(一七九二〜九三年)を企画した。彼はモントリオール―アサバスカ湖間の交易ルートを経由し、ロッキー山脈を踏破して一七九三年にはじめて太平洋岸に到達した。彼はロシアのアラスカ進出情報を背景に、ロシア市場と中国市場への進出を構想したという。ここでも毛皮交易と中国貿易構想が探検動機の一つとなっている。のちにマッケンジーが刊行した『北極海・太平洋探検記』(一八〇一年)は、ルイジアナ奪還を目論むナポレオンと、合衆国大統領ジェファーソンの野心を刺激した。

アメリカ合衆国の毛皮交易と中国貿易参入

一七八三年にイギリスから独立したアメリカ合衆国では、ボストン商人が海運業を生かして中国貿易に乗り出した。まず、アメリカではイギリス植民地時代から茶の消費需要が高く、イギリス東インド会社を通じ珍しい中国商品を購入していた。独立戦争後はイギリス東インド会社の特許に縛られず自由に海運業をおこなえるようになったものの、広東で中国商品を取引できる十分な商品と資金に乏しく、商船を防衛できる海軍力もなかった。その一方、コネティカット生まれのアメリカ人で英国海軍にいたジョン・レドヤード(一七五一〜八九)という人物がクックの第三次太平洋探検に同行し、独立戦争でアメリカに帰還したあと、『キャプテン・クックの最後の航海日誌』(一七八三年)を刊行した。彼はアメリカ北西岸の毛皮資源と広東のラッコ需要を紹介し、イギリスが毛皮交易に躍起になるだろうからアメリカは先手を打つべきであると訴えた。レドヤードの情報に動かされたフィラデルフィアの大商人ロバート・モリスは、八四年にエンプレス・オブ・チャイナ号を広東に派遣した。しかし同船は北西沿岸での毛皮交易をおこなわなかった。レドヤードの訴えは他のアメリカ商人を動かすことができず、彼は当時パリ駐在中のトマス・ジェファーソン(第三代合衆国大統領、在任一八〇一〜〇九)の助力で一七八六年にロシアへ渡り、シベリアでシェリホフに会っている。しかしレドヤードの計画はロシアの警戒から同意を得られず、彼も同地で不慮の死を遂げた。

とはいえ、クックの『太平洋航海記』(一七八四年)はレドヤードの情報を裏付けることになり、独立まもないアメリカの企業家たちの目に新しいビジネス・チャンスと映った。とくに製造業が弱体なアメリカ合衆国にとって、広東で交換できる毛皮商品をアメリカ北西岸で入手できる話は魅力的だった。ちょうど一七八七年五月にイギリス商船が広東から莫大な富を持ち帰ったという情報が伝えられ、ボストン商人の中国貿易計画が実現した。八七年秋、ボストン商人バレルらの出資者たちは私掠船コロンビア号、レディ・ワシントン号を広東に派遣した。同船はマサチューセッツ州発行のパスポートと駐米スペイン大使、フランス領事、オランダ領事などの書状を携え、州とボストン商人が協力して派遣が実現した。このうちコロンビア号はヌートカ湾に立ち寄った際、スペイン軍司令官マルチネスと遭遇している。さらに面白いことに、船長ジョン・ケンドリック指揮下のレディ・ワシントン号は、九一年に日本の紀州・串本に上陸した。これはもちろんたんなる「漂着」ではなく、中国貿易の延長線上で日本との貿易をも視野に入れたものだった。アメリカ合衆国から日本への通商アプローチは捕鯨問題が最初だったわけではない。

その後ボストン船はヌートカ湾だけでなく、ロシア領アメリカ(アラスカ周辺)にも出没し、まもなくここを訪れるイギリス商船に取ってかわった。これは当然ロシアの進出とぶつかって軋轢を生んだが、紛争にはいたらなかった。その理由については後述する。合衆国船はボストン商船が多く、そのためボストン以外の船も含めてボストン船と呼ばれた。ボストン船の一般的中国貿易ルートは、ボストン―ホーン岬―アメリカ北西岸―サンドウィッチ諸島―広東―インド洋―喜望峰―ボストンであり、「ゴールデン・ラウンド」と呼ばれる世界周航ルートとして一八三〇年代まで利用された。サンドウィッチ諸島はアラスカの過酷な毛皮事業に従事する船員の休息地として利用され、アメリカ合衆国によるハワイ併合(一八九八年)の歴史的背景となった。

合衆国の毛皮事業でもう一つ重要な契機は、ジェファーソン大統領が企画したルイスとクラークの探検(一八〇四〜六年)である。ルイスはインディアンとの戦闘で名を上げた軍人であり、同時に狩猟家、博物学者としても知られていた。ジェファーソンは大統領就任後すぐに彼を秘書に任命し、共同で探検を計画したようである。「明白なる天命」による合衆国の領土拡大を構想したジェファーソンは、「北部太平洋岸にも足を延ばし、現地人と通商交渉をおこない、アメリカ商人の現地活動の許可を求め、二夏

1
2
3

ルイス

クラーク

インディアンと会談するルイスとクラーク

にわたる期間中に収集した情報を携えて帰還する」という計画を議会に承認させ、さらに「ミズーリ川ならびにそのおもな支流の河道、太平洋との連絡を調査し、大陸を最短距離で横断し、かつ交易の目的で通行可能な連水陸路を発見する」任務をルイスとクラークに与えた。クラークはルイスと同郷で、同じ軍隊でともに戦った仲だった。彼らはこの探検で通過地域の自然・地理状況を解明し、ロッキー山脈を越えてコロンビア河口に到達し、要塞を建設した。この成果は続くアメリカ人毛皮業者の西部進出を刺激し、一八一〇年代まで毛皮ブームを支えた。

以上のように、アメリカ大陸の毛皮事業は英領カナダと合衆国によって東部から西部、太平洋岸へと徐々に拡大した。この動きが一七九〇年代以降のロシアのアラスカ進出とぶつかった。その結果について次節でみていこう。

5　ロシア領アメリカの経営

ロシア・アラスカ会社の成立

先にシェリホフの特許株式会社設立計画がエカテリーナ二世により却下された事情を説明した。しかし皮肉なことに、計画実現の契機は一七九五年のシェリホフの突然死により訪れた。ゴリコフ＝シェリホフ会社の経理は実質シェリホフのみが把握し、片腕であるゴリコフの甥ポレヴォイ、シェリホフの妻ナタリヤとその親族すら、詳細を知らなかった。ゴリコフにいたっては出資者であるにもかかわらず、経営実務をシェリホフと甥に任せっぱなしだった。加えて北太平洋の毛皮事業を独占したいイルクーツク商人たちもシェリホフに不満をいだき、会社内部ではポスト・シェリホフと遺産相続をめぐる身内争いが始まった。

この争いでは未亡人ナタリヤとその娘婿で皇帝パーヴェルの侍従長ニコライ・レザノフ（一七六四～一八〇七、アンナ・シェリホヴァ夫）が精力的な宮廷工作をおこなった。シェリホフを失ったゴリコフ＝シェリホフ会社の資本は、イルクーツク商人ニコライ・ムィリニコフやゴリコフが資金を引き上げたため分裂の危機にあった。しかし株主たちは資本を分裂させることが事業継続を困難にすると判断した。経営陣の合意により一七九八年八月に「合同アメリカ会社」が成立し、規約は会社をつぎのように規定した。

……アメリカ会社、イルクーツク商業会社の共同経営者たちは、商業から生じる国家的、社会的、個人的利益に鑑み、遠く離れた未知の海域、島々ならびにロシア帝国が領有するアメリカにおいて、会社が分裂することにより商業的成功に生じるであろう損害を予想する――そこでルィリスク名誉市民シェリホフとクールスク名誉市民ゴリコフの尽力で始まった、アメリカ北東部、同北部、北方諸島、アリューシャン列島、北太平洋に位置するロシア帝国支配下の他の地域への航海を拡大し、遂行するよう〔共同経営者たちは〕尽力する。

合同アメリカ会社はイルクーツク商人が株主として実質的存在感をもつ会社だったが、未亡人ナタリヤはレザノフとはかって株数を増やし、株主に皇室メンバー、貴族などの有力者も招いて経営主導権の掌握を狙った。この結果、一七九九年七月に「皇帝陛下の庇護下にあるロシア・アメリカ会社」が成立し、同社は二〇年期限の特許をもつ特許株式会社となった。ただし合同アメリカ会社規約と同じくその境界線は明記されておらず、アメリカ北西岸へのロシア軍派遣は保証されなかった。特許株式会社としての同社の性格は半官半民で、民間商人主体の毛皮事業を意図した（ロシア海軍士官は船の指揮のため、海軍所属のままロシア・アメリカ会社に雇用された）。

一方アラスカでは一七九〇年に会社のアメリカ総支配人となったアレクサンドル・バラーノフ（一七四六〜一八一八）がロシア人の植民と毛皮事業を推進した。この過程でヤクーツク商人レベジェフ＝ラストチキン、イルクーツク商人キセリョフなどが撤退し、ロシア領アメリカの事業組織がゴリコフ＝シェリホフ会社に一本化された。ケナイ半島東部に進出したバラーノフは九五年にヤクタート要塞を建設し、その後シトカ島にノヴォアルハンゲリスクを建設して拠点を広げた。悩みの種はイギリス船とボストン船の出没だった。九九年のバラーノフから会社への手紙には、「イギリス人はそこ〔クイーン・シャーロット諸島〕で非常に重要な海峡を発見し、この地域とわれわれが漁をおこなうルトゥア、ヤコビ、レジャヌィエ諸島を繋ごうとしている。イギリス人とボストンの共和主義者たち〔＝アメリカ人〕は毎年五隻から八隻の船でこの海峡を訪れ、莫大な量の毛皮を交易したり、漁をしたりして広東に運んでいる」とある。

アメリカ北西岸へのイギリス船来訪は十九世紀にはいって減少し、ボストン船が取ってかわった。これはボストン船の方がイギリス船よりも多くの交換品を先住民に与えたためで、イギリス船は交換比率の急騰に耐えられなかった。例えばイギリス人が一七九九年時点でビーヴァー一枚に対して交換した商品は「火薬一〇袋と弾丸で、火薬だけならビーヴァー二枚に対して薬包三、四フント〔約一・二三〜一・

バラーノフ

ロシア領アメリカの首都，シトカ島のノヴォアルハンゲリスク

六四キロ〕と弾丸、もしくはビーヴァー一枚に対して鉄帯二枚か三プード〔約四九・一四キロ〕」にものぼった。さらに、ボストン船は先住民に安価で銃、火薬を交換したため、先住民反乱の可能性がより大きくなり、ロシア側は警戒した。アラスカからロシア・アメリカ会社本社への報告には、この問題を訴える現地ロシア人従業員の懸念がしばしば書かれている。事実、会社がアリュート人らのカヌー船団を率いてアメリカ北西岸を航行すると、しばしば先住民から襲撃を受け、ラッコ漁に打撃を受けた。にもかかわらず、農業に適さず飢饉に陥りやすいロシア領アメリカに物資を供給してくれるボストン船を、ロシア側は排除できなかったのである。

英米露の貿易協定とアメリカ太平洋岸の分割

またロシア・アメリカ会社はキャフタに毛皮を運ぶ輸送費問題に悩まされた。とくにオホーツクからの陸路輸送は海上輸送より費用がかかった。レザノフの遣日使節団（一八〇四～五年）は長崎の調査で日本の毛皮需要が少ないこと、食糧購入も難しいことを確認し、計画は望み薄となった。また使節団は一八〇四年に広東貿易を試験的におこない、広東システムの制約から大きな利益を得られなかった。しかも使節団費用を負担したため、ロシア・アメリカ会社は一時深刻な赤字に陥った。このときはウルップ植民団の生き残りが長年蓄積した毛皮とともに帰還したことで、危機を脱した。またアラスカから広東に毛皮を運ぶボストン船は、ロシアの抗議に対して「合衆国政府が自由貿易を禁じたなんて話は聞いてない」とし、ロシア領アメリカでの毛皮交易をやめようとしなかった。

こうした実態から、ロシア領アメリカではキャフタ貿易を継続しつつ、ボストン船と取り引きする方向に傾いた。きっかけは長崎を去ったレザノフが一八〇五年六月にノヴァアルハンゲリスクに到着し、ロシア領アメリカの飢饉を予測して、同地を訪れたボストン船ジュノン号船長ジョン・ド・ウルフから船と積載物資を購入したことだった。このおかげで現地のロシア人は〇五〜〇六年の冬を越すことができた。バラーノフはレザノフの助言で〇五〜一七年にのべ三八隻のボストン船と総額一〇〇万ルーブル以上の取引をした。会社の支払いはほとんどが現地で獲得したオットセイ、ビーヴァーなどの毛皮だった。しかしこれは公式取引のみで、ボストン船の密輸は続いた。またボストン船への食糧依存も懸念され、バラーノフはボストン船に会社の毛皮を委託して広東貿易を試みた。

一八〇六年、アメリカ商人オーケインとのあいだに最初の委託契約が結ばれたが、これは毛皮の赤字販売、帰還船の難破により失敗した。一方、フィラデルフィア駐在ロシア領事ダーシコフは、コロンビア河口のアストリア開発構想をもつアメリカ毛皮商ジョン・ジェイコブ・アスター(一七六三〜一八四八)をバラーノフに推薦した。アスターは合衆国の毛皮事業で巨万の富を築いたドイツ系移民で、ニューヨークを拠点に活動した。彼は〇九年に代理人エベッツにノヴァアルハンゲリスクへ行くよう指示した。

彼〔ダーシコフ〕からの話と、あなたの考えから、バラーノフ氏に〔エンタープライズ号の〕全貨物を有利な価格で売却できる可能性があることを理解しました。したがってあなたができるだけ急いで指示した集落〔ノヴァアルハンゲリスク〕に向かうよう勧めます。到着したら責任者に私の手紙を渡して商品すべてを勧めてください。……商品を売ったら、中国の広東に進路をとり、そこで船に積まねばならない貨物と、私が指示した手紙を受け取ってください。ダーシコフ氏の話だとバラーノフ氏はあなたを歓待するでしょうし、商品を購入してくれるだけでなく、商品供給の長期契約をあなたと結んでくれるでしょう……。

アスターは内陸から太平洋沿岸に進出することで、広東貿易が容易になることを期待した。当時ボストン船の世界周航ルートはホーン岬周りだった。しかしアスターとロシア・アメリカ会社の契約は破たんした。最大の要因は第二次英米戦争(一八一二～一四年)でコロンビア河口に戦火がおよびそうになったことである。アスターはアストリアをイギリスに売却し、太平洋岸から撤退した。さらにロシア・アメリカ会社からみると、アスター社に委託した広東貿易は仲介手数料と輸送費を差し引いた利益がキャフタ貿易の利益より少なかった。この結果ボストン船を介した広東貿易は諦めざるをえなかった。一方、バラーノフはラッコ漁のため北カリフォルニア進出を計画し、一八一一年にフォート・ロスを建設した。ここで農業植民をおこなえるようになったことで食糧問題も軽減されたが、完全には解消されなかった。

バラーノフは一八一五年にボストン船と起こした紛争事件、高齢化などを理由に一八年にアメリカ総支配人職を辞職し、後任には軍人ガゲメイステルがロシア領アメリカ総督として着任した。以後ロシア・アメリカ会社は事実上国営会社的性格をもつようになる。そして二一年九月、アレクサンドル一世(在位一八〇一～二五)は「東シベリア、アメリカ北西部、アリューシャン列島その他沿岸部の航海域およびその接触規則」の勅令を出し、この海域でロシア船以外の船が航行することと、外国船の交易を禁止した。ロシア・アメリカ会社の特許更新はその九日後に承認された。この勅令はあからさまにボストン船を対象にし、ロシア領アメリカの密貿易にロシア政府が本格介入することを意味した。

ロシア側の貿易禁止措置発効後、合衆国大統領モンローは「モンロー宣言」(一八二三年)を発し、ヨーロッパ諸国によるアメリカ大陸の非植民地化、相互不干渉を宣言した。英領カナダをかかえるイギリ

アスター

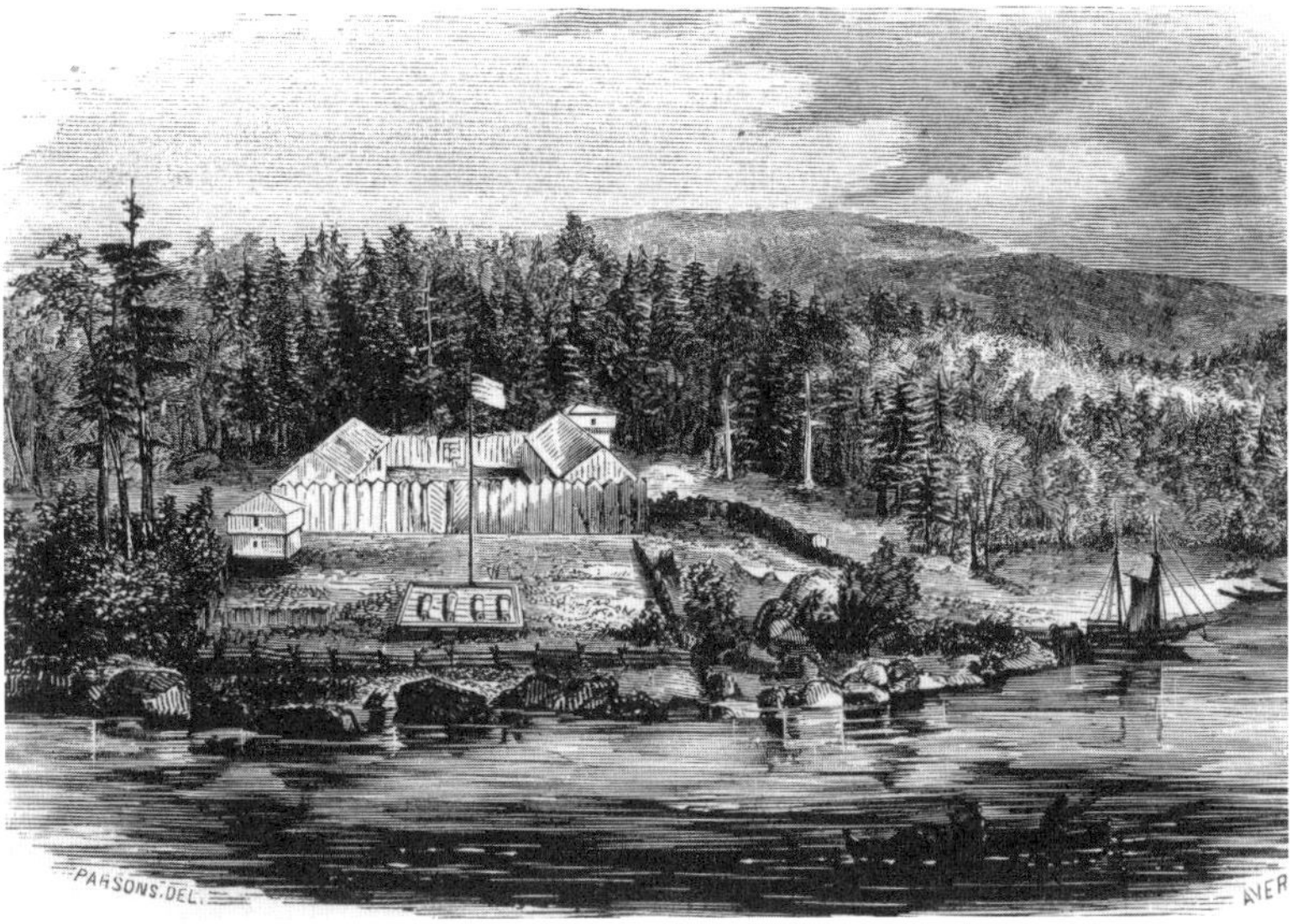

アストリア砦

スもこれに賛同し、ロシアは孤立することになった。このため英米露の三国交渉がおこなわれ、ロシア領アメリカの南限を北緯五五度とし、五五度以南は自由貿易圏とすることが決定した。すでに英米間では英米戦争後にオレゴンの自由貿易圏を設けており、この二国にとっては利害が一致していた。これを受けて二四年の米露条約ではロシア領アメリカにおけるボストン船の漁と貿易を一〇年期限で承認し、二五年の英露条約で同じくイギリス船の航行を承認した。

この条約を境に、ロシアが北米大陸の領土を拡大できる可能性はなくなった。一方でロシアは領土画定の見返りとして、物資補給の保証を得た。一八二五年の条約をもって、イギリス、アメリカ、ロシアによる北米太平洋沿岸の領土分割競争はいったん終息したのである。

プチャーチン使節団からアラスカ売却まで

最後に、ロシア・アメリカ会社の終焉とアラスカ売却にふれておく。ロシア領アメリカの経営はその後もアメリカ北西岸のラッコの枯渇、ウルップ島のラッコ漁復活(一八二六〜四〇年頃)とアラスカ経営衰退、アメリカ捕鯨業の成長という経済的変化を経験した。キャフタの毛皮貿易も一八三〇年代から減少し、露清貿易の目的は「清から茶を輸入するためにロシア製工業製品を輸出すること」へと大きく変貌した。清においては、おそらくロシア、イギリスから綿織物製品が流入したことで、毛皮需要が衰退した。一方ロシア・アメリカ会社の毛皮事業拠点は一八三〇年代にアラスカから千島列島へ移り、その後ラッコも徐々に枯渇した。アメリカは貿易の矛先を毛皮から鯨油へ転換し、蒸気船などの新しい漁業技術を取り入れて捕鯨業で飛躍したが、ロシアは毛皮事業に執着して参入が遅れた。

海洋貿易の視点からみるならば、一八三〇年代以降は嗜好品としての茶の世界的需要拡大とともに、アジア市場をターゲットとする綿織物などのヨーロッパ工業製品輸出の時代へと移行しつつあった。またアヘン戦争後の南京条約(一八四二年)で広東システムは廃止され、広東は中国においてヨーロッパ諸国に開かれた唯一の港ではなくなった。しかしこの時期キャフタ貿易はむしろ成長し、ロシア・アメリカ会社の貿易ルートに大きな変化はなかった。転機は日本にペリー使節団が派遣された一八五三年に訪れた。ロシア海軍は事前にアメリカのペリー使節団情報をつかんでおり、五二年五月の特別委員会において外務省の「日本問題に関するメモ」によりロシア艦隊の緊急派遣が提案された。こうして日本との通商確立、日露両国の国境画定を目的に、プチャーチン使節団が派遣された(一八五三～五五年)。ロシア・アメリカ会社本社は日本貿易に期待を寄せ、使節船の物資供給などに全面協力した。ロシア領アメリカからは日本向け毛皮一八六二枚などの贈り物を満載した船が派遣され、小笠原の無人島でプチャーチンの乗るパルラダ号と落ち合った。使節に同行した作家ゴンチャロフの『フリゲート艦パルラダ号』(邦題は『日本渡航記』)はロシアの視点から日本との交渉について詳細に記録している。

一方、極東では一八四七年に東シベリア総督に抜擢されたニコライ・ムラヴィヨフがアムール川の調査と軍事拠点づくりを進め、一八五〇年には海軍士官ネヴェリスコイがニコラエフスク哨所《しょうしょ》を建設した。さらに五三年にネヴェリスコイは樺太・久春古丹《くしゅんこたん》の日本番所を占領してムラヴィヨフ哨所とした。樺太の事件はペリー使節団、プチャーチン使節団の来訪と開国要求で目立たなかったが、これはロシアの極東政策が積極的軍事拡大路線に転換したことを明示していた。その後、川路聖謨《かわじとしあきら》、プチャーチンを全権代表として締結された日露和親条約(一八五五年)では、日露国境をエトロフ島とウルップ島のあいだ、ネヴェリスコイが占領したサハリンのアニワ湾周辺を日本領、その北をロシア領とすることが決まった。ロシアの長年の要望だった日露修好通商条約の調印はその三年後である。日本は開国と国境画定、通商条約締結を通じ、英米露をはじめとするヨーロッパ諸国による自由貿易圏に組み込まれ、新たな太平洋秩序を創出した。

その後のロシア・アメリカ会社については、会社収支決算の完全データはないものの、キャフタ貿易などの断片的データが残っている。キャフタ貿易は一八五五年にバーター貿易から金銀決済に移行し、海路で黒海の港から茶を輸入することが許可された。こうしたなかでもロシア・アメリカ会社の主要貿易拠点はキャフタだった。千島列島のラッコ漁は一八四〇年代に減少傾向で、キャフタの毛皮取引シェアも減少した(一八四四年に三五万九〇七一ルーブル、一八五一年に一九万六三四四ルーブル)。続くクリミア戦争(一八五三〜五六年)による英仏艦隊のロシア船攻撃は太平洋上の輸送をも困難にし、ウルップ島の毛皮をノヴォアルハンゲリスクに輸送することができなかった。しかし戦後の一八五七〜五八年には毛皮と茶の売り上げが増加して一時的に好調となった。この時期の業績はまずまずだったようである。しかし長期的にみればキャフタでの会社の毛皮取引シェア、茶貿易シェアは減少傾向だった。

ロシア・アメリカ会社は一八五八年に設立六〇周年を迎え、三回目の特許更新期限が訪れた。しかし五八年の業績好調を受けて申請した特許更新はアレクサンドル二世(在位一八五五〜八一)により拒否された。規約作成と政府借款準備が進むなか、会社関係者には思いがけない結果だった。この要因としてはロシアの極東政策重視、アメリカ合衆国との外交関係などが考えられる。

ロシア政府は以前から外交を通じてアメリカ合衆国にアラスカ売却を打診していた。ロシア・アメリカ会社には会社利益を擁護する海軍有力者がおり、少なくとも一八六六年まで情勢がどうなるかはわからなかった。しかし同年十二月、皇帝列席の秘密会議において交渉のためステークルをアメリカ合衆国に派遣することが決定し、翌年三月にアラスカ売却文書が署名された。これによりロシア・アメリカ会社は正式に解散した。のちにアラスカで地下資源が発見されると、この売却はロシアの歴史的失策として記憶された。

以上のように、毛皮を求めるロシア人の北太平洋進出の動きは、十八世紀の啓蒙主義を背景に、「未知の土地(テラ・インコグニタ)」を探し求めるイギリス、フランスの科学的探検とぶつかり、アメリカ合衆国の船も参入して経済的・領土的問題を引き起こした。太平洋の空白地帯への進出は、アメリカ大陸におけるスペインの優先権崩壊とも相互に関係していた。このことが、十九世紀にかけて世界最大の毛皮市場だった清朝中国との貿易をめざす商人たちの毛皮事業を活発化させ、茶や工業製品を軸とする新たな世界貿易へと移行する呼び水になった。また、同じく空白地帯だったアメリカ大陸内部の地理も先住民との毛皮交易を通じて明らかとなり、十八世紀末から十九世紀初頭にかけて英領カナダ、アメリカ合衆国の探検隊が太平洋沿岸に到達した。

このように毛皮交易に惹かれた人々がアジア市場と太平洋をめざし、毛皮資源を求めて環太平洋地域の国際関係が変化した結果、一八五三年という時期に欧米諸国が日本に開国を要求し、太平洋秩序の再編を導いた。毛皮交易とその利益に群がる人々が、啓蒙主義、産業革命、自由貿易への移行という転換点のなかで大きな役割をはたしていたのである。

三章　東南アジアの海賊と「華人の世紀」

太田　淳

1　商業の時代とその崩壊

東南アジアの十八世紀と海賊

十八世紀末から十九世紀初めを自由を求める時代として論じる本書は、なぜ東南アジアを取り上げるのか。比較的最近までこの時期は、東南アジア史においてそれほど注目されてきた時代ではなかった。一九九〇年代半ばまで、東南アジアは十五世紀から十七世紀にかけて「商業の時代(Age of Commerce)」の繁栄を謳歌するが、十八世紀からはとくに島嶼《とうしょ》部で分裂と衰退が始まると考えられた。十九世紀初頭から始まる植民地化は、当初は戦争など多くの混乱を引き起こし、その後に確立する支配体制は抑圧と貧困をもたらしたと考えられた。つまり、東南アジア史では長いあいだ、十八世紀末から十九世紀初めは衰退と混乱の時代ととらえられていたのである。一九九〇年代末になってようやく、十八世紀後半から十九世紀前半を「華人の世紀(Chinese century)」ととらえる見方が提起され、この時代の新たな発展とダイナミクスが注目されるようになった。研究者たちはこの時期に中国から東南アジアへ多くの人々が移住し、貿易を広く展開したことを論じた。しかしそれでもなお、「華人の世紀」は東南アジア史においてどのような意味をもったのか、世界史のどのような動きと関連していたのかは、まだ十分に議論されていないように思われる。華人がもたらした商業活動の発展は、その後からより大規模に展開する植民地経済に飲み込まれてしまう、つかのまの繁栄にすぎなかったのだろうか。それは同時代の世界的な「自由を求める動き」と関係していなかったのだろうか。本章は、十八世紀末から十九世紀初めにおける東南アジアのダイナミクスを、このような視点から検討する。

もう一つ本章に与えられた課題は、海賊をこの時代の重要なアクターとして取り上げることである。十八世紀末から十九世紀にかけて、多くの植民地政庁の文書や欧米人の著作に、東南アジアの海に海賊が跋扈《ばっこ》していることが記されている。海賊は一見、経済の自由とは対極に位置するように思われる。海上で武力を用い、商業のルールを無視して物品を強奪し、要求に従わせることを海賊ととらえるならば、海賊はまさに自由経済と社会秩序の破壊者である。しかしここで、海賊がだれによってそう呼ばれたのかを考えてみよう。通常は、ある政治権力を手にした者が、自らの考える秩序に適合しない対象を海賊と呼ぶ。つまりある時代までは通常の活動であったものが、ある支配体制と秩序が確立した時点から、海賊行為と呼ばれることもありうるのである。したがって重要なことは、権力者の言説に基づいて海賊を犯罪視し否定的に描くのではなく、その役割を地域社会の経済的・政治的・歴史的文脈におきなおして考えることであろう。

このように海賊をとらえなおすと、それは「自由を求める動き」とも「華人の世紀」とも結びついて、この時代のダイナミズムを、世界史および東南アジア史のなかに位置づけられると筆者は考える。「華人の世紀」に活躍したグループには、華人だけでなくマレー人・ブギス人など多くの東南アジア人も含まれており、彼らは一体となって貿易ネットワークをつくり上げていた。ところが、のちに述べるように、オランダ東インド会社もオランダ植民地政庁も、彼らが自分たちの活動と敵対した時に彼らを海賊と呼び、協力が必要な時には海賊と呼ばれる相手とも提携した。海賊という語にまとわりつくこうした一面性や恣意性を考慮して、本章では、ときに軍事力を行使しながら商業的利益を追求する人々を、商業軍事集団と呼ぶことにする。このなかには、オランダ人が非難したように多くの東南アジア人が含まれるが、興味深いことにこの定義にはオランダ東インド会社もあてはまる。そうすると、ある時代には東南アジア人もオランダ東インド会社も同じように、ときに武力を用いて商業的利益を追求していたが、それがある時から地域の秩序が変わったことによって、一部の東南アジア人が海賊と呼ばれるようになったと理解する方が適切ではないだろうか。では、いったいいつからどのように秩序が変わり、ある人々が海賊と呼ばれ、秩序の障碍《しょうがい》と認識されるようになったのだろうか。その際に、人々は何を(どのような自由を)追求していたのだろうか。これらを検討することは、東南アジアの地域秩序が、世界の動きとどのように結びついて変化しつつあったかを理解することに繋がるだろう。なお、筆者の専門分野の都合から、本章で取り扱うのは主として島嶼部東南アジアであり、なかでもマレー半島南部からインドネシア諸島西部に焦点があてられることを了解いただきたい。

商業の時代と東南アジアの貿易

島嶼部東南アジアでは、十八世紀末から十九世紀初めにかけて、植民地支配の開始が地域秩序に重要な変化をもたらしたことは間違いない。ただしこの変化も、その少し前の時代から起きつつあった秩序変容のなかで顕在化したものである。したがってまずこの節では、十五世紀から十七世紀にかけてどのような地域秩序が成立し、それがどのようにして崩れていったのかを確認することにする。

東南アジアの十五世紀から十七世紀、より正確には一四五〇年頃から一六八〇年頃を「商業の時代」と呼んだのは、オーストラリア人の歴史家アンソニー＝リードである。リードは一九八八〜九三年の著書『商業の時代の東南アジア（*Southeast Asia in the Age of Commerce*）』（全二巻）において、東南アジアには十五世紀中頃から貿易ブームが起き、それが貨幣の浸透、商業経済の発展、カトリックやイスラームなど世界宗教の浸透、強力な集権国家の成立などを生んだと論じた。この時期に貿易ブームが起きた要因としてリードは、⑴鄭和の来航が、東南アジア諸国に対し、中国皇帝を頂点とする朝貢システムに参加するよう促したこと、⑵ペルシャや北西インドからイスラーム商人が活発に東南アジアに訪れるようになったこと、⑶日本やアメリカ大陸で産出される銀が大量に東南アジアにもたらされたことをあげている。これらが主として、アジアの商人や諸国家によって引き起こされた変化であることは注目に値する。リードはこの時期を指すのに、「大航海時代」や「地理的発見の時代」といったヨーロッパ中心的な視点を退け、東南アジアが東アジアや南西アジアとより強く結びついて変化しつつあったことを示したといえる。ヨーロッパ人は、このようにアジアがつくり出すダイナミズムと商業的利潤に惹きつけられ、貿易に少しずつ参加するようになったとされ、むしろ二次的な役割が与えられている。

東南アジアがこうしてヨーロッパやアジア各地から商人を惹きつけ、商業が活発化したのは、この地域が国際的に需要の高い希少な香料や木材を産出したことが大きい。世界中で求められたナツメグ・メース・クローブという三種の高級香料は、十九世紀にいたるまで世界中でマルク諸島――欧米人はモルッカ諸島または香料諸島とも呼んだ――という東部インドネシアの小さな島々でしか生産できなかっ

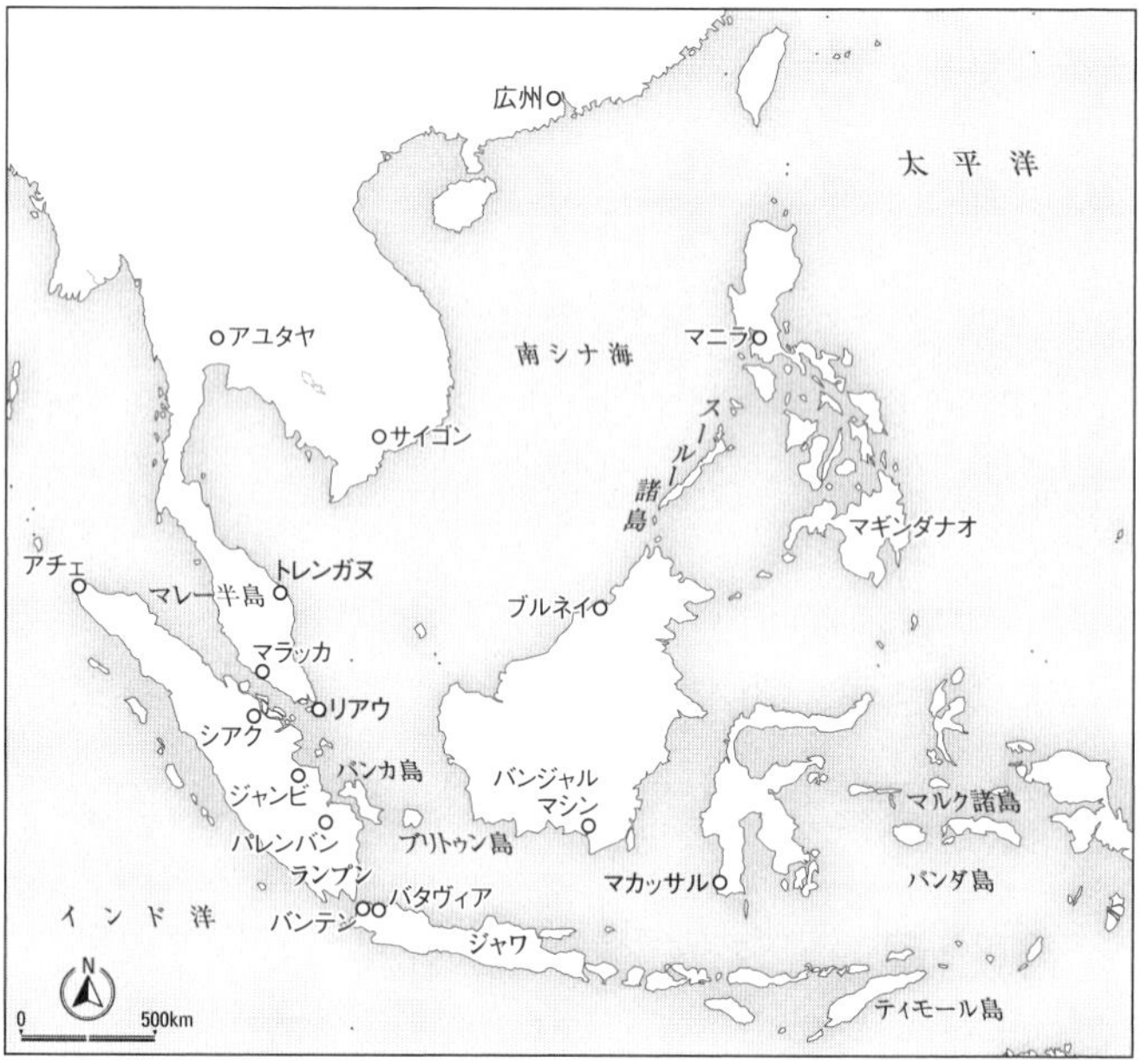

18世紀の東南アジアとその周辺

た。同様に高級木材として珍重された白檀は、東部インドネシアのティモール島が主産地であった。これらよりはやや希少性がさがるが、やはり世界的に産地が限定される胡椒・竜脳《りゅうのう》・麝《じゃ》香《こう》なども、東南アジアで産出され世界に輸出された。

また、島嶼部東南アジアが世界で唯一の、熱帯の多島海であることも、古代から商業の発展に寄与した。島々は、船乗りたちに多くの目印を与え、波をおだやかにする。生い茂る密林は陸上交通を極端に困難にする一方で、船の材料となる木材を豊富に提供した。この地域の人々が古くから非常に優れた航海技術をもっていたことは、現代の島嶼部東南アジアの大半に居住するオーストロネシア語族の祖先が、遠く太平洋諸島一帯やマダガスカルまで渡っていたことからも確かめられる。先にアジア各地やヨーロッパの商人が多く東南アジアの多島海にやってきたことを述べたが、この地の貿易で活躍したのはそうした外部の人々ばかりではない。東南アジアの商人がこの多島海に貿易網を張りめぐらし、産品を集め、外来商人が訪れる主要港まで運んだことが、この地で国際貿易が発達する重要な要因となったのである。

東南アジア商人のネットワークは、外来の商人が効率的に活動することを可能にし、またこの地域に特徴的な国家をつくり出した。高級香料や木材といった東南アジアの貴重な産品は、東アジアや西アジアの商人からみて、はるか遠方の地で採集された。例えば中国南岸やペルシャの港からマルク諸島をめざすと、商人たちはインドネシア諸島を横断する長大な旅をしなければならない。ところが、だれかがマルクの香料をマレー半島南部やジャワ島北岸まで運んでくるならば、東アジアや西アジアの商人の旅は大幅に短縮される。さらに彼らが自国の商品をこれらの地まで持ちよれば、お互いの商品もそこで取引できる。このような「出会い貿易」がなされる港を、中継港という。中継港は古代から発達したが、商業の時代になるとマラッカ王国をはじめ、タイのアユタヤ王国、西ジャワのバンテン王国などがつぎつぎに台頭し、東南アジア東部と西アジア・東アジア、さらにヨーロッパから訪れる商人に取引の場を提供して発展した。このように、貿易を通じて得られる収入や外来文化を富と政治力の源泉とする国家を、港市《こうし》国家という。

マラッカ王国と朝貢システム

東南アジアの多くの港市国家のなかでもマラッカ王国は、商業の時代を切り拓き、ほかの港市国家のモデルとなった。マラッカ王国は、南スマトラに都をおいたシュリーヴィジャヤ王国の王子パラメスワラによって、一四〇〇年頃に設立された。パラメスワラは、国内の紛争に敗れた後、従者とともに各地を放浪して、最終的にマラッカにたどりついた。しかし、ここは大規模な農業生産が期待できる土地ではなく、弱小新興国であるマラッカは周囲の既存国家から圧力を受けて、当初はその存続さえ危ぶまれた。こうした状況に、まさに僥倖としてあらわれたのが、明の永楽帝の命を受けてインド洋へ向かっていた鄭和率いる艦隊であった。

鄭和の派遣がどのような目的のもとにおこなわれたかについてはさまざまな議論があるが、鄭和が東南アジア諸国に明皇帝への朝貢を促したことは、明を頂点とする国際秩序に東南アジアを取り込む効果があったことは間違いない。明は、国家の許可を得ていないいかなる相手との貿易も禁止した。貿易を許可されるのは、明の皇帝を最高権威として受け入れることを誓った、ほかの国家である。すなわち、明のシステムにおいては、国家間貿易しか認められない。朝貢とは、特産物を中国皇帝に貢物としておさめる行為であり、それは皇帝を上位権力者として戴くことを象徴的に意味する。このような国家の権威にかかわる行為を周辺国支配者がおこなうのは、もちろんそれに見合うメリットがあったからである。

その第一は、経済的なメリットであった。朝貢には、国家の外交使節とともに、多くの商人が同伴し、彼らには中国産品を取引する特権が与えられた。明の管理貿易システムによって中国産品は一般商人が自由に取引することはできなかったため、それらを本国に持ち帰って販売すると莫大な利益が得られた。これは、現代のさまざまな国の指導者が中国を訪問する際に、多数のビジネス関係者を同伴するさまと似ている。十五世紀においても中国の市場規模と生産力はほかを圧倒しており、外交を商業と結びつけることで経済的利益が得られたのである。

東南アジア諸国における朝貢の第二のメリットは、国際関係の安定化であった。明の外交システムでは、明皇帝は自らに朝貢する周辺諸国の支配者に国王の位を与えた。これを冊封《さくほう》という。周辺諸国の支配者にとって冊封を得ることは、自らの地位を明皇帝の権威で裏付けることを意味する。さらに明皇帝は、冊封された諸国の王が互いに抗争したり、支配関係を結んだりすることを禁じた。明皇帝の最高権威は少なくとも理論上は、周辺諸国の王が皆平等に彼に服属することによって保たれるのである。このことは、まず弱小国において、周囲の強国からの脅威を取り除くメリットがあった。しかしやがて、抗争が封じ込められることによって国家間の貿易が活発化すると、地域の強国にも朝貢システムに参加するメリットが生じた。短期間に多くの国家が競うように朝貢を始めたのは、この国際秩序に参加するメリットが広く認識されたためといえよう。

マラッカ王国の貿易戦略

新興の弱小国マラッカはいち早く明皇帝の権威を受け入れ、それによって周辺国からの軍事的脅威を取り除くと、国際貿易によって発展する道を選択した。マラッカ王国にとって何よりも有利であったのは、その地理的位置であった。まず、先にも述べたようにマラッカ半島南部は、西アジア・東アジア、および東南アジア東部からくる商人が出会い貿易をおこなうのに最適の場所であった。帆船の時代においては、取引相手の来航を中継港でしばらく待つことがあり、さらに取引後も帰国に適した季節風が吹き始めるのを待たねばならないこともあった。商人たちは船に積載した高価な商品がだれにも奪われることがないよう、支配者による保護を必要とした。地理的条件がそろい治安が保たれる中継港には、商人たちは税金の支払いを厭わなかった。そのためマラッカの歴代国王は治安維持に努めて港の魅力を高め、商人を惹きつけようとした。この政策によってマラッカは、農業的基盤がほとんどないにもかかわらず、中継港を基盤として繁栄した。この経緯は、独立後のシンガポールが、貿易や金融業に集中することによって大きな発展を遂げたことを想起させる。

マラッカ王国が中継港としての魅力を高めるためにとった戦略は、治安維持以外にも多岐にわたっていた。一つはイスラームの受容である。早くも十五世紀前半から、マラッカの国王はイスラーム風の名をもつようになる。支配者自身が改宗しモスクなどを整備したことは、イスラーム商人にとって寄港する魅力を増すものとなった。二つ目は外国人の積極的な登用である。マラッカ港には通常四人のシャーバンダル(港務長官)が任命されていたが、原則として彼らは中国人・ペルシャ人・グジャラート人など特定の外国人集団から選ばれ、それぞれの出自の商人たちの取引に関する任務が与えられていた。特定集団の文化や商習慣によくなじんだ人物を貿易管理業務に登用することは、取引の円滑な進行に役立ったであろう。この点も、現代のシンガポールが金融・貿易関連の企業や専門家を積極的に外国から呼び込もうとする政策を彷彿とさせる。しかし、このような高位にまで外国人を登用したという点では、当時の方が先進的であったともいえる。加えて重要であったのは、マラッカ王国が法整備に取り組んだことである。マラッカではマレー法と呼ばれる一種の規約の集合が整備され、その多くが取引を自由かつ公正におこなうためのルールに関連していた。マレー法はマレー人に限らずすべての商人に適用され、そのことが取引の円滑化に寄与するようになるとマラッカの名声はさらに高まった。マレー語が通じ、マレー法が適用される範囲は「マレー世界」として認識されるようになり、マラッカ国王が、その中心性を体現するようになった。

ここまでマラッカ王国に絞って述べてきたが、この国のとった貿易戦略は、すぐにそのほかの多くの港市国家でもモデルとなった。支配者は港と周辺海域の治安維持に努め、港の使用税や関税から収入を得た。支配者がイスラームに改宗したケースは多く、マレー法に匹敵するほどの中心性や影響力をもたないまでも、彼らは貿易のルールづくりに腐心した。マラッカほど農業生産から隔絶した港市はまれであったが、食糧や輸出産品の産地を後背地にもつ国家であっても、国家の中心は港市であり、外来の富や文化を取り入れることが支配者の権威の源泉であった。

商業の時代の地域秩序

ここで商業の時代における東南アジアの地域秩序を、とくに貿易との関連において整理しておきたい。その第一の特徴として、地域秩序を維持する権威として国家の役割が重要であったことが指摘できよう。国際秩序としての朝貢システムを構成する要素は、主として明の皇帝とその権威を受け入れる諸国の支配者であり、国王が地域秩序のメインプレーヤーと考えられた。マレー法を権威づけるものはマレー世界の中心であるマラッカ王国であり、それを体現する国王である。多くの国家支配者がイスラームまたは仏教など外来宗教を取り入れ、自らを聖なる世界と現世を繋ぐキーマンとして権威づけたことも、国王や国家の重要性を高める働きがあった。東南アジアの国家はさらに年代記の編纂や国家儀礼の整備を進め、さらに自らを中心とする小中華世界観を主張して周辺国家と外交関係を再構築するなどして、その権威向上に努めた。先述のように、明皇帝に朝貢して冊封を受けることも、国王を権威づける効果があった。このような戦略や道具立てにはさまざまなものがあったが、この時代の地域秩序の構築において、国家が最大の重要性を有したことは、東南アジア全域において指摘できよう。

第二の特徴としては、東南アジアでは基本的に貿易は民間人に委ねられ、自由な活動が保証されたことがあげられる。国王や王族が船を派遣して貿易に関与することはあったものの、それは民間商人を排除するものではなかった。これは、現代でこそ当然のように思われるが、同時期の中国や、ポルトガル・スペイン・オランダといったヨーロッパの国家が、強い貿易制限をかけ、国家または特許会社が貿易を独占しようとしたこととは対照的な姿勢であった。ところが、ヨーロッパ人の到来とその影響力の拡大は、このような東南アジアの国際秩序を動揺させ、ここにあげたような特徴も変容していく。

オランダ東インド会社の参入

史上はじめて東南アジアに大きな影響をおよぼしたヨーロッパ国家は、マラッカに来航したポルトガルであり、ついでフィリピンに支配を浸透させたスペインであった。しかし島嶼部東南アジアの広範な地域に、はるかに強い力で既存の貿易秩序を変容させたのは、オランダ東インド会社であった。

一六〇二年設立のオランダ東インド会社は、国家によって特許を与えられ、アジアとの貿易を振興するために、貿易独占権、貨幣鋳造権、武力行使権、他国と条約を結ぶ権利などが認められた。この会社はこのように擬似国家ともいえる大きな権限をもったが、だからといってアジアの諸国家をはじめから武力で圧倒できたわけではなかった。たしかに会社は大型火器をもっていたが、兵員や船舶の輸送の困難さ、あるいは地理環境についての知識不足から、現地国家に対する戦争では、一進一退を繰り返した。オランダ東インド会社は一六一九年からアジアにおける活動の本拠地をバタヴィア（当時のジャヤカルタ、現在のジャカルタ）においたが、その土地は、バンテン王国支配下のジャヤカルタ侯が国王からの独立をはかって、会社に割譲したものである。このように会社は武力よりもむしろ巧妙に外交を行使し、諸国の抗争や内戦への介入を通じて、影響力を浸透させた。会社は内戦の際に特定の有力者に軍事支援をしたり、国家内の基盤が弱い支配者をあえて支持したりして、その相手が首尾良く実権を確保すると、支援と引き替えに特権を要求した。その最重要のものが、特産品の独占貿易権であった。

興味深いことに、オランダ東インド会社が到来したのち、支配者による生産や貿易の管理・独占は、現地国家によってもおこなわれるようになる。西ジャワのバンテン王国を例にあげよう。オランダ人が最初にその港にやってきたのは東インド会社設立以前の一五九七年であったが、その時にはすでにポルトガル人が特産品である胡椒の取引をおこなっていた。バンテン国王は巧妙にこの二者、さらには遅れてやってきたイギリス人を相互に競わせ、一方で領域内の胡椒生産と販売を独占管理下において、ヨーロッパ商人たちから最大の利益をあげようとした。この例は、ヨーロッパにおける強い需要を知った生産地の支配者が、取引を有利に進めるために生産と販売の国家管理を自ら積極的に進めたケースである。他方、十七世紀を通じてオランダの影響力が強まった南スマトラ・パレンバンでは、東インド会社

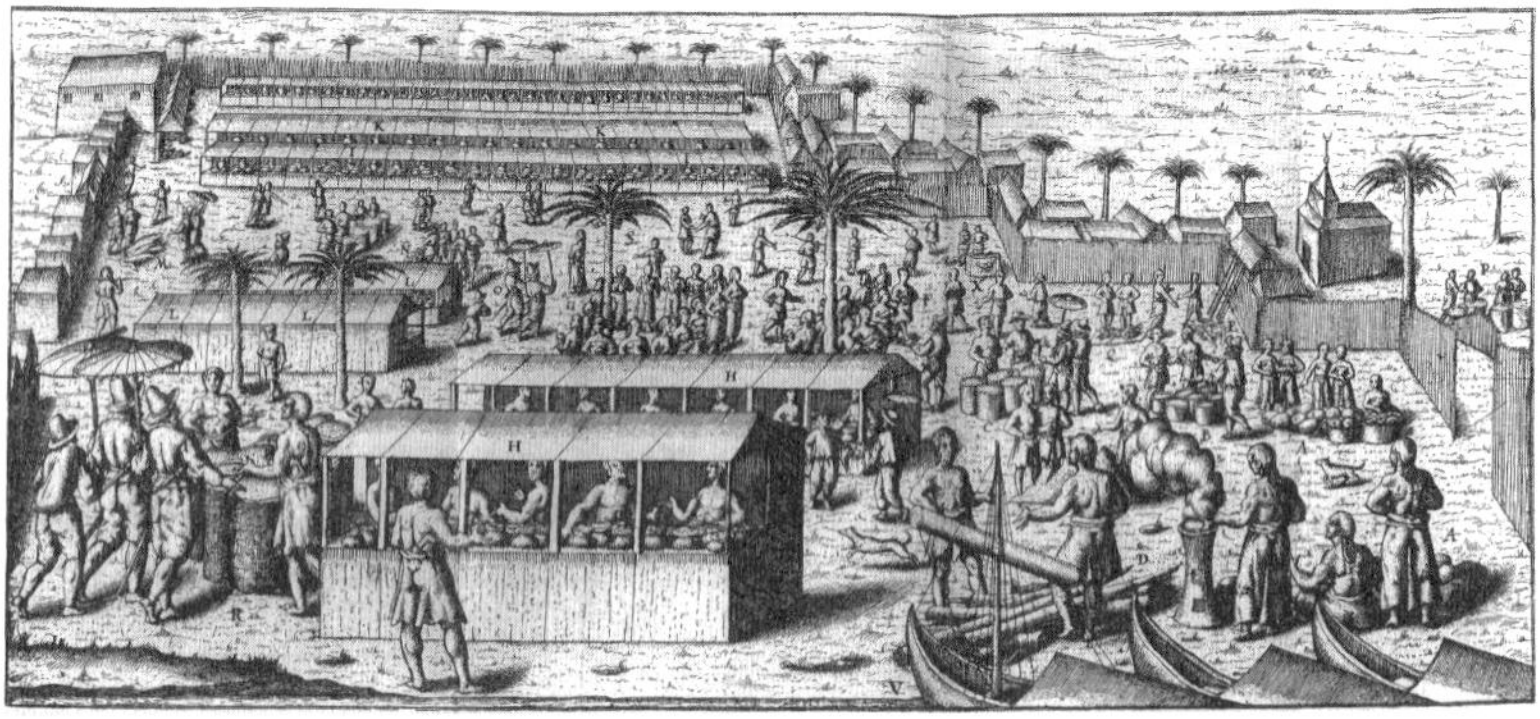

バンテンの市場(1597年頃)
オランダ人による銅版画。広場の奥と手前には，小さなブースに分かれた小屋が建てられている。売り手にはベンガル人や中国人など外国人のほか，多くの女性がいたことが述べられている。

の要請に従って、国王が胡椒や錫の生産と販売を独占的に管理するようになった。先にあげたバンテン王国でも、王室の内紛に会社の介入を招いた結果、一六八四年から、国王が胡椒の生産を管理して会社に対してのみ販売することが義務づけられた。

オランダ東インド会社が直接領域を支配するのはむしろ例外的であったが、そのような地域では会社による生産や流通の管理がおこなわれた。マルク諸島のバンダ島では、会社が住民に一定数の苗木を育てることを義務づける強制栽培を実施し、さらに市況に合わせてナツメグの苗木を植えさせたり刈り取らせたりした。バタヴィア郊外のオンメランデンと呼ばれる地域では、華人の有力者が華人労働者を使って砂糖を生産したが、オランダ東インド会社はその収穫物を一定の価格で買い取った。

こうしてオランダ東インド会社は、東南アジアの貿易パターンを大きく変容させた。マラッカ王国はすでに一五一一年にポルトガルによって占領されていたが、その後マラッカの機能を代替していたバンテン、マカッサルなどの強国が十七世紀後半から会社の支配下にはいり、アチェは国内の内紛から国際貿易を推進する余裕を失った。ジャワの中東部を支配したマタラム王国も、十八世紀前半から海岸港市をつぎつぎに会社に実質的に奪われて、貿易から撤退していった。こうして東南アジア国家が国際貿易における主導権を失う一方で、オランダ東インド会社は香料・胡椒・錫などの主要産地を有する国家を影響下においた。これらの産品は会社船、または会社が許可した商人の船によって、バタヴィアへと集められ、そこからヨーロッパやアジア各地の市場へと輸出されるというのが、十七世紀末からの島嶼部東南アジアにおける貿易の基本パターンとなった。

このような貿易パターンの変容は、東南アジアの地域秩序をどのように変えただろうか。オランダ東インド会社は地域内貿易の主導権を握り、モノの流れを変えたものの、直接支配をおよぼした領域は十七世紀末まではバンダ島やバタヴィア周辺などわずかしかない。会社は貿易特権を得ることには力をそそいだが、領域を支配することはなるべく避け、既存の王権を維持しようと努めた。したがって外見上は国王が国家に君臨し、支配の構造は維持された。しかし、オランダ人の支持によって擁立された王権は、現地社会においてしだいに正統性を失っていった。また、オランダ東インド会社が設定した生産や流通および価格決定のシステムは、特許商人を除けば、生産者や多くの商人にとって不利なものであった。こうして国家の権威と貿易への影響力は著しく衰退し、商業の時代は終焉を迎えた。このような国家の衰退が、以下に述べるように、つぎの段階に異なる地域秩序が生まれる要因となっていく。

2 中国市場の成熟と東南アジアとのリンク

中国経済の成熟

前節で述べたように、東南アジアの貿易は、十七世紀末までにオランダ東インド会社が支配するバタヴィアを中心とした構造に収斂《しゅうれん》していった。ところが十八世紀にはいると、早くも会社の支配力は弱まり始めた。その最大の要因は、明を倒して成立した清朝支配下における中国経済の発展とその求心力の高まりであった。

十八世紀の中国では、乾隆帝の長く安定した治世のもとで人口が増加し、都市経済の発展がみられた。一六八三年に台湾の鄭政権が降伏したのを機に、清朝は徐々に東南アジアを中心に海外貿易の門戸を開いていくが、十八世紀初めにまず拡大するのは、逼迫する食糧需要を満たすためのコメ輸入であった。しかし世紀中頃から東南アジア産品の輸入の中心は、錫・胡椒・燕の巣・海産物・森林産物など、必ずしも基本食糧や必需品といえない品々に移っていく。中国は古代から東南アジア産品を輸入していたが、十八世紀からその性質が大きく変わったことには注意が必要である。商業の時代までの需要は、先述のように、香料や木材など、高級で希少な奢侈品が中心であった。ところが十八世紀からコメに続いて需要が増える産品は、贅沢品とはいえ大量の流通が可能な大衆消費産品へと変わった。

このことは、中国の消費経済の変容と関連している。十八世紀にはいると華南や揚子江下流域など経済先進地域を中心に商業が発達し、購買力をもつ住民が増えた。この頃に外食産業が発達するのもその

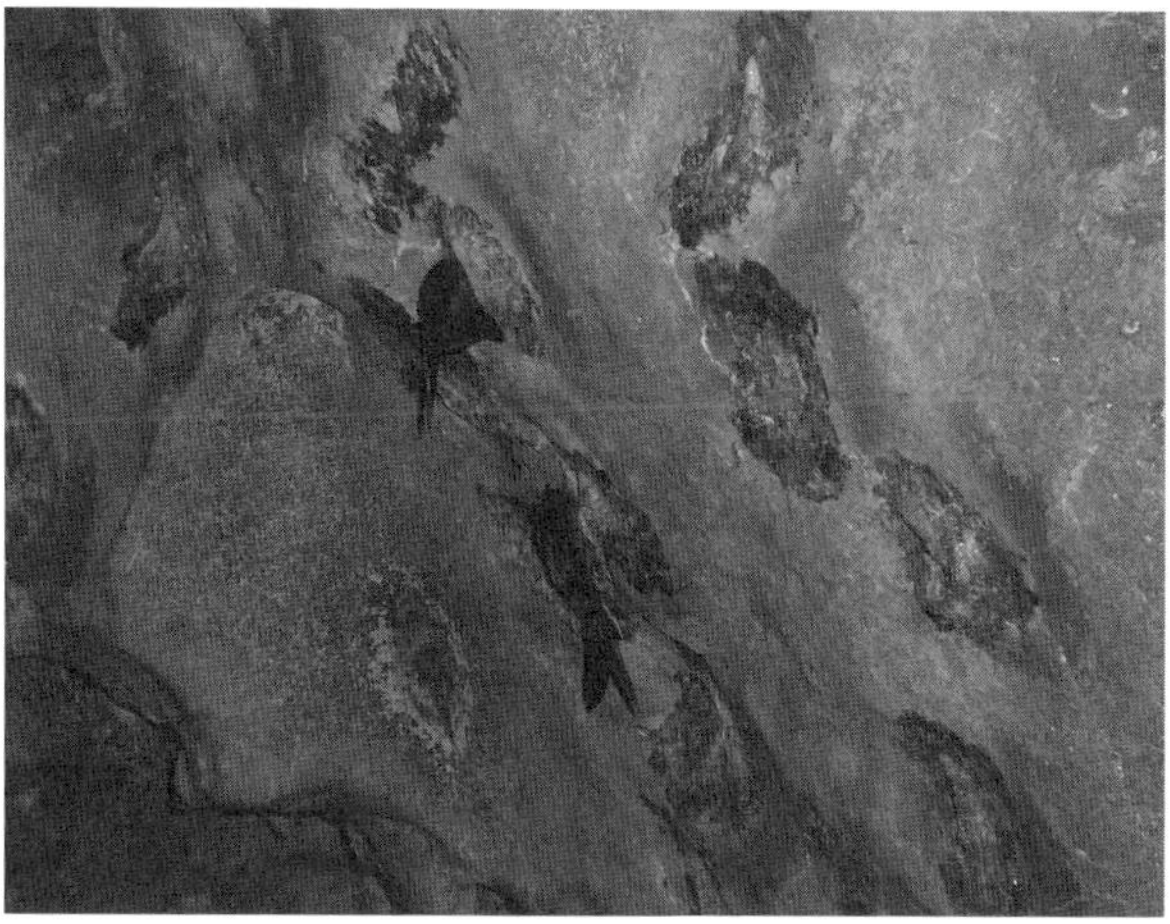

燕の巣（マレーシア・サラワク州）
イワツバメが，洞窟の壁面に巣をつくっている。

バイカナマコ（梅花参，石垣島）
東南アジアをはじめとする熱帯の海に広く生息し，
食用にされる。

反映であるが、さらに興味深いことに、同じ時期に宮廷料理がより広い階層へと広まっている。つまり購買力をつけた住民は、それまで高い階層に限られていた食文化をわがものにしようとしたのである。そのためこの時期に燕の巣やナマコといった東南アジア産食材の輸入が急拡大し、胡椒の輸入量も増えた。これらは贅沢品ではあるが、生産量が限定される高級香料・木材と異なり、採集と貿易のシステムが整えば一定量の流通が可能である。食材以外の輸入品も、この時代の大衆消費と強く関連していた。例えば錫は、茶の消費や輸出が増えてその保存容器としての需要が増加した。さらに、錫箔を施した紙銭(擬似紙幣)を先祖の供養儀礼で大量に燃やし、来世での豊かな暮らしを祈願する風習が広がったことも、錫の消費を増やした。森林産物でも、薬草となる樹皮や家具の材料となる籐など、やはり特権階級ではないが一定の購買力をもつ人々に消費される品が多く輸入されるようになった。このように、中国に大衆消費社会が発展したことが、東南アジアからの輸入を増やす効果をもったといえる。

華人の世紀の貿易ネットワーク

こうした東南アジア産品への需要に気付いた華人商人たちは、おもに福建省や広東省の港から、東南アジア各地に出航した。彼らが求める品は、必ずしもオランダ東インド会社の関心とは一致しなかったため、彼らはオランダ支配下の港をめざす必要がなかった。十八世紀にはいるとバタヴィアを訪れるジャンク船(中国の伝統的帆船)の数は減るが、マラッカ海峡を通過する船は増えたことがわかっている。このことは、ジャンク船による新たな貿易ブームは、オランダ東インド会社の貿易構造を利用せず、自らのネットワークをつくりながら展開したことを意味している。ジャンク船は錫・胡椒・海産物といっ

ジャンク船
中国の伝統的帆船で，国内沿岸や東南アジアなどとの貿易に使用された。

た東南アジア産品を求めて、東南アジア一帯の港に赴いた。先述のように、十七世紀末から現地の王権はオランダの影響下におかれて衰退するか貿易への関心を失っていたのだが、そのことはジャンク商人にとってあまり大きな問題にならなかったようにみえる。というのも、この時代の商品は、商業の時代までのそれと違って、非常に広範囲の地域で生産や採集が可能であったからである。したがって、彼らは多くの港でそれらを入手することができたため、特定の港で取引を保護する強大な王権がないことはそれほど重要ではなかった。それでももちろん、産品がある程度広範囲から集荷される港は取引を効率化したため、そのような中継港として南ベトナムのサイゴン、シンガポール南方のリアウ諸島、フィリピン南西部のスールー諸島、マニラなどが発展した。

さらにイギリス商人も、十八世紀から中国・東南アジア間の貿易を活発化させるうえで大きな役割をはたした。一七五七年に清朝がヨーロッパ商人向けに広州を開港すると、イギリス東インド会社は、その頃に北西ヨーロッパで需要が高まっていた中国の茶葉の輸入に努めた。ところがイギリス東インド会社は中国市場で求められる商品を自国にもたなかったため、茶貿易の拡大は貴重な銀の流出に繋がった。そこでイギリス人は、茶貿易をより効率的に進めるために、中国で需要のある錫・胡椒・海産物などを東南アジアで入手することを試みた。それらを得るために、彼らはインドから東南アジアに染織品やアヘンを運び、さらに支配者のあいだで需要のあるヨーロッパ製の銃砲や弾薬をもたらした。アヘンや武器といった政治的に問題となりかねない商品を扱うのは、国家の特許を得たイギリス東インド会社ではなく、カントリートレーダーと呼ばれる民間商人であった。彼らはインド在住のイギリス人やインド人などで、インドのイギリス政庁の許可を得て、インド・東南アジア・中国などのあいだで取引をおこなった。彼らもやはりオランダ東インド会社が支配する港を避け、それ以外の港で華人や東南アジアの商人と出会い貿易をおこなった。こうしてイギリスの民間商人も、その魅力的な商品によって東南アジア貿易の重要なプレーヤーとなり、オランダ東インド会社の貿易支配はさらに動揺した。

東南アジアと中国との繋がりを強める要因としてはさらに、華人の移民を指摘できる。華人の東南アジアへの移民もまた長い歴史をもっており、商人が貿易を促進するために取引先に定住しただけでなく、中国での政情不安から故郷を離れ移住する例も古い時代からあった。もっとも商業の時代までの華人移民は、商人として(一部は海賊として)海岸の港町に定住するのが基本パターンであった。ところが十八世紀から、華人は東南アジアの内陸部にまで移民するようになる。その理由の一つは、鉱山開発である。先述のように中国で錫の需要が高まったことから、東南アジアではマレー半島からバンカ島・ブリトゥン島へと連なる鉱脈にそって、新たな鉱山の開発や増産がはかられた。ところがこれらの地域は

インドネシア・ブリトゥン島の華人鉱山労働者(マンガル，1903年頃)
ブリトゥン島の錫鉱山では，大量の華人労働者が働いていた。
©Leiden University Libraries KITLV 106598（ユニフォトプレス提供）

人口が希薄で労働力の確保が困難であったことと、華人は当時もっとも優れた採掘技術をもっていたことから、錫鉱山には華人労働力が求められた。華人商人は鉱山地域の支配者と協定を結び、おもに華南地方から大量の労働力をつれてきた。錫以外にも、西カリマンタンの金鉱やベトナム北部の銅鉱山に、華人の技術者・労働者の移民がみられた。

華人の内陸部への移民を引き起こしたもう一つの要因は、大規模農園の開発である。中国で求められた東南アジア産品には、胡椒・ガンビル(ビンロウの原料)など農産物もあり、これらの生産にも労働力が不足していた。この場合にも華人商人が現地支配者の許可を得て労働者をもたらし、胡椒やガンビルを生産する農園がマレー半島東岸のトレンガヌや、リアウ・ブルネイなどに開かれた。華人の農業移民は、十七世紀からバタヴィア郊外の砂糖農園などでみられたが、十八世紀からはさらに商業拠点から離れた地域に農業労働者の定住地ができたのが特徴である。

こうして十八世紀から東南アジア内陸部の鉱山地域や農業地域に華人移民が定住するようになると、華人商人は労働者を運ぶだけでなく、彼らの生活用品を届ける役割もはたした。こうして沿岸港市に定住した華人商人が、内陸部の鉱山・農業地域の華人定住地とのあいだで、生産物と必需品を交換する取引に従事するようになり、彼らの影響力もより内陸部まで浸透するようになった。このような華人の移民・貿易活動の活発化を通じて、東南アジアは中国経済との結びつきをいっそう強めていくのである。

3 東南アジアのネットワークとリアウの盛衰

東南アジアのプレーヤーとリアウの繁栄

「華人の世紀」という呼称はいかにも華人ばかりが活躍したような印象を与えるが、実際にはこの時期の経済活動には東南アジアの人々も大きく貢献した。錫や胡椒など華人労働者がおもに生産した産品では華人商人が生産地での集荷を支配したが、海産物や森林産物など東南アジアの人々が採集した品の場合は、彼らはそれほど強い影響力をもちえなかった。そのような産品を集荷して中継港まで運ぶのに重要な役割をはたしたのが、ブギス人・マレー人・イラヌン人などの東南アジア商人であった。ブギス人はスラウェシ島南西部を故地とし、海上の貿易や戦闘に長《た》けた集団として知られた。十七世紀を通じて近隣のマカッサル人やオランダ東インド会社と貿易の支配権をめぐって激しく抗争したが、一七六六〜六九年のマカッサル戦争で東インド会社に敗れると、ブギス人やマカッサル人(両者はスラウェシ島外ではともにブギス人と呼ばれた）はインドネシア諸島やマレー半島一帯に離散・移住した。マレー人はスマトラ島南東部やマレー半島などを故地とするが、やはり移民を通じてカリマンタン島などにも広がった。十九世紀の資料によれば、西カリマンタンで海岸部に住んで貿易や海賊に従事しイスラームを奉じる多様な出自の人々が総称としてマレー人と呼ばれており、彼らは必ずしも単一のエスニック・グループから成っていたわけではなかった。イラヌン人はフィリピン南部のマギンダナオ島の出身で、イギリス民間商人や華人商人との貿易で栄えたスールー王国の主要な構成員として、おもにフィリピン・インドネシア諸島一帯を季節ごとに移動しながら貿易や海賊行為に従事した。彼らももともと多様な出自の人々を含んでいたが、各地で村落や船舶を襲撃しているうちに、人々から恐れられてイラヌン人と総称

ブギス人の戦士
17世紀のオランダ人による銅版画。

イラヌン人の海賊
イラヌン人は東南アジア島嶼部各地を襲撃して人々をとらえることで恐れられた。

されるようになった。このように、この時代の人間集団は必ずしもエスニックな出自によって定義できるわけではない。ここにあげたような人々は島嶼部東南アジア各地に拠点をもち、それらを繋ぐネットワークを利用して、海産物や森林産物の集荷と貿易で活躍した。

このような東南アジア人が重要な役割をはたした港市の例として、リアウを取り上げたい。リアウ諸島のビンタン島およびそのすぐそばの小島プニュングット島には、十八〜十九世紀に何度もジョホール王国の首都がおかれた。ジョホール王国は、一五一一年にポルトガルによって攻撃されて都を逃れたマラッカ国王によって、マレー半島南端のジョホールに設立された。その後何度も首都を移動させたが、十八世紀にはリアウ諸島およびその南方のリンガ諸島に国王が居を構えることが多かった。先述のように一六六〇年代のマカッサル戦争によって多数のブギス人が離散すると、リアウ諸島も彼らの主要な移住先の一つとなった。彼らは先住のマレー人王族と対立したが、一七六〇年頃からマレー王族が国王(スルタン)の地位を、ブギス人有力者家系が副王(ラジャ＝ムダ)を世襲するシステムを確立させると、抗争が収束して貿易が発展し始めた。マレー人およびブギス人が、それぞれマレー半島やインドネシア諸島一帯に散在する拠点とのあいだにネットワークを展開し、各地から海産物や森林産物をリアウに集めた。こうしてリアウの貿易は急速に発展し、華人移民によるガンビルの生産も増えたこともあって、これらの産品を求める華人やイギリス商人も訪れる、一大中継港となった。

リアウで活発な取引がおこなわれるようになると、島嶼部東南アジアのさまざまな地域が、船を送ってリアウへ産品をもたらすようになった。例えば、胡椒がスマトラのジャンビやパレンバン、南カリマンタンのバンジャルマシンからリアウにもたらされ、パレンバンからはさらにバンカ島産の錫も運ばれた。これによって、こうした産品を求める華人やイギリス人の商人にとっても、リアウはますます魅力的な港市となった。

このようなリアウの発展を、もっとも苦々しくみていたのがオランダ東インド会社であった。リアウの繁栄は域内貿易におけるバタヴィアの中心性を揺るがしただけでなく、先述のように各地で生産される錫や胡椒は国王との協定によってオランダ東インド会社の独占が認められていたため、会社にとってリアウにおける取引は違法であった。この時期にリアウに集められた胡椒は、当時のイギリス人商人によれば五〇〇〇から一万ピコル（約三〇〇～六〇〇トン）におよんだ。オランダ東インド会社がバタヴィアで集めた胡椒がその頃だいたい一万五〇〇〇ピコル前後であったから、会社の役員たちは、本来会社が集荷すべきであるうちの三分の一から三分の二にもあたる胡椒が、リアウに流出したと認識したに違いない。しかし会社と協定を結んでいないリアウの国王にとって、自分が支配する港に多くの商人がやってくることは、国家の偉大さを意味するものではあっても、違法であるとはまったく想像もしなかったに違いない。錫や胡椒の産地からくる商人にとっても、より高い買取価格やより魅力的な商品が得られる地で取引するのは当然の道理であり、国王が結んだ協定に自分の活動が制約されるとはおそらく考えなかったであろう。

リアウの陥落

このように異なる認識をもったオランダ東インド会社とリアウ国王とのあいだで、衝突が生じるのは時間の問題であった。一七八四年、座礁した船の積荷をめぐって衝突した両者は、すぐに全面戦争へと突入した。当初は船舶や兵士の数でまさるリアウ側が有利に戦闘を進めていたが、会社側はオランダ海軍の支援を受けて反撃を開始した。さらに、リアウ側で兵を指揮していたブギス人副王が流れ弾を受けて死亡すると、彼らは総崩れとなって敗退した。この結果を受けて、リアウのスルタン・マフムード二世は、同年にオランダ東インド会社と屈辱的な条約を結ぶことをよぎなくされた。その条約には、ブギス人有力者を国外追放すること、会社の軍隊をビンタン島に駐留させることが含まれた。

ところがこの条約は、会社によるリアウ貿易の支配には繋がらなかった。一七八七年、スルタン・マフムード二世は、近海を訪れていたイラヌン人の集団と密約を結び、彼らの支援を得て会社の軍隊を急襲すると、ビンタン島からオランダ勢力を追放することに成功した。ところがスルタンの側も、リアウの支配を再確立することはできなかった。イラヌン人はスルタンと、ビンタン島をオランダ人から防御する約束を交わしていたのだが、報酬をめぐって国王との交渉が決裂すると、彼らはその約束を反故にしてリアウから撤退した。これにより、会社の報復を恐れた国王をはじめ有力者たちは、島を去ってマレー半島やインドネシア諸島一帯に離散した。このできごとによってリアウの人口は急減し、貿易のハブとしての機能は完全に失われた。

オランダ東インド会社の認識によれば、リアウ陥落の結果は、海賊の跳梁と貿易の衰退であった。マフムード二世は従者をつれて各地を転々と移動したのち、最終的にリンガ諸島に定住した。そこから彼は従者とともに、近海を通行する船を無差別に襲撃した。つまり襲撃の対象にはヨーロッパ船だけでなく東南アジア各地や中国からの船も含まれたので、この行為は必ずしもオランダに対する報復ではない。襲撃が成功するとその戦利品から得られる利益に惹きつけられた人々がマフムード二世のもとに集結するようになり、彼らの活動はさらに激化した。

さらにリアウの陥落は、オランダ東インド会社の貿易構造をいっそう弱体化させる結果をもたらした。その影響がもっとも顕著にみられたのが、スマトラ最南端のランプン地方である。ランプンは十七世紀初めから東南アジアの主要な胡椒生産地の一つであったが、十八世紀からほかの主要な生産地――ジャンビ・パレンバン・バンジャルマシンなど――が軒並み生産量を落としたことから、十八世紀半ばからはオランダ東インド会社がバタヴィアで得る胡椒の半分から八割を供給する最重要の生産地となった。ランプン地方は、スンダ海峡を隔てたジャワ西端部に位置するバンテン王国の領土であり、一六八四年の条約で、この地で得られる胡椒はすべて、バンテン国王が一定価格で会社に販売することが定められていた。ところが一七八七年にリアウが陥落したのち、ランプンから胡椒を積んでバンテンへ向かう船は海賊の格好の襲撃対象となり、一七九〇年には生産された胡椒のうち、記録にあるだけで約三六%が海賊に強奪されただけでなく、襲撃を恐れて民間の商人が船を出さなくなってしまった。会社もバンテン国王も、海賊征討のための船団を派遣したが、海賊船はそうした船団に気付くと容易に森に覆われた入り江や川の支流に隠れてしまい、成果はほとんど得られなかった。当時のバンテンに駐在した会社職員の記録は、海賊の無法ぶりとそれを制御できない国王に対する怨嗟に満ちている。

リアウ陥落後のネットワークの変容

これらの一連のできごとを、当時のオランダ東インド会社の職員たちは、貿易のルールを守らないリアウに懲罰をくだしたものの、ほかの現地国家の支配者たちが海上秩序を維持する能力をもたないために海賊が跳梁し、会社は不利益を受けている、と記録している。比較的最近までの歴史研究は、こうしたオランダ人の見解を、おおむねそのまま採用してきた。リアウの陥落後、一八一九年にイギリス支配下にはいったシンガポールが急速に発展するまで、周辺の海域は混乱と衰退に陥ったというのが、植民地期からの定説になっている。しかし筆者は近年、このような理解に対して再考を促している。貿易構造の変容においても、海賊の理解においても、オランダ人が残した資料とは別の視点から、東南アジアの歴史の大きな流れを考える必要があると思われるからである。

まず、海賊——筆者の理解によれば、商業軍事集団——をどのように理解すべきかについて、リアウ・リンガ諸島からカリマンタン島南西岸にかけての海域を例にとって考察したい。リアウがインドネシア諸島西部における貿易のハブとして繁栄していた一七八〇年代前半、リアウのブギス人有力者であるラジャ・アリは、従者をつれてたびたびカリマンタン西岸のスカダナに滞在し、貿易をおこなっていた。彼らは内陸の鉱産物や周辺の海岸で得られる森林産物・海産物などを入手してリアウに運んでいた。ところがその頃にスカダナ北方のポンティアナックに駐在していたオランダ東インド会社の職員たちは、ラジャ・アリを海賊と呼び、その活動の無法ぶりを強調している。ところが、ジョホール王国の年代記や、当時この地域にやってきていたイギリス人の記録を読む限り、ラジャ・アリとその従者たちの活動がとくに貿易のルールを破り地域の秩序を乱していたとは思えない。それどころか、彼らは平和裏に貿易をおこなって成功をおさめていたことが記されている。このように矛盾する記述が意味するものは、東インド会社のオランダ人職員たちは、自分たちの貿易がライバルとの競争に後れをとっている場合、そのライバルを海賊と呼んだということである。なぜそのようなことをするかというと、ポンテ

西カリマンタン周辺

ィアナックで会社が進める貿易が理由なく停滞していることを本国に報告すると、同地に駐在する職員たちは会社の幹部から責任を追及されるからである。それを逃れるためには、自分たちの貿易が海賊によって不当に阻害されていると報告するのが、彼らにとって都合が良かったのである。

では、リアウが急速に発展し、その陥落後に海賊が急増するという事態はどのように理解すべきだろうか。リアウが発展したのは、中国市場の需要に応じた貿易ネットワークが形成されたためである。オランダ東インド会社も胡椒や錫など中国市場で求められる産品を広州に輸出していたが、その量は十分でなく、品揃えも不十分であった。そのためリアウを中心とするマレー海域のネットワークが、会社の貿易を補完したのである。胡椒を例にとると、一七八〇年代のリアウからは、イギリスの民間商人が五〇〇〇～一万ピコルの胡椒を広州に運んでいた。一七七〇年から一八〇〇年にかけて広州には毎年五〇〇〇～三万ピコルの胡椒が運ばれていたが、そのうちオランダ東インド会社が運んだ量は三〇〇〇～一万ピコルしかない。つまりこの時期のオランダ東インド会社は、もはや中国市場における最大の胡椒供給者ではなかった。それを上回る量の胡椒を運んだイギリス商人たちは、そのほぼすべてをリアウで得ていたとされている。つまり胡椒において、リアウは東南アジアにおける最大の中継基地であり、中国市場を満たすうえで極めて重要な役割をはたしていたのである。

定説では、このように重要な中継港であったリアウが陥落したことによって、海賊が跳梁し貿易が衰退したとされるが、筆者はそうは考えない。むしろ、オランダ人によって海賊と呼ばれた商業軍事集団は、リアウに集められなくなった胡椒を各地で確保し、中国市場に繋ぐ役割をはたした。再びランプンを例にあげよう。オランダ東インド会社はランプンで、一七九一～九二年にかけての二一カ月間において、「海賊」による被害の調査をおこなった。これによると、このあいだに奪われた胡椒は六〇〇〇ピコル、一年換算にすると三四〇〇ピコルとなる。これは会社職員が確認できた限りの量であって、それ以上の胡椒が商業軍事集団の手に渡ったことは間違いない。彼らは、こうして得た胡椒を、掠奪品を買いつける商人たちに売っていた。こうした商人に関する情報はそれほど多くないが、資料にあらわれる限り、そのほぼすべては華人とイギリス人である。先に述べたリアウの貿易のパターンや中国市場における需要を考えると、彼らに渡った胡椒のほぼすべてが中国に送られたことは想像に難くない。ランプンを除く東南アジアの胡椒生産地が十八世紀後半までにほとんど衰退していたにもかかわらず、イギリス商人が大量の胡椒を広州にもたらすことができた要因の一つが、こうした商業軍事集団を通じた入手方法にあったと考えられるだろう。

さらに「海賊」たちは、胡椒を強奪するだけでなく、生産地の住民から買ったこともオランダ東インド会社の記録に残っている。海賊が襲撃先で物品を買うというのは、奇妙な話である。実際のところ彼らは胡椒を入手して利益を得ようとしたのであり、もし掠奪するよりも購入する方が長い目でみて利益が得られるならばそうしたであろう。ランプンの住民がつねに海賊に襲撃されながら胡椒を生産し続けたというのも理解しがたい話であり、実際には住民は商業軍事集団と取り引きすることで利益を得られたから生産を続けたという方が、はるかに納得できる。ここでも会社職員は、自分たちの取引を阻害する相手を海賊と呼んでいたのである。そのように呼ばれた商業軍事集団は、実際に武力を行使することもあったにせよ、オランダ東インド会社にかわって産地に赴き、胡椒を中国市場に届ける役割をはたしていた。

また、リアウ陥落ののち、周辺の海域から中継港がなくなったわけでもない。リアウがオランダに占領された直後から、西カリマンタンを中心にそれを代替する港市が出現した。一七八四年にリアウを追放されたブギス人有力者のラジャ・アリは、その直後に、以前からしばしば滞在していたスカダナに移住し、この港を東南アジア商人に加え華人やイギリス人も訪れる活発な中継港に発展させた。それを疎ましく思ったオランダ東インド会社は、一七八六年にスカダナも攻撃して破壊してしまう。すると人々はその上流のシンパンや沖合のカリマタ諸島、さらに別の西カリマンタンの港に移動して、貿易を続けた。さらにオランダ資料には、オランダ人が「海賊の拠点」と呼ぶバンカ島やリンガ諸島にも、その掠奪品を目当てに商人たちが訪れたことが記されている。先述のリアウのスルタン・マフムード二世はバンカ島にも影響力をおよぼし、本来はオランダ東インド会社が独占貿易圏をもつその錫を、ほかの商人に密かに売っていたことが知られている。

このように考えると、一七八四〜八七年におけるリアウの陥落は、必ずしもマレー海域の貿易に壊滅的な結果をもたらしたわけではないといえよう。海賊とも呼ばれた東南アジア商人・華人商人・イギリス商人たちは、その後もオランダの禁制をかいくぐってランプンその他の産地に浸透し、商品を入手して中国市場に送り続けたのである。リアウ陥落後には西カリマンタンなどを中心に代替港が出現して、貿易が続けられた。しかし、やがてイギリスが東南アジアに拠点を確立すると、ジャンク船と彼らと取引を求める商人たちの貿易は、まず十八世紀末からイギリス領のペナンへ、一八二〇年代からはシンガポールに急速に集中するようになった。

4　東南アジア地域秩序の変容

商業軍事集団と国家

では、このような貿易構造の変容は、東南アジアの地域秩序にどのような影響を与えただろうか。先述のように商業の時代には、地域秩序を維持する権威として国家の役割が重要であった。これに対し華人の世紀には、このような国家の役割は大きく減少した。しかしこのことは、秩序の真空地帯で華人が経済的に活躍するようになったことを意味するのではない。この時代に権威や富をつくり出すうえで重要な役割をはたすようになったのは、商業軍事集団であった。

商業軍事集団は、武力を行使しつつも貿易を推進し、経済的利益をあげることで勢力を維持・拡大しようとする。そのリーダーには出自よりも武力闘争や貿易における才能が重視され、優れたリーダーは多くの従者を獲得した。従者は単一のエスニック集団から成ることは少なく、多くは多様な出自をもち、またある時点でエスニックな名称を変えることもまれではなかった。

このような商業軍事集団が地域社会における権威となる場合、彼らは国家とどのような関係を築いただろうか。この問いの答えは単純ではない。彼らはもともと、国家の支配を受けない集団であった。彼らは国家に帰属することなく複数の拠点を移動し、ある国家の領域内の拠点を利用する場合でも、支配者とは距離を保ち自立性を維持することが多かった。例えば、スールー王国出身のダトゥ・チャメランは、一七八六年に九〇〇から一〇〇〇人の海賊従者および鍛冶職人を引きつれて、スカダナ沖のカリマタ諸島の一つに定住した。彼らは近海を通過する船から保護料を請求したり、それを拒否した船を襲撃したりする一方で、ナマコや魚をとらえたり、それらや略奪品を取引する貿易もおこなった。ダトゥ・チャメランは対岸のカリマンタン内陸部に都をおいたマタン国のスルタンと婚姻関係を結んだが、彼自身は島を根拠として、王権とは一定の距離を保った。彼はこうして三〇年以上カリマタ諸島の有力者として君臨したが、その後ブルネイのスルタンと友好関係を結びカリマンタン北岸に移住してしまう。結局彼は国家からはつねに独立して勢力を維持したのであり、条件次第ではほかの国家と関係を結びなおして再移住することも辞さなかった。

一方で、集団指導者のなかには、国家支配者と血縁関係を結び、国家内で大きな影響力をもつ者もいた。西カリマンタンのムンパワ王国の王族であったグスティ・バンダルは、ある時期にリアウ諸島のパヨン島に移住し、その地で海賊集団のリーダーとして知られるようになった。彼はその後一七六八年に、従者とともにムンパワに戻り、ここでも海賊集団を率いた。この間の事情は明らかでないが、おそらくムンパワ国内で何らかの権力争いが生じて国を離れ、従者とともに海賊集団を結成したと考えられよう。彼はやがてスカダナ王国の海岸に移って定住し、すぐに王族と良好な関係を築いて、娘の一人をのちにスルタンとなる王子と結婚させた。グスティ・バンダルはその後スカダナが隣国のランダックと紛争に陥った際には、同国領域への攻撃で主要な役割をはたした。こうした軍事力にも裏付けられて、グスティ・バンダルはスカダナ王国において、オランダ人が「まるで国王のように統治している」と評するほどの権力をもった。

他方、商業軍事集団がしだいに政治的に完全に自立し、国家そのものとなる場合もあった。西カリマンタンのムンパワで、アラブ人法学者の父と現地の奴隷女性とのあいだに生まれたシャリフ・ユスフは、成人すると南カリマンタンのバンジャルマシンで海賊集団を結成し、カリマンタン島の南・東海岸を定期的に襲撃する一大勢力となった。彼はやがて西カリマンタンに戻り、当時は無人の地であったポンティアナックに自らの国を建設した。ポンティアナックは主要河川の合流地点にあって内陸・海上貿易の拠点であったことから、周囲の既存国家からの脅威に晒されたが、シャリフ・ユスフはリアウの副王と手を結んで対抗した。建国後も彼らは海賊行為を続けたが、一方でほかの移民集団を呼び込んで貿易を発展させた。ポンティアナックはさらにオランダ東インド会社とも友好関係を結び、西カリマンタン随一の強国となった。つまりこの例では、商業軍事集団は陸上の拠点に定着し、国家そのものとなった。

このように、商業軍事集団と国家は、あるときはお互いに一定の距離を保つ別個の存在であり、あるときには一体となる。華人の世紀にはこのように、海賊と国家を同一軸の両端とするグラデーションが存在していて、商業軍事集団はそのあいだを行き来しながら、権威と富をつくり出していたのである。

地域秩序の変容

ではなぜ、このような商業軍事集団があるときに国家にも変貌できるほどの権威を地方社会で築くことができたのだろうか。一つには、マレー世界の伝統を指摘できよう。マレー世界には王位継承の明瞭な規則がなく、王族内のほぼだれもが王位を主張することができた。王朝内の権力争いに敗れた王族が、従者とともにほかの地へ移住し、商業軍事集団を形成することもまたきわめて一般的であった。そのような集団は、ほかの港に向かう商船を攻撃して自分の港に誘導するなどして、暴力を用いつつ貿易を促進して勢力の拡大をはかり、再び権力争いに挑んだり、独立した政体を設立したりした。先にあげた例でいえば、ダトゥ・チャメランとグスティ・バンダルはもともと国家の王族のメンバーであり、このようなマレー世界の伝統に従ってあらわれた有力者といえるであろう。

一方で、必ずしも伝統的なパターンどおりではない、この時代の特徴的側面も確かめられる。商業の時代には、マラッカ王国がイスラームに改宗しマレー法を整備したように、国王が外来宗教や法など、さまざまなしかけを通じて権威の構築をはかった。それに対し華人の世紀の国家はそうした側面にほとんど関心がなく、貿易を通じて利益を得ることの重要性が大きく高まった。ポンティアナックでもモスクは建設されたが、例えば王家とイスラーム聖人の血統を結びつけたバンテン王国などと比べると、宗教を国王の権威構築に利用しようとする姿勢はずっと弱い。ポンティアナックの創設者シャリフ・ユスフはもともと王族の出自ではなく、しかも父親は外国人で母親は奴隷である。彼のリーダーシップは、海上における襲撃と貿易を成功させる才能に基づいていたと思われる。商業の時代においても、貿易から利潤を得ることは、国家の正統性と権威を構築する重要な要素であった。しかし華人の世紀に特徴的にみられるのは、たんに貿易を促進するだけでなく、国家が商業軍事集団を積極的に招致し、強い関係を結ぼうとしていることである。スカダナ国王は、先述のグスティ・バンダルを含む商業軍事集団を招致するために、海岸沿いの土地を提供した。ポンティアナック国王もブギス人ほかの商業軍事集団と契約を結んで、その定住を奨励していた。このような商業軍事集団の顕著な存在は、商業の時代にはみられない、華人の世紀の特徴といえる。

ではなぜ、華人の世紀に、このように商業軍事集団と彼らがつくり出す富が重要となったのだろうか。その理由としては、この時代に国際的に需要のある産品の性質が変わったことが指摘できよう。商業の時代に世界各地で求められた東南アジア産品は、先述のように、高級な香料や木材など、生産地が限定されるものであった。したがってその生産や流通を国家が管理することは比較的容易であり、これらの産品が集約される港をもつ国家が繁栄した。商人は、強力な国家が保護する港での取引を好んだため、少数の港に取引が集中する傾向にあった。これに対し華人の世紀に中国市場で求められた産品は、海産物や森林産物など、贅沢品であってもそれほど希少ではなく、島嶼部東南アジアの各地で採集できるものが主流となった。これらの品を国家が独占することは不可能であり、しかもその採集地は、国家の支配が強くおよばない辺境地域に位置することが多かった。このような地域での取引において、商人が武装して自分の商品を保護しようと考えることは自然であった。また、海産物(とくにナマコ)の採集と加工には多くの人力が必要であったことから、労働力の確保のために沿岸部の村落や海上の船舶への襲撃と人々の強奪(誘拐)も頻繁におこなわれた。これらの行為を可能にするためにも兵力や漕ぎ手が必要となり、商業集団の武装化がいっそう進行した。このような活動と、捕えた人間の売買でもっとも有名なのが、スールー諸島を拠点としたイラヌン人である。イラヌン人の名は恐怖の対象として島嶼部東南アジアの各地で記憶されているが、同様の活動はブギス人やマレー人によってもおこなわれたことが知られている。

このようにして商業軍事集団の活動が貿易上重要になると、優れたリーダーをもつ集団はいっそう経済力をつけ、そのことが多数の従者を惹きつけ、武力面でも強大化するという循環が生まれた。国王が貿易を管理した商業の時代と異なり、イギリス人カントリートレーダーなどがもたらす武器弾薬を彼らが入手することは比較的容易であった。このような集団が、国家と対抗できる権威と富をもったことはそれほど不思議ではない。例えば、西カリマンタンの商業軍事集団のリーダーであるラジャ・ムサは、もともとスマトラ東部のシアク王国の王子であったが、国内の抗争に敗れた結果、マレー人従者とともに国外に出て各地で襲撃しながら数年間移動を続け、その後一七六五年にカリマタ諸島に定住した。彼らは定住後も、近海を通る船から通行料を徴収するなど、海賊と変わらぬ行為を続けたが、ポンティアナックなど周辺の王国は、彼らの軍事協力を得るために接近し、ライバルとの戦争において援軍を得た。

商業軍事集団とオランダ人

興味深いのは、このように商業軍事集団に接近しその軍事援助を得たのが、現地国家だけではなく、オランダ人も同様であったことである。一八一九年にオランダ植民地政庁は、パレンバンとの戦争においてラジャ・ムサの息子ラジャ・アキルに援軍を依頼した。彼は部隊を率いて戦闘に参加し、オランダの勝利に貢献した。政庁内では彼らとの協力に賛否両論があったが、ラジャ・アキルに好意的な幹部が主導権をもった時期に、彼は正式にカリマタ諸島の支配者として認められた。最終的にラジャ・アキルは、二九年のマタン王国への遠征に協力したことへの見返りとして、新たにスカダナに建国されたニュー・ブリュッセル国（地元の住民は決してこの名では呼ばず、スカダナ国と呼んだ）のスルタンに任じられた。ラジャ・ムサやラジャ・アキルが率いた集団が、カリマタ諸島周辺で海賊行為を働いていたことはまぎれもない事実である。しかし彼らが植民地政庁に対して協力的な態度を示す以上、そうしたことはこの時期のオランダ人にとってそれほど重要ではなかった。現地社会を支配する人力も資金も不足していた政庁にとって、オランダ人に協力的で、かつ地域に影響力をもつ有力者と手を結ぶことは現実的な手段であった。この例もまた、オランダ人による海賊という名づけの恣意性を示している。

しかし、オランダ植民地政庁は、一八二〇年代からしだいに海賊鎮圧に向けた動きを強めていく。一八一九年にオランダ植民地政庁は、「ボルネオ領有の目的」という文書を作成した。三項から成るこの文書は、要約すると㈠現地支配者がオランダの保護を求める土地に、オランダ支配を浸透させること、㈡平和と秩序を促進するために、海賊を鎮圧すること、㈢住民に、過重にならない程度に課税をおこなうことを謳っている。オランダ東インド会社は、先述のように領域支配よりも貿易特権の確保を重視し

ラジャ・アキルの墓(インドネシア・スカダナ)
ラジャ・アキルとその親族は，スカダナの墓地に祀られている。

ていたので、住民への課税を宣言したこの第三項は、領域支配をめざす明確な方針転換を意味するといえる。その新方針のもとで海賊鎮圧は、三項目から成る領有の目的の一つを占める重要なものとなった。こうした方針のもと、カリマタ諸島の支配者であった時期のラジャ・アキルに政庁が与えた重要な任務が、海賊の鎮圧であった。彼が海賊鎮圧のためのパトロール船団を各地に展開していたことは明らかであるが、実際にどれだけの成果をあげたかはあまり明確でない。しかしオランダ植民地政庁にとって、「平和と秩序」をもたらすことは、その支配を正当化するために欠かせないことであった。彼らはいわば「文明化の使命」を訴えて、領域を支配しそこから収入を得ることを正当化しようとしたのである。海賊はそうした「平和と秩序」の敵として再定義され、鎮圧の対象となった。さらに近代的領域支配の開始とともに国境が設けられると、それを越えて活動する海賊の存在は秩序の障碍とみなされた。こうしてオランダ植民地政庁は地域に新たな秩序をもたらし、それによってそれ以前の地域秩序において重要な役割をはたしていた商業軍事集団を海賊と名指すようになった。そうして政庁は、海賊の鎮圧を、地方有力者との協力というかたちではあれ、重要な政策の一つとしたのである。

もっともこの政策を実際に効果あるものとしたのは、オランダ植民地政庁の施策よりもむしろ、現地有力者の協力であったようにみえる。植民地政庁の資料によると、スマトラ東岸のシアクで海賊として知られていた人物が、ラジャ・アキルの保護のもとにスカダナに移住することを求め、政庁はこれを認めている。ラジャ・アキルというオランダ植民地政庁と協力する有力者の直接保護下にはいるということは、この人物は自由な貿易や海賊よりも、植民地政庁と良好な関係を結ぶことを望んだと理解できよう。このように一八二〇年代から、海賊行為をめぐる現地有力者の態度は変化を示し始める。リアウでは、スルタンや副王が、オランダ植民地政庁の希望にそうように、自ら海賊鎮圧の船団を派遣することを申し出ている。少なくとも島嶼部東南アジアの一部の有力者は、海賊行為を自ら制限し、または海賊制圧に協力することによって、オランダ支配体制のなかで安定した地位を得ようと考え始めたのである。このようにして、海賊が不法行為であるとの認識は、現地有力者からの協力もあって、しだいに浸透していった。このことは決して、海賊行為がすぐに減少することを意味しなかったが、植民地政庁が樹立しようとする海上秩序・貿易秩序が地域社会に浸透する一助とはなったであろう。

中国向け貿易の継続

こうして海賊が反秩序と認識されるようになったことは、華人の世紀に特徴的な貿易活動の終焉を意味するものでは決してなかった。それどころか、中国との貿易は植民期にも拡大・持続し、全体に占める比率はさがるものの、それは現在まで続いている。今日でも香港や台湾、さらに中国各地の乾物店を覗くとナマコや燕の巣・フカヒレなどを目にすることができるが、その多くは今なお東南アジア産である。筆者の調査によると、蘭領東インドの外島（現在のインドネシアのうちジャワ・マドゥラを除く領域）からの海産物・森林産物など中国向け天然産品の輸出は、一八四〇年代から六〇年代末にかけてその額が増え続けた。欧米向けの嗜好品や原材料（コーヒーや、この頃から革なめし剤として利用されるようになったガンビルなど）の輸出はさらに大きな増加を示したため、中国向け産品の比率はさがっていくものの、一八六九年の段階でも総輸出額の半分近くを占めた。

海産物や森林産物の輸出増加は、その広範な生産地域が対価として現金収入を得ていたことを意味する。その傍証となるのが、外島では輸出と比例して輸入も増加した事実である。輸入の大半はヨーロッパ製綿布で、記録のある一八四六年から六九年までのあいだに、外島全体で金額にして約二・六倍にまで急増した。このことは、中国向け産品の輸出を通じてその採集地社会が購買力をつけ、一八二〇年代頃から大量に流入し始めた安価で質のいい綿布（おもにイギリス製）を購入するようになったことを意味している。一方で、商業軍事集団のリーダーたちは、それよりは希少なインドや東南アジア各地の布を、自分たちの地位と結びつけてさまざまな装飾や服飾に用いていた。植民地期にも華人の世紀に特徴的な貿易は持続・拡大し、それによって購買力をつけた外島の住民は、輸入産品にさまざまな社会的価値を付与しながら消費していたようにみえる。

5　東南アジアと世界の人々が求めたもの

東南アジアの秩序変容

ここまで、商業の時代から華人の世紀、そして植民地支配の確立期にかけて、東南アジアにおいてどのように貿易と地域秩序が変容してきたかを検討した。この変容は、東南アジア史にどう位置づけられ、世界の動きとどう関連していただろうか。そして、それは世界の「自由を求める動き」とどのようにかかわっていたのだろうか。以下では、本章の冒頭でも取り上げたこれらの問いについて考察してみたい。

東南アジアで商業の時代が終焉を迎えたのは、オランダ東インド会社が域内貿易への支配を強めたことが大きな要因であった。会社は、多くの有力現地国家から貿易の支配権を奪い、それまでだれに対しても開かれていた海に、独占貿易・管理貿易の手法をもたらした。この方針は生産者や多くのアジア商人の主体性を奪って経済的意欲を減退させ、東南アジアの現地国家が主導する域内貿易は衰退した。しかし、貿易の衰退は長く続かなかった。十八世紀初頭からまず、人口が増加し経済が発展した中国に向けてコメの輸出が始まり、やがてさらに成熟する中国市場に向けて、東南アジア産の錫・胡椒・海産物・森林産物などの大衆消費産品を輸出する貿易が活発化した。

このような貿易の再興に、華人とともに大きな貢献をしたのが、筆者の考えでは、東南アジアの商業軍事集団であった。軍事力を行使しつつ海上を移動しながら産品を採集し搬送する彼らの活動は、国家の影響力が浸透していない辺境地域で産品を収集するのに適応した貿易の形態であった。国家の衰退または貿易への関心減退から、国家による貿易保護が十分に期待できない状況で、彼らはときに武力も用いて中国で求められる産品を集め、東南アジアの中継港を訪れる華人やイギリス人の商人に、それらを届けた。彼らの活動は、オランダ東インド会社の利害と衝突したためにオランダ人からは海賊と非難されたものの、東南アジアや華人の商人、そしてイギリス商人とは協力しておもに中国向けの貿易を推進したのである。

十九世紀初頭から新たに植民地支配――領域支配――を開始したオランダ植民地政庁は、当初は彼らが海賊と呼んだ商業軍事集団とも積極的に協力した。彼らの限られた人的・財政的資源を考えると、政庁と協力する地方有力者と手を結ぶことは、現実的な政策であった。ところがやがてオランダ植民地政庁は、明確に国境を定め、「秩序と平和」をもたらすことを支配の正当化に掲げたため、国境を越えて暴力を用いる海賊を野放しにはできなくなった。そのため政庁は、海賊を「平和と秩序」の敵と再定義し、その鎮圧に取り組むようになる。この時期には政庁内文書や欧米人の著作に海賊の被害を指摘するものが増えるが、それは政庁の方針を反映しているとともに、海賊の野蛮性を訴えることで、「文明」をもたらす植民地支配の正当性を主張していたともいえよう。商業軍事集団や現地有力者の側にも、しだいに支配力を強める植民地政庁と友好関係を築くことを求める者が増え、海賊鎮圧に協力するようになり、政治勢力としての商業軍事集団はしだいに島嶼部東南アジアから姿を消していく。しかし、植民地体制のもと、辺境で続けられる中国向け産品の貿易には軍事力の必要性が存続し、国境の密貿易と呼ばれるかたちで彼らの活動はその後も続けられた。

中国向け貿易は、十八世紀後半から十九世紀半ばの東南アジアに新たな繁栄の時代——華人の世紀——をもたらした。華人の世紀はつかのまの繁栄ではなく、その貿易パターンは植民地期を通じて持続し、現在にいたっている。植民地期以降、先進国向けの農産物・鉱産物の輸出が急増するために中国向け貿易の比率は縮小するが、とくに経済中心地から離れた東南アジア周辺地域の社会では、それは今なお重要であり続けている。

島嶼部東南アジアにおける中国向け貿易の意義は、広範な地方社会に経済的利潤を得られる機会をもたらしたことにある。商業軍事集団が多くの森林産物や海産物の採集地や中小規模の中継港をめぐって取引したことは、採集者や一般の人々の生活空間に近いところで流通や貿易がおこなわれたことを意味する。これは、より広範囲の人々に商品経済の浸透をもたらしたことを意味しよう。中国向け産品の生産地の人々は、十八世紀後半から国際商品を輸出して購買力をつけ、インドのアヘンや染織品、のちにはヨーロッパ製綿製品を輸入し消費した。こうした経験は、地域社会の商品経済化、人々の経済活動への関与や接近という点で、大きな意味をもったであろう。世界史的にみても、植民地支配された地域が、それ以前に国際貿易がもたらす商品経済化を広範に経験したことはほかにあまり例がない。この経験のもつ歴史的意味は、第二次世界大戦後に東南アジアの多くの国が、植民地支配を脱したほかの地域と比べて早い時期に経済成長を始めた要因を考えるうえでも、さらに検討する必要があろう。

大衆消費社会の発展と世界のなかの東南アジア

十八世紀から活発化する中国・東南アジア間貿易は、世界的な大衆消費社会の発展と結びついていた。東南アジアの海産物や森林産物への需要が高まったのは、中国の経済先進地域で都市経済が成熟し、広い階層の人々がそれらを求めたからであった。イギリス商人が東南アジア産品を中国にもたらしたのは、北西ヨーロッパの広い階層で茶の需要が増えたため、広州の茶貿易を有利に進めたいと考えたからであった。このような大衆型消費の発展は、この時代の世界的な特徴といえる。北西ヨーロッパの富裕な人々は、ほかにも中国磁器やインド綿布などを求め、徳川時代後期の日本市場は、ジャワや中国産の砂糖をますます多く消費するようになった。このように十八世紀頃から、世界の各地で大衆消費社会が出現し、特定の外来産品を消費する要求が生まれているのである。

すでに多くの論者によって議論されているように、大衆消費社会の出現とともに、新たに購買力を得た人々は、高い社会的地位に到達したことを実感するため、または誇示するために、より高い地位の人々が消費していた財を手に入れようとする。このような行動は産業社会に典型的と考えられることが多いが、北西ヨーロッパの経済先進地域では、中国磁器やインド綿布、さらに中国の茶やカリブ海の砂糖など外来の大量消費産品の需要が産業化に先立って拡大しており、東アジアでもそれに類似した現象が起きていたといえよう。砂糖・綿布・茶、さらにナマコ・燕の巣などの商品は、いずれも生存上緊急に必要なものではなく、機能的には国産品でも代用できるものである。これらは必需品ではないが、やや入手しにくく、それゆえその消費は高位の社会階層と象徴的に結びつけられる。そのために、これらの産品を消費できることは多くの人々にとって社会的ステータスとなったのである。

このような大衆消費社会の出現は、消費される輸入産品の生産地にも社会の再編成をもたらしたとされる。例えばカリブ海の砂糖生産地などで大量生産がおこなわれるようになり、労働者が外部から流入

香港の乾物店
禿参はハネジナマコ，猪婆参はチブサナマコで，ともに東南アジア産ナマコの代表格。豪州産とあるのは，オーストラリア北部のアーネムランド周辺で採取されている。

し、新たな社会が形成されたことなどが明らかにされた。このような研究は、生産地の社会変容を、どちらかといえば強制や搾取をもたらすネガティブなものとして描いてきた。

それと比べると、今まで述べた島嶼部東南アジアの地域秩序の変容は、非常に異なる特徴をもっているといえる。もちろん海賊による襲撃に晒された地域は、その恐怖と辛苦をその後も長いあいだ（地域によっては現在にいたるまで）ネガティブな経験として記憶している。しかし全体としては、新たな貿易構造が生まれ、生産地域でも購買力が高まり新たな消費活動が起きるといった、ポジティブな側面が多く生じているといえる。

このような違いはどこから生じているのだろうか。この問題の詳細な検討は本章の目的を超えるが、まず指摘できることは、砂糖やコーヒーといった世界商品が大農園でつくられる農業産品で（これに銀などの鉱産物を加えてもいいだろう）、大資本が多くの労働力を管理して大量生産されるのに対し、ナマコやフカヒレ・籐などは海や森林から得られる天然産品であり、大規模な資本投下や労働管理に結びつきにくいことである。ナマコなどの採集にも強制的につれてこられた人々が奴隷労働者として多く参加したが、そうした人々も現代人の考える奴隷とは異なり、生産地社会で結婚して定住することを選んだり、奴隷の身分から解放されて一定の豊かさを得たりすることも多くあった。砂糖やコーヒーのように、商品流通と切り離されたところに生産者社会が形成された場合と異なり、より小規模に採集された海産物や森林産物を、商業軍事集団が広範囲に移動しながら集荷した島嶼部東南アジアの場合、より多くの人々に経済的利益を得る機会があったといえるだろうか。この問題の追究はほかの機会に譲りたいが、島嶼部東南アジアが植民地化以前に、カリブ海地域やアフリカなどほかの多くの旧植民地とは異なる経済的経験をもったことは指摘しておきたい。

東南アジアと「自由を求める時代」

産業化以前の大衆消費社会の発展は、輸入品への需要を高めたことから、世界各地で貿易の自由を求める動きに繋がった。ヨーロッパでアジア産品への需要が強まると、やがて東インド会社や植民地政庁の独占を廃止して、より多くの人々が貿易への参加を求める動きが強まった。中国でも、熱帯性海産物・森林産物への需要増を受けて東南アジアに出航するジャンク船の数が増え、移民が拡大した。日本では、ジャワや中国産の砂糖やインド綿布への需要が高まったにもかかわらず、厳しい輸入制限が徳川時代にゆるめられることはなく、むしろ国内で輸入代替生産することで需要を満たそうとした。徳川日本は例外であるが、ヨーロッパと中国で貿易の自由を求める動きは、東南アジアへ向かう人の流れとなったのである。

このように考察すると、島嶼部東南アジアの人々が十八世紀末から十九世紀初めに希求した自由のなかでもとくに重要なものは、貿易活動・経済活動の自由であったといえよう。商業の時代以前から東南アジアの有力な貿易国家は、経済活動の自由、とくに国家が貿易を独占せず、だれもが参加できるという意味での自由を重視していた。ところが十七世紀末までにオランダ東インド会社の貿易支配によって、その自由は大きく制限を受けて貿易はいったん停滞してしまう。しかし十八世紀に中国で東南アジア産大衆消費産品への新たな需要が生まれると、より小規模な商業軍事集団が貿易活動で重要な役割をはたすようになり、東南アジアの輸出品産地でも多くの人々が貿易の利潤に関与するようになった。このようにして、貿易の自由を希求する動きも、大衆化したといえよう。

このような経済的自由を求める動きの大衆化は、世界史的にみた場合に、本書が扱う時代の特徴といえよう。少し前の時代には、スペインおよびポルトガル国家やイギリスやオランダの特許会社が大西洋やアジアにおける貿易で独占を試みており、清朝や徳川政権も国際貿易を強く制限・管理しようとしていた。しかし十八世紀から、イギリスとその植民地では会社の独占に対する批判が強まり、カントリートレーダーと呼ばれる民間商人が東南アジアで国境を越えて活躍するようになった。清朝でも華南の港を出航したジャンク商人たちが、東南アジアで本国の制限を受けることなくさまざまな貿易活動を試みた。こうしたグループの活動と、東南アジアの商業軍事集団の展開とは軌を一にしているのである。特許会社の独占に対してヨーロッパの民間商人のあいだで反対運動が起きたことはよく知られているが、貿易の自由を求める動きはヨーロッパ人に限定されたことではなかった。東南アジアの商業軍事集団も、華南からくる華人商人たちも、同様に貿易の自由を求めたのであった。

そして奇しくも、これらの人々が貿易の自由を求め活発に活動した場が、東南アジアであった。それは、東南アジアが古代から希少な産品を輸出したからだろうか。それだけではない、というのが筆者の考えである。それは島嶼部東南アジアが、古くから貿易が人々に広く開かれた海の世界であったからである。世界で唯一のこの熱帯の多島海では、おだやかな波と季節風が貿易を容易にし、生い茂る密林が国家管理を困難にした。国家や特許会社による独占貿易は、この海域でも十七世紀に一度強まるものの、十八世紀には衰退し、その後は国家と必ずしも結びつかない人々の貿易への関心と関与が強まった。島嶼部東南アジアでは、独自の自然環境と、そこから生まれた開かれた海の伝統が、貿易の自由を求める動きが世界的に早く発達する機会を与えたのである。

四章　スコットランドの自由貿易運動

熊谷幸久

1　十八世紀後半のイギリス東インド会社による東インド貿易とその限界

十八世紀後半の東インド貿易

本章では、一七八九年をはさんで十八世紀末から十九世紀前半、イギリスにおいて、数度にわたり展開された東インド貿易の自由化を求める運動を、スコットランドの視点から取り上げる。とくに、スコットランドの最大都市グラスゴーにおいて、カークマン・フィンリイらが中心となって組織した東インド委員会ならびにグラスゴー東インド協会によるロビー活動に焦点をあてることで、十九世紀前半のイギリスの通商・帝国政策の形成に対するスコットランド人の貢献についてみていく。

大航海時代にヨーロッパ世界が外部に拡大するなかで始まったイギリスによる東インド貿易は、長年にわたりイギリス東インド会社によって独占されていた。この会社は一六〇〇年にロンドンの富裕商人などが中心となって設立され、国家から与えられた特許状に基づき独占的な交易活動をおこなう商業組織であった。その特許状の有効期間は二〇年であり、期限がくるたびに更新された。また、この会社の運営に対しては、本国の役員会と株主総会が大きな影響力をもっていた。そして、これらの組織を構成する人々の社会階層や居住地には、ある程度の類似性がみられ、ピーター・ケインとアンソニー・ホプキンズが主張する「ジェントルマン資本主義論」でいうところの「ジェントルマン資本家層」に該当した。「ジェントルマン資本家層」とは、おもにイングランド南東部を基盤とする地主貴族およびロンドンのシティ（ロンドンの中心に位置する世界的な金融街）の金融・サーヴィス利害関係者によって構成された集団であり、一六八八年の名誉革命以降のイギリス帝国の膨張と発展に大きな役割をはたしたといわれる。

このような東インド会社の機能は、設立からおよそ一世紀半後の十八世紀後半に大きく様変わりする

イギリスを構成する四つの「国」と主要都市
斜線で示されている部分がスコットランドであり，1707年にイングランドと合併するまで一つの独立した国であった。

ことになった。つまり、一七五七年にロバート・クライヴの率いる東インド会社軍とベンガル太守《たいしゅ》とのあいだでおこなわれたプラッシーの戦いと、その結果としてのイギリスのベンガル征服によって、それまで限定されてきた会社の統治機関としての機能が急速に拡大し始めたのである。一七六〇年代に会社がベンガルなどのインド北東部における徴税権を獲得したできごとは、対外戦争による多額の債務が残っていたイギリス本国において「天国からの贈り物」とみなされ、現地で徴収される莫大な地代の一部が本国の国庫に組み込まれることが期待された。その結果、会社に対する国家の介入が進むことになった。また、莫大な財源をもつことになった会社の内部では、株主総会や取締役会において、さまざまな利害集団が自己の利益を求めて、激しい主導権争いを繰り広げるようになった。他方、遠く離れたインドでは、会社職員による不正や浪費などが大きな問題になったほか、現地の会社軍が、混乱のなかにあった本社の意向を無視するかたちで軍事行動と征服を繰り返し、会社領を急激に拡大させた。それは同時に、軍事費と統治費用の急増をもたらすことになり、会社の商業活動にも悪影響を与えることになった。

商業組織としての東インド会社は、ヨーロッパ向けのアジア産品を入手するために資金を必要としていたが、その不足分は、アジアで蓄えた富をヨーロッパへ送金することを望む者に対し、現地においてロンドン宛の為替手形を売却する方法で賄われた。だが、これは会社のアジアにおける債務を本国に転換するものであったため、国家に対する年四〇万ポンドの莫大な上納金や年一二・五パーセントの株式配当の支払い義務とともに、本国の会社財政を逼迫させる原因となり、一七七二年に起きた会社の債務不履行に繋がった。そのため、会社は手形の発行量を制限せざるをえなかった。それにかわる送金手段として広く利用されるようになったのが、イギリス以外のヨーロッパ諸国やアメリカ合衆国の商人に対して信用を供与し、後日、ヨーロッパで払い戻しをおこなう手法であった。しかし、このような送金方法の拡大は、イギリスによる東インド貿易の独占的支配に用いられるべき資金が、ライバル国による貿易活動に利用され、その成長を助けているとみなされたことから、非常に大きな問題となった。

インドにおけるイギリスの支配地域の拡大によって、莫大な税収の一部を本国に移転することが期待され、さらには現地におけるイギリス人の経済活動が活発化するなかで、それまで以上に重要視されるようになったのが、送金手段としてのインドからイギリス本国への輸入貿易の維持・拡大である。しかしながら、財政難の会社がそれを実現するのは困難であった。そのうえ、十八世紀末以降になると、イギリス綿工業の急成長の結果として、インド産綿製品の輸入が激減し、それにかわる新たな輸入品の開発も遅れたために、会社のインド貿易は不振に陥ることになった。

逆に、この時期の東インド貿易において台頭し始めたのが、会社に属することなくアジアで独自の交易活動をおこなっていた私貿易商であり、その多くは、渡印のためのライセンスを会社から付与された者あるいは元会社職員などであった。彼らは、会社の独占権によって厳しく統制されていたヨーロッパ―アジア間の貿易と比べて規制のゆるかったカントリー・トレード(アジア域内での交易活動)に従事した。そして、十八世紀後半のインドにおけるイギリスの政治的支配の強化が、自国民の商業活動に対して、より好ましい環境と機会をもたらしたことや、同時期の中国貿易が拡大していたことなどの好条件に支えられて、この時期に私貿易商は急成長を遂げた。一七八〇年代以降になると、彼らは貿易活動のみならず、現地のプランテーション経営に対する投資や本国への送金などの多彩な業務をおこなうエージェンシー・ハウス(Agency Houses)と呼ばれる会社組織へと発展していった。さらに、エージェンシー・ハウスの経営者のなかには、帰国後に、ロンドンで「姉妹会社」を設立し、それまでに築いた現地とのコネクションを利用しながら商業活動に従事する者もいた。このようにエージェンシー・ハウスはイギリスの東インド貿易において重要な位置を占めることになった。

十八世紀後半のアジアにおける政治・経済が大きく変化するなか、貿易独占権をもつイギリス東インド会社を中心とした従来の東インド貿易の枠組みが、現状に見合わなくなったことが明白になり、イギリスではそれにかわる新たな枠組みが求められるようになった。そのため、当時のイギリス国内においては、一七八九年のフランス革命とその後のナポレオン戦争によって保守主義が台頭していたにもかかわらず、東インド貿易に関しては規制緩和を求める声が強まることになったのである。

スコットランドにおける東インド貿易の自由化を求める運動の始まり

十八世紀後半から十九世紀初頭にかけてのスコットランドは、南に隣接するイングランドと比べて、人口規模が小さく、その伸びも緩慢であり、「国内」市場が狭隘《きょうあい》であったことから、つねに経済活動の機会を「国外」に求める必要があった。一七〇七年のイングランドとの合併は、政治的な独立を代償として、イングランドの広大な植民地市場へアクセスする権利をスコットランド人にもたらしただけでなく、彼らの活動は連合王国の旗のもとで保護されるようになった。しかし、十八世紀の第4四半世紀になると、彼らの活動は、従来のイギリスの重商主義政策の枠組みを越えて拡大するようになった。そのなかで、両国の合併に基づく交易活動の平等な機会を東インド貿易においても求めるスコットランド人にとって、イングランドのロンドンを拠点とする東インド会社は、大きな障碍《しょうがい》となっていたのである。

東インド会社の貿易独占権の撤廃を求める動き自体は、決して目新しいものではなく、東インド貿易から排除されていた貿易商などによって古くから存在した。しかし、この時代になると、会社のもつ重商主義的な性格に対して、理論的な側面から批判が出るようになった。その先駆けが「経済学の父」とも呼ばれるスコットランド出身のアダム・スミスであった。スミスは、一七七六年に出版された有名な『国富論』のなかでも、貿易独占権をもつ東インド会社に対する批判に多くのページを割いている。例えば、会社の独占権が恒久的に継続することによって、イギリス国民が自由貿易下におけるよりも高い価格で商品を購入せざるをえなくなることや、収益率の高い事業から国民の多くが排除される一方で、従業員の不正など杜撰《ずさん》な会社経営のために無駄な税金が投入されてしまうことを批判している。また、インド統治に関しても、本国の会社の株主や取締役の多くは、インドの繁栄にほとんど興味をもっていないため、会社による統治が不適切であるとも主張している。このような自由貿易理論の社会への広まりという後押しを得るかたちで、産業革命の真っただ中にあったイギリスの北部や中部の工業地帯に位置する地方都市の商人や製造業者からも、東インド貿易の規制緩和を求める強い声が出るようになった。そして、そのなかにはスコットランドのグラスゴーの人々も含まれていた。

スミスが学び、教鞭をとった大学が位置するグラスゴーにおいて、彼の自由主義的な主張は、『国富論』によって世界的な名声を得る以前から、人々のあいだで広く受け入れられていた。ただし、同市の貿易商・製造業者は、アジアとのより自由な貿易を求めてはいたものの、盲目的にスミスの考えを支持していた訳ではなく、より現実的であったといえる。例えば、産業革命期のさまざまな技術革新は、イ

グラスゴー大学
スミスはこの大学で学び，のちに論理学や道徳哲学を教えた。現在の大学は市街地の西端に位置するが，当時は中心部にあった。

ギリス製綿製品の大量生産と品質向上を可能としたものの、東インド会社の主要輸入品の一つであったインド産綿製品は十八世紀末まで、国内の綿繊維産業にとって脅威とみなされ続けた。そのため、一七八〇年代には、グラスゴーとイングランドのマンチェスターの利害関係者は、会社によるインド産綿製品の大量輸入に対する規制を求めて、グラスゴーのパトリック・カフゥーンを中心とした合同代表団をロンドンへ派遣し、現地でロビー活動をおこなった。

このようなグラスゴーなどの地方利害関係者による東インド会社の貿易独占権に対する批判は、一七九〇年代初頭の会社の特許状の更新問題において、さらに激しさを増すことになった。例えば、九二年十二月にグラスゴー商工会議所は、会社の活動を監督する政府機関として設置された監督局の総裁ヘンリー・ダンダス宛てに請願書を提出した。彼らはその文面のなかで、遠距離貿易という冒険的事業に必要な資本の確保やリスク回避のために独占を肯定した過去の理由は、いまや存在しないという、スミスの考えに基づきながら、独自の船舶を利用して、工業製品の輸出と原材料の輸入をおこなうことを求めた。そのほかにも、会社によるインド産綿布の輸入に関して高級価格帯を除いて規制することや、紡績機のような機械装置のインド向け輸出ならびに現地での使用を禁じることなどが、彼らの請願に含まれていた。このような東インド貿易の開放と国内産業の保護を求める請願は、スコットランド以外のマンチェスターやリヴァプールの商人や製造業者などによってもおこなわれた。

だが、この時期の東インド会社の特許状更新問題においては、グラスゴーをはじめとする地方の利害関係者の主張のほとんどが、当時の政府や会社によって退けられることになった。その理由としては、各地方が相互の利害を調整しながら要求内容を統一し、協調するかたちで全国規模の自由貿易運動に発展させることができなかったことが大きい。例えば、古くからの毛織物生産地であるイングランド南西部のエクセターや東部のノリッチなどは、輸出品を供給することで東インド会社と深く繋がってきた。これらの地方都市の場合、従来の会社を介したアジア向け輸出の拡大という穏健な変革をめざしており、グラスゴーやマンチェスターなどのより急進的な要求とは大きく異なっていた。そして、東インド貿易の自由化についてのさまざまな要求が入り乱れるかたちで主張されたことにより、この時期の地方商工業者は、東インド貿易についての政策決定に対して十分な影響力を行使することに失敗したのである。

その一方で、東インド会社内に強力な派閥をもっていたロンドンやアジアの私貿易利害関係者は、会社の特許状更新問題のなかで、より効果的なロビー活動をおこなうことができた。彼らは、私貿易商であると同時に会社の有力役員でもあったデヴィッド・スコットを中心として、従来の東インド貿易の枠組みを維持したままでの規制緩和をめざした。その目的のために、彼らによって強調されたのが、当時、会社を介さずにインド─ヨーロッパ間でおこなわれていた非合法貿易に関する問題であった。ダンダスを中心とする当時の政府関係者は、当初からこの問題を認識してはいたものの、深刻には受け止めていなかった。しかし、スコットらのたびかさなる請願によって、しだいにこの問題を考慮するようになり、非合法貿易を合法貿易に組み込むために、条件つきで私貿易商の東インド貿易への参入を認めることを決定するにいたった。同様に、ダンダスは、国内の綿織布業者の要求であるインド産モスリンの国内使用の全面禁止を支持していたが、スコットを中心とするグループによるロビー活動の結果、それを実施した場合の非合法貿易の拡大を確信するようになった。最終的に、監督局総裁のダンダスによって議会に提出された特許状更新に関する議案においては、その文言が削除されたのである。

2 グラスゴーにおける東インド委員会の設立と一八一〇年代前半の自由貿易運動

東インド委員会の設立

ダンダスが東インド会社の特許状更新の議論のなかで「制限を受けた独占(regulated monopoly)」と名づけた貿易の規制緩和を盛り込んだ東インド会社の特許状更新に関する法案が、一七九三年に可決されたことで、翌年以降、毎年会社船の船腹三〇〇〇トンが私貿易商に対して割り当てられることになった。だが、当時のグラスゴーの商工会議所は、このような会社船を利用した私貿易をつぎのように批判している。

［会社船を利用した］輸出を希望する商人は、翌年の三月あるいは四月の商品発送のための申請を八月三十日までに済ませる必要がある。そして申請から十五日以内に、その先六カ月以上発送されることのない商品のための運賃を支払う、もしくはその支払いを保証しなければならない。さらに、十月末までに輸出品の種類と数量のリストを会社へ渡すことができなければ、運賃は没収されてしまうことになる。

つまり、実際に会社船を利用して貿易をおこなおうとした場合、その手続きは非常に煩雑で、融通の利《き》かないものであった。そのほかにも、一七九三年の法令のもとで、私貿易商が取引をおこなうことのできた地域は、会社が実効支配していた領域に限定されていたため、茶などの取引によって高い収益をあげることができた中国貿易からは排除されていた。さらに、会社領内に居住するためには、会社からの許可が必要であったことも大きな問題であった。この規制のために、私貿易商は従業員や代理人を現地へ自由に派遣することができなかったのである。

それに加えて、グラスゴーの貿易商・製造業者などによって非常に問題視されていたのは、東インド会社に付与された独占権によってイギリス市民が排除されていた国・地域との貿易が、合衆国などの当時のイギリスの友好国の国民に対しては、合法的に認められていたという矛盾である。自国民を犠牲にするかたちで、他国の商業活動の繁栄を助長するような当時の通商上の「失策」に対しては、この貿易から除外されていた人々のあいだで大きな不満が渦巻いていた。

結局のところ、一七九〇年代の東インド貿易の規制緩和は、スコットランドを含む地方の利害関係者にとって不十分なものであり、貿易活動をおこなううえで、数多くの不都合が存在していた。そのため、一八一〇年代初頭に、会社に付与された二〇年間の特許状の有効期限が迫るにつれて、スコットランドを含むイギリス全土の各地方都市においては、東インド貿易のいっそうの規制緩和を求める圧力団体が組織され、自由貿易運動が盛り上がっていくことになった。

そして、一八一〇年代前半に、グラスゴーを中心とするスコットランドにおける東インド貿易の自由化を求める運動を率いた人物が、当時のグラスゴー商工会議所の会頭であったカーク・フィンリイである。彼は十九世紀前半のグラスゴー経済界における巨頭であり、有力政治家でもあった。彼は一七七三年にグラスゴー市内でジェームズ・フィンリイの二男として誕生した。父親のジェームズは、現在でも茶農園経営や茶の加工をおこなう多国籍企業として存続しているジェームズ・フィンリイ商会の創始者であった。カークマン・フィンリイは、一一二四年頃に設立された聖歌隊学校を起源とするグラスゴー・グラマー・スクールで学んだのちに、スミスを排出したグラスゴー大学でも教育を受けており、このことは自由貿易信奉者としての彼の経済思想に対しても大きな影響を与えたと考えられる。その後の彼は、他の商会での見習い徒弟などをへて、ジェームズ・フィンリイ商会の経営に参加するようになった。そして、父親の死後はその後を引き継ぎ、この商会をスコットランド有数の貿易商および綿紡績・織布業者へと発展させた。彼の活動は商業にとどまらず、政治においても、その生涯においてグラスゴー市長やイギリス下院議員などを含む多くの要職を歴任することになった。

一八一二年の二月にはいると、グラスゴーの商工会議所や同市の行政・市議会では、フィンリイなどが中心となり、東インド貿易問題に対する同市の対応が検討されることとなった。また、この時期にイングランド中部のバーミンガムで自由貿易運動を率いていたトマス・アトウッドからも手紙が届いた。その内容は、グラスゴーの関係者に対して、市内における請願の収集や近隣地域に対する働きかけをおこなうことのほか、四月初めに他の地方都市とともにロンドンへ代表団を派遣することを要請するものであった。これを受けてグラスゴーでは、議会への請願書を準備・提出するとともに、三月二十三日には当時の市長であったジョン・ハミルトンの名のもとに、商工会議所と市の行政・市議会の合同で、同市の商人や製造業者が参加する市民集会が開催された。その場において、東インド貿易に課せられていたさまざまな規制に対する批判や、同市における東インド貿易開放運動の中心組織としての東インド委員会(インドや中国との自由貿易を推進するためのグラスゴー委員会)の設立とその運営委員会の委員選出に関する決議案が、フィンリイらによって提出され、可決されることになった。余談になるが、この運営委員会には、社会主義思想家として知られ、後年に生活協同組合運動や労働組合運動において多大な貢献をしたロバート・オウエンのような人物も参加していた。当時のオウエンはスコットランド最大規模の紡績会社の一つであったニューラナーク会社の共同経営者であった。東インド委員会の成立によってグラスゴーにおける東インド貿易の自由化を求める運動は一つに統合され、より効果的なロビー活動をおこなうことが可能になったのである。

グラスゴーの西インド利害関係者

東インド委員会によるロビー活動は運営委員会によって統括され、その活動に必要な資金はおもにグラスゴーの商人や製造業者からの寄付で賄われた。グラスゴーの中央図書館であるミチェル図書館には、東インド委員会の議事録や書簡などの記録文書が所蔵されている。それに含まれている運営委員会の委員名や、寄付者の名簿をみると、当時の東インド委員会による活動が、グラスゴーの貿易商、製造業者、銀行家を含むさまざまな経済的利害をもつ人々から支持されていたことがわかる。これは、商業都市と工業都市という二つの顔をもつ当時のグラスゴー特有の経済構造を反映していた。しかし、運営委員会の委員や寄付者の経歴をより詳細に調べることで、グラスゴーでは、特定の経済的利害グループが、東インド貿易の自由化問題に対してとくに関心をもち、より積極的に東インド委員会のロビー活動に参加もしくは寄付支援をおこなっていたことがわかる。そのうちの一つが、カリブ海に位置する西インド植民地との貿易にかかわっていた商人やプランテーション経営者(いわゆる西インド利害関係者)であった。例えば、運営委員会を構成していた四八人の委員のうち少なくとも二〇人が西インド利害関係者であった。

十九世紀前半のグラスゴーは、イギリス有数の貿易港であり、十八世紀半ばからアメリカ合衆国独立までの時期は北米植民地とのタバコ貿易で栄え、その後は西インド植民地を相手とする西インド貿易の中心地の一つとなっていた。この貿易に関与していたグラスゴーの貿易商・プランテーション経営者は、「西インド貿易に関連するすべての問題に対して、結束した行動をとることで得られる共通の利益と福利」を目的として、一八〇七年に結成されたグラスゴー西インド協会と呼ばれる圧力団体を組織し

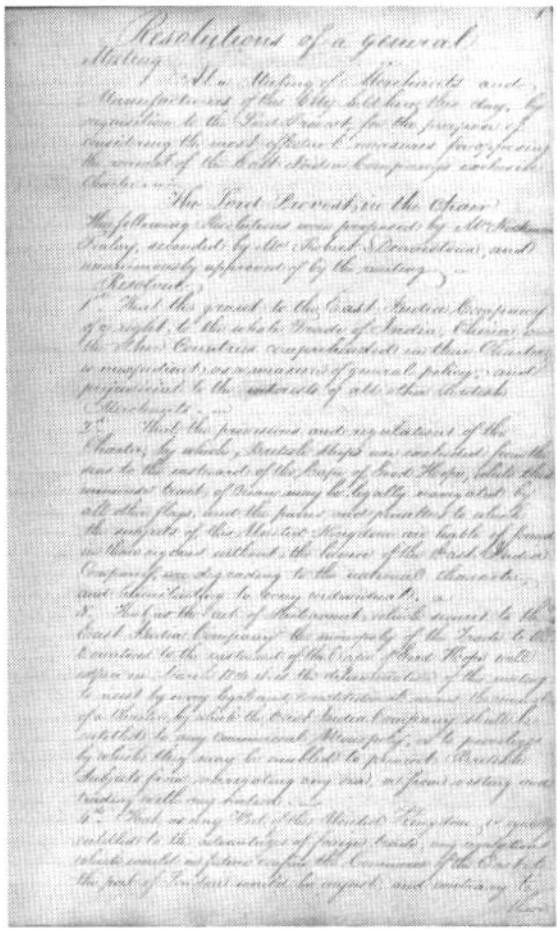
Resolutions of a general Meeting

グラスゴー東インド委員会の議事録
東インド委員会の設立が決議された
市民大会について記述されている。
ミチェル図書館所蔵

ミチェル図書館
グラスゴーの中央図書館であり，東インド委員会や東インド協会のほかにも，
西インド協会の記録などを含む同市に関するさまざまな史料が所蔵されている。

ニューラナーク
現在，世界遺産にも登録されているニューラナークは，19世紀初頭のスコットランドにおける最大規模の綿工場の一つであった。

ていた。このような組織力などを背景に、グラスゴーの西インド利害関係者は、経済力だけでなく、社会的・政治的な影響力も保持していた。そして、この協会の会長、理事、書記などの役員をはじめとする会員の多くが、新たに設立されたグラスゴー東インド委員会の運営委員会にも参加し、活動に対する寄付支援もおこなっていたのである。

グラスゴーの西インド利害関係者が東インド貿易の自由化を求めて活動していた理由として、彼らの従事していた熱帯の西インド諸島との交易活動が、気候的な影響を受けやすく投機的な要素が大きかったことがある。だが、それに加えて重要なのが、当時のイギリス国内外における政治的な情勢によって、貿易に従事するうえでのリスクが非常に高まっていたことである。つまり、当時のイギリスは、一七八九年のフランス革命以降、おもにフランスを相手とした対外戦争を断続的に続けていた。このような戦時下における西インド植民地との遠距離貿易は、敵国の私掠船による襲撃などの危険によって、不安定なものにならざるをえなかった。さらに、十八世紀末以降のスコットランドも含めたイギリス国内では、クエーカー教徒やイングランド国教会福音主義派などを中心に、奴隷貿易の廃止を求める運動が広く展開されるようになり、一八〇七年にはその廃止が決定された。イギリス帝国内の奴隷制度自体は一八三〇年代初めまで合法的に存続したものの、この決定は、黒人奴隷を用いたプランテーションにおける砂糖生産とその輸出が経済的基盤となっていた西インド植民地の将来に対する打撃となったことは疑う余地もない。当時、これらの困難に直面していた西インド利害関係者は、経営の多角化によるリスクの分散をはかるために、ヨーロッパからみて正反対に位置するアジアとの貿易への参入を求めたのである。ただし、砂糖のような世界市場で取り引きされていた商品の場合、西インド貿易と東インド貿易で競合関係にあったことから、いかに既存の西インド貿易に悪影響をおよぼさないように、東インド貿易を開放させるかが、グラスゴーや他の西インド利害関係者にとっての問題であった。

そして、このような西インド利害関係者の意向は、東インド貿易の自由化を求める運動にも反映されることになった。つまり、グラスゴー内だけでなく、全国規模でのロビー活動においても、西インド貿易商・プランテーション経営者の利害を考慮することが決議された。最終的には、一八一三年に東インド貿易の自由化問題が決着したほぼ同時期に、西インド産砂糖に対する関税率を東インド産砂糖よりも低く設定するなどの優遇措置が決定されたのである。

グラスゴーの綿製造業者

西インド利害関係者とともにグラスゴーの東インド委員会の活動を支えたもう一つの経済的利害グループが、綿糸問屋・紡績・織布・捺染《なっせん》などを含む綿製造業に関係する人々であった。例えば、運営委員会において、少なくとも二〇人弱がこの業種に関係していた。イギリスの綿製造業については、もともと東インド会社によってヨーロッパに持ち込まれていたインド産綿布（キャラコ）を国内で代替することをめざして始まったものであり、十八世紀後半の産業革命期になると、さまざまな技術革新の恩恵を受けるかたちで急速に発展した。とくに、サミュエル・クロンプトンのミュール紡績機の発明とその普及は、当時のイギリスが目標としていたモスリンと呼ばれる薄手のインド産高級綿布と同等の製品の生産を可能とした。そして、紡績業を中心に綿製造業における近代化が急速に進んだ結果、十八世紀末の自由貿易運動とは異なり、東インド貿易の自由化運動が再燃する一八一〇年代までに、イギリス国内の綿製造業は、インド産綿布を脅威としてとらえなくなっていた。このような当時の綿工業の発展をイングランド北西部のランカシャーとともに牽引したのが、優れた機械装置と職人の高い技術力を誇っていたスコットランド南西部のグラスゴーとペイスリー、ならびにそれらの周辺地域である。さらに、西インド貿易に従事していたグラスゴーの貿易商やプランテーション経営者の多くが、この地域の綿製造業に対してさかんに投資をおこなっていた。

西インド利害関係者と同様に綿製造業者のあいだでも、当時のフランスとの戦争による経済不況が大きな問題となっていた。一八〇五年のトラファルガーの海戦に敗れたことで、イギリス本土への侵攻が不可能になったナポレオンは、翌年にベルリン勅令、そして翌々年にミラノ勅令を発布した。大陸封鎖令と呼ばれるこれらの勅令は、イギリスとヨーロッパ大陸諸国のあいだの貿易を制限し、大陸市場からイギリス製品を排除することで、イギリスに経済的な打撃を与えることを狙っていた。さらに、ナポレオンによるイギリス封じ込めは、東インド貿易の自由化問題についての議論が本格化する直前の一〇年に、フランスがオランダ、ウエストファリア、北ドイツを併合し、さらにオーストリアとの戦いに勝利したことによって、いっそう強化されることになった。この経済戦争のなかで、カークマン・フィンリイの商会が、独自のネットワークを形成しながら経済封鎖をかいくぐり、大陸諸国との貿易に成功したことは、同社の社史などによって知られているが、一般的にイギリスからのヨーロッパ大陸向け輸出はより困難となった。

加えて、強力な海軍によって、戦時中の制海権を保持していたイギリスは、ナポレオンの大陸封鎖令に対抗して逆封鎖をおこなった。とくに、一八〇七年に発布された枢密院令は、ヨーロッパとの貿易に従事していた中立国の船舶に対して、イギリスに寄港することを強制するものであったことから、当時の中立国であったアメリカ合衆国との関係悪化をもたらし、最終的には一二年六月の米英戦争の勃発へと繋がった。このようにヨーロッパ大陸や合衆国向けの輸出が難しくなっていったイギリスの製造業者に対して追い打ちをかけたできごとが、代替市場として当時注目を集めていた南アメリカなどとの投機的な貿易が、一〇年に失敗に終わったことである。結果として、当時の貿易不況から抜け出すために、グラスゴーを含むイギリスの綿製造業者は、新たな市場および原料供給地としてアジアに注目し、貿易の自由化を求めるようになったのである。

ロビーの手段

グラスゴーの東インド委員会は、リヴァプールやバーミンガムなどの圧力団体と緊密に連絡を取り合い、ロビー戦略の調整をはかることで、全国規模の統一的な自由貿易運動を組織することに成功した。また、スコットランドにおける自由貿易運動の中心となったグラスゴーからは、近隣地域だけでなく全国に向けて、運動への参加や支持を求める働きかけがおこなわれた。そのための手段として利用されたのが、回状のほか、新聞や政治パンフレットのような出版物であった。例えば、一八一二年の三月末には、前述の三月二十三日の市民集会の決議内容が回状とあわせて、国内の主要都市だけでなく、主要な交渉相手となった首相、監督局総裁、商務局総裁・副総裁などを含む有力政治家に向けても送付された。さらに、出版物に関しても、東インド会社の貿易独占を批判した当時の有名な政治パンフレットとしては、「東インド独占権についての手紙」があった。これはもともと、グラスゴーの地元新聞に掲載された記事であり、のちに貿易の自由化を求める全国的な世論を盛り上げる手段として、グラスゴーのほかに、エディンバラ、ロンドン、リヴァプールにおいて政治パンフレットとして出版された。グラスゴーから全国に向けておこなわれた自由貿易運動への参加を求める働きかけが、どの程度成果をあげたのかということを正確にはかることはできない。しかし、少なくともグラスゴーが自由貿易運動の中心となっていたスコットランドにおいて、地方ロビイストが世論の喚起に成功したことは、当時、議会に提出された五五通の東インド会社の特許状更新に反対する請願書のうち二二通がスコットランドの各都市からであったことからも明らかである。

さらに、地方のロビイストにとって、回状や出版物などを利用した世論の喚起とともに重要であったのが、ロンドンにおける政府関係者、国会議員、東インド会社関係者との直接交渉であった。東インド委員会は、カークマン・フィンリイ、ジョン・ハミルトン市長、そして、西インド貿易商であると同時にロバート・オウエンのニューラナーク会社の共同経営者でもあったロバート・デニストンの三人を同市からの代表団としてロンドンへ派遣することを決定した。この代表団には当時のグラスゴー市長が含まれていたものの、その実質的な中心がフィンリイであったことは、現地での代表団の活動やそれにかかわるさまざまな情報が、彼自身の手によって、ほぼ毎日地元へ伝えられていたことからも明らかである。四月初めにロンドンへ到着したフィンリイらは、リヴァプール、マンチェスター、バーミンガム、ブリストルなどの地方都市から、同じように派遣された代表団とともに合同代表団を結成し、首都でのロビー活動を開始した。のちにイングランドのシェフィールドやプリマス、さらにはアイルランドのベルファストやウォーターフォードなどからも代表団がロンドンへ派遣されたことで、まさに全国の地方主要都市の利害関係者が、イギリスの政治的中心地において一つにまとまり、東インド貿易の自由化を求めて声を上げるという構図が完成することになった。

この合同代表団のおもな交渉相手の一人が、当時の監督局総裁のロバート・ダンダス(ヘンリー・ダンダスの子)であった。彼を中心とする政府関係者とイギリス東インド会社の間では、一八〇八年頃から特許状更新に関する交渉が続けられていた。そして、ロンドンでの地方の合同代表団による活動が始まる時点で、会社による中国貿易の独占の継続のほかに、インド貿易に関して、輸出貿易の地方港への開放ならびに輸入貿易のロンドン港への限定を柱とする東インド会社の特許状更新に関する方針が、両者のあいだで私的に合意されていた。とくに、その合意のなかに輸出貿易の開放が含まれていたことについては、ロンドンやアジアの私貿易商の圧力によって、東インド会社が貿易におけるいっそうの規制緩和の必要性を認めざるをえなくなったためといわれている。その結果として、地方利害関係者によるロビー活動の始まりに先立ち、一七九三年に可決された以上の規制緩和が実現されることが決まったのである。ただし、ロンドン商人は東インド貿易におけるロンドンの優位性を維持するために、過剰な規制緩和を望んではいなかった。そのため、のちにインドからの輸入貿易の地方港への開放を含む、より急進的な要求を掲げる地方ロビイストの運動が本格化すると、彼らは東インド会社を支持する立場にまわることになったのである。

ロンドンでのロビー活動と輸入貿易の自由化問題

このようにロンドンの利害関係者が、東インド貿易における自分たちの優位性を維持しようと動くなかで、インドからの輸入貿易をロンドン港に限定するのか、それとも地方利害関係者の求めに応じて地方港にも開放するのかという点が、一八一二年から一三年にかけての東インド貿易の自由化問題における最大の焦点になった。そして、この問題が大きく取り上げられるきっかけになったと考えられるできごとが、四月十日におこなわれたフィンリイを含むグラスゴーからの代表団とトーリー党(のちの保守党)のスペンサー・パーシヴァル首相との会談であった。ほかにも、監督局総裁の職を退くことが決まっていたダンダスや、その後任であるバッキンガムシャー卿がその場に同席していた。非常に限られた時間の会談ではあったが、そのなかで代表団は、インドからの輸入貿易をロンドンに限定することを政府が支持する理由として、地方港へ貿易を開放した場合に安定した関税徴収が困難になるのを不安視していることが大きな要因であると理解した。別な言い方をすれば、政府の関税徴収に対する不安を取り除くことができさえすれば、中国貿易の独占の継続などと比べて、政府と会社との事前合意を覆せる可能性が残されているということが明らかになったのである。そのため、その後の地方ロビイストは、彼らの労力と時間を、とくにこの問題に費やす戦略をとるようになった。また、地方港における関税徴収の問題は、その五日後に開催された前述の三人の政治家と合同代表団との会談においても議題となった。これらの政府との交渉の結果として、地方利害関係者は、地方港においてもロンドン港と同様に関税を確実に徴収できるという十分な証拠を提示する必要が生じたのである。そして、グラスゴーにおいても、このような証言をすることが可能な人物の選出がおこなわれ、グラスゴーの外港であり税関が設置されていたポート・グラスゴーの行政長官であるアーチボルト・ファルコナーが、四月下旬にロンドンへと派遣された。

さらに、この時期の地方ロビイストによる重要な動きとして、イギリス帝国の通商政策に対して影響力をもっていた商務局に対する東インド貿易の自由化を求める働きかけがあった。当初、商務省は、東インド貿易の自由化問題に対して直接かかわることはなかった。しかし、商務局からの支持を得るために、三月末にグラスゴーから商務局総裁や副総裁に対して送付された回状と総会の決議内容などがきっかけとなり、翌月初めに商務局がこの問題に介入するようになった。当時、商務局副総裁の地位にあったジョージ・ローズにとっても、東インド会社の特許状更新問題の全体的な議論にかかわることは、これがはじめてであった。しかし、四月十三日には合同代表団との会談が開かれ、これに同席したフィンリイは、地元宛の手紙のなかで「(それまでに)送られてきたすべての手紙や印刷物を熟読した」ローズが、さらなる議論の必要性を認めながらも、インド貿易と中国貿易の両方の開放に対する支持を表明したということを、喜びをもって伝えている。商務局からの支持獲得に成功したことで、彼らのロビー活動の成功はこの時点で極めて楽観視されるようになった。

このように地方商工業者による輸入貿易の地方港への開放を求める動きがさかんになるなかで、ロンドンにおいては、それに反対する運動も組織された。例えば、四月二十一日には、トマス・ブラウンを代表とするインド産綿製品の取引などに従事するロンドン商人が集会を開催し、政府に対して輸入貿易のロンドンへの限定を求める請願書を提出した。そのなかで彼らは、ロンドン港に輸入された東インド産品を公の競売にかけて価格を決定し関税を徴収するという、長年にわたり東インド貿易で利用されてきた徴税システムが優れていることや、ロンドンが商業活動の中心地であるとともにインド産品の集積地でもあるという商業活動上のメリットを強調した。さらに、輸入貿易が自由化された場合、インド産綿製品が地方港に直接輸入されることで、その地域の綿製造業と競合することになる点にもふれ、輸入貿易をロンドンに限定したほうが国益にかなうことになるという主張を展開した。

四月半ばにおこなわれた会談の後、地方の要望に対するパーシヴァルからの回答は、しばらくなかったが、月末にはグラスゴーの代表団に、中国貿易の開放は難しいものの、その他の政府と東インド会社の事前合意事項に関しては、問題なく撤回されることになるという情報がはいった。さらに、同じ頃、監督局から東インド会社に対しては、事前合意を撤回するかたちで、インドからの輸入貿易の開放を認めるということが伝えられた。そして、この情報は、五月九日に合同代表団から選ばれたグラスゴーのフィンリイ、リヴァプールのジョン・グラッドストン、ブリストルのジェームズ・L・マックアダムの三人の代表者が、パーシヴァルおよびバッキンガムシャー卿との会談をもった際に、再度確認されることになった。この会談では政府側から地方の代表者に、イングランド、アイルランド、スコットランドの主要港に対して、インドからの輸入貿易を許可する方向で調整を進めることが説明された。他方、中国貿易に関しては、商務局からの貿易の自由化に対する支持や、会談の場でのフィンリイらによる直接の説得にもかかわらず、東インド会社による独占の継続という当初からの政府の方針を覆すまでにはいたらなかった。

輸入貿易を地方港に開放する決定をくだした理由

それでは、なぜ政府は、インドからの輸入貿易をロンドンに限定するという東インド会社との事前合意を覆して、地方港への開放を決定したのであろうか。この点に関して、歴史家のアンソニー・ウェブスターは、商務局のはたした役割を強調している。当時のイギリスは、ナポレオンとの戦争が激化しており、それが海外貿易に対しても支障をきたすようになっていたことはすでに本章のなかでも説明した。このような状況のなかで、イギリスが戦争を勝ち抜くためには、国内の社会不安の要因となっていた食糧価格の高騰を抑制するとともに、安価な原材料を確保することが必要とされていた。そして、この問題を解決する方策として、インドからの輸入貿易における地方港への開放が決定されたのである。つまり、ウェブスターの主張によれば、地方利害関係者のロビー活動の成果というよりも、「戦時の経済戦略」の一環として、商務局を中心とした政府自身の判断によって、この規制緩和が決定されたという。

しかしながら、このようなインフレーション抑制による社会の安定や安価な原材料の確保は、何も政府だけが求めていたわけではない。それ以上に、スコットランドやイングランドの工業地帯の利害関係者が強く要求していたことであった。例えば、ダドリーというバーミンガム近郊の都市からイギリス議会に提出された請願書には、当時の町の様子がつぎのように述べられている。

現在、ダドリー近辺では食料品価格の高騰によって、かつてない程の経済的困窮が拡大している。この町や近隣の有力な製造業者は(中略)合衆国の市場の即時の開放と東インド会社の独占の終了を望みつつ、資本の拡大により雇用を創出することで、つねに労働者の困窮を軽減してきた。

地方の経済状況の悪化を憂い、その解決策として東インド貿易の自由化を求めるこのような請願書は、ダドリーだけでなくグラスゴーを含む他の多くの地方都市からも議会に提出されていたことが、議会速記録(通称ハンザード)には残されている。さらに、イギリス国内で経済不況が広がるなか、地方ロビイストによる自由貿易運動が本格化する直前の二月には、イングランド中部でラッダイト(機械打ち壊し)運動が発生しただけでなく、北部の工業地帯においても暴動によって多くの物的な被害が出ており、社会不安が増していた。フィンリイがその典型であるように、地方で東インド貿易の自由化を求める運動を指導した人々の多くは、工場経営者などの大勢の労働者を雇用する立場にあっただけでなく、地方政治にも深く関与していた。このことからも、地方利害関係者は、経済状況の悪化による地域社会の不安定化に対して、他のだれよりも敏感であったといえる。

また、工業原材料の確保に関しても、一八〇七年の枢密院令の発布以降、合衆国との関係が悪化していた。このことは綿花の供給元としての合衆国に大きく依存していたイギリス国内の綿製造業者にとって大きな問題となっており、それにかわる綿花の供給元としてインドが注目されるようになった。例えば、当時のリヴァプールにおける有力な西インド利害関係者であり、同市の自由貿易運動を率いていたジョン・グラッドストンは商務局に対して、イギリスの主要産業である綿工業が、原材料を「敵国」に依存している状況は、安全保障の観点からも望ましいものではなく、綿花をアメリカ産からインド産に切り替えるように主張した。しかし、当時のインド産綿花は品質が劣り、国際市場における競争力が弱かったことから、適切な品種の導入、栽培の管理、摘み取りとその後の処理に注意をはらうことが必要であり、それによって数年以内に労働コストの低いインドから高品質な綿花を大量に供給することが可能になると、グラッドストンは考えていた。ただし、彼のこのような考えに対して、綿製造業に精通し、合同代表団体でもともに活動したフィンリイは、その実現が不可能であると考えており、実際にそれが達成されることもなかった。

さらに、輸入貿易のロンドンへの限定という政府と東インド会社の事前合意が覆されたことについては、後日、監督局総裁のバッキンガムシャー卿から東インド会社に対して、つぎのように伝えられた。

彼ら［地方ロビイスト］は、［東インド会社と］同じ条件でインドとの貿易全般に参入することを求めるとともに、密輸の危険を盾にしてロンドン港を優先し［地方港を］排除することには根拠がないと主張した。そして、彼らは、税務取締りによって［密輸の］危険をなくすことができると確信していた。（中略）これらの説明の重要性に鑑みて、政府はもともとの取り決めを変更することになった。

このように、一八一〇年代前半の東インド貿易の自由化問題において最大の焦点となった輸入貿易の地方への開放が実現したことについては、政府自身の判断というよりも、地方利害関係者によるロビー活動の影響が大きかったといえる。

一八一〇年代前半の東インド会社の特許状更新問題の決着

一八一二年五月までに特許状の更新の条件は、ほぼ確定したものの、当時の政府は、東インド貿易の自由化よりもナポレオン戦争に関連した問題(とくに一八〇七年の枢密院令の撤廃)を優先せざるをえない状況にあった。さらに、フィンリイらとの会談の数日後、パーシヴァル首相暗殺事件が起こったこともあり、議会での東インド貿易問題に関する審議はつぎの会期まで延期され、ロンドンでの合同代表団によるロビー活動はいったん終了することになった。

その後、つぎの会期までのあいだに起きた東インド委員会にとっての重要なできごととしては、同一八一二年九月にイギリス議会下院が解散し、総選挙が実施されたことがある。投票の結果、グラスゴーを含むクライド・バラズ選挙区からフィンリイが選出されたことで、グラスゴーのロビイストは、彼らの利害を議会において直接代表する議員を得ることになった。その後、新たな議会の開催が迫り、ロンドンにおける合同代表団の再結成についての連絡がはいると、グラスゴーでも議会に対する請願書が再度準備され、代表団が選出された。そして、翌一三年一月に、各地方都市による合同代表団が再結成されることになった。それまでのロビー活動によって、インドからの輸入貿易における地方港への開放が確定したことで、その後の政府との交渉における議題の中心は、中国貿易の自由化へと移ることになった。しかしながら、この問題に関しては、地方の強力なロビー活動にもかかわらず、会社による中国貿易の独占の継続というバッキンガムシャー卿を中心とする監督局の方針は変わることはなかった。歴史

カークマン・フィンリイ
ロバート・チャールズ・ベルとジョン・グラハム・ギルバートによって描かれた肖像画。
ナショナル・ポートレイト・ギャラリー所蔵

家のC・H・フィリップスやウェブスターの研究によれば、当時の中国の唯一の貿易港であった広州において船荷監督人として交易活動に従事していた経験をもち、中国貿易の状況に詳しかったジョージ・スタウトン卿の意見が、監督局の決定に大きな影響を与えたという。

そして、三月下旬にイギリス議会下院での東インド会社の特許状更新に関する審議が始まると、その後二カ月間にわたり、東インド会社側から多数の証人が議会の本会議や特別委員会に招聘され、会社に有利な証言をおこなった。これに対して、地方利害関係者の側でも独自の証人の選定が進められていた。しかし、五月にはいると彼らは、審議が長引くことによって特許状更新問題がつぎの会期まで持ち越されてしまうことを恐れるようになった。そもそも、東インド貿易の自由化がさかんに叫ばれるようになったおもな理由の一つとして、当時の経済状況の悪化があった。だが、その後に状況の改善がみられるようになったことで、この問題に対する世間の注目が薄らぎ始めていたのである。事実、グラスゴーにおいても、自由貿易運動の中心を担っていた経済的利害グループの一つである西インド利害関係者からの支援が減っていた。また、東インド委員会の運営委員会からも代表団に対して、世論が下火になるなかで法案が議会を通過せずに閉会され、この問題が継続することになった場合、ロビー活動が困難になり、さらなる不利益に繋がる恐れがあるという懸念が伝えられた。会期内での問題決着については、ナポレオン戦争の問題に集中する必要があった政府側も望んでいたことであった。このように両者の利害が一致したことで、地方利害関係者は、議会への証人の招致を断念して、会期内での問題決着をめざしたのである。

また、議会での審議が終わりに差し掛かった六月十六日には、下院においてロンドン・シティの利害を代表していたアレクサンダー・ベアリングが、インドからの輸入貿易をロンドンに限定する最後の試みをおこない、東インド会社の利害を代表していた議員たちがこれに同調した。これに対して、下院においてグラスゴーのロビイストの利害を代表していたフィンリイは、リヴァプール選出の有力議員であったジョージ・カニングとともに、この動きを阻止し、最終的に地方の利害を守ることに成功した。これによって、一八一二年から一三年にかけての東インド会社の特許状更新問題は、インド貿易の自由化ならびに会社による中国貿易の独占の継続という部分的な貿易の自由化で決着することになった。

3　一八二九〜三三年にかけての中国貿易の自由化問題

東インド貿易の自由化を求める圧力団体の再結成

一八一三年にイギリス東インド会社の特許状が更新された際の条件によって、その翌年四月以降に、すべてのイギリス人に対してインド貿易が自由化された。これによって、地方利害関係者も合法的にインドとの直接貿易へ参入することが可能になった。この時期に新たに東インド貿易に参入した貿易商や製造業者のなかには、グラスゴーにおいて東インド貿易の自由化を求める運動を率いたカークマン・フィンリイが代表を務めるジェームズ・フィンリイ商会も含まれていた。インド貿易が開放されるとフィンリイの商会は、一六年にクライド川からインドのボンベイ(現ムンバイ)に向けて、アール・オブ・バッキンガムシャー号(インド貿易の自由化に貢献したバッキンガムシャー卿に敬意を表して命名)を派遣した。また、翌年にはジョージ・カニング号をカルカッタ(現コルカタ)に向けて送り出した。このように、一四年のインド貿易の自由化は、地方において新たに多数の東インド利害関係者を生み出すことに繋がった。さらに、このような地方の製造業者はアジア向け輸出のために、ロンドンのエージェンシー・ハウスに商品を委託するようになった。また、とくにグラスゴーの製造業者の場合、輸出をおこなう際にエージェンシー・ハウスからの信用供与も受けていた。ジェームズ・フィンリイ商会の場合、一八〇九年にシティに姉妹会社としてフィンリイ・ホジソン商会を設立しており、一四年以降は、この商会を介してシティの海運や貿易金融などのサーヴィスにアクセスし、東インド貿易に従事した。地方とロンドンとのあいだでこのような商取引関係が発展したことで、東インド貿易における両者の繋がりが強まることになった。

その一方で、高い収益を見込むことができた茶貿易を含む中国貿易においては、東インド会社の独占権の維持が認められたことで、私貿易に対する規制が続くことになった。とくに、茶に関しては、一七八四年に制定された減税法による関税の大幅な引き下げのほか、産業革命がもたらした国民所得の増大や都市人口の急増によって国内消費が拡大していた。中国からの輸入品を介したアジアからイギリス本国への送金は、会社に課せられていた株式配当やインド統治にかかわる債務などの支払い義務をはたすための重要な手段とみなされていた。だが、それは同時に、会社による貿易独占が輸入品価格の高止まりをもたらし、消費者の利益を害しているという強い批判を受けることになった。さらに、当時の中国は輸入品の供給元としてだけでなく、イギリス製工業製品の潜在的な市場としても非常に有望とみなされていた。会社側は、過去の東インド貿易の自由化に関する議論のなかで、会社による輸出だけで現地の需要が十分に満たされていることから、たとえ貿易を開放しても輸出は増加しないという主張を展開していた。しかし、一八一四年のインド貿易の自由化後にインド向け輸出が大幅に増加したという事実によって、このような主張は説得力を失っていた。

グラスゴーでは、一八一三年にインド貿易の自由化が決定された直後、イギリス―インド―南北アメリカ間の迂回貿易についての問題に対処する委員会が新たに設置されたが、それを最後に東インド委員会の活動はとだえることになった。そのため、一八一〇年代から二〇年代にかけてのリヴァプールやマンチェスターでは、東インド貿易に利用可能な船舶のトン数に対する規制の撤廃などを求めるロビー活動がおこなわれたが、グラスゴーにおいてはそのような活動が影を潜めることになった。

しかし、東インド会社の特許状の有効期限が切れる約五年前の一八二九年四月になると、グラスゴーにおいてもフィンリイを中心に、東インド貿易の自由化の推進を目的とした圧力団体の再結成についての議論が始まった。東インド会社の独占貿易を廃止する場合、法律に従って、特許状の有効期限が切れる三年前(つまり一八三一年四月)に通知を会社におこなう必要があった。だが、この時期にグラスゴーにおいて東インド貿易の自由化を求める運動の活性化が模索されるようになった直接的なきっかけは、リヴァプールからフィンリイに届いた手紙にあったと考えられる。当時のリヴァプールの東インド協会は、有効期限が迫りつつあった東インド会社の貿易独占権の更新を阻止する方策をともに検討するために、他の地方都市の関係者に対して代表団をロンドンへ派遣するように呼び掛けていた。さらに、彼らは、地元選出の有力議員であると同時に、当時の商務局総裁の地位にあったウィリアム・ハスキソンを通じて、トーリー党のアーサー・ウェルズリー首相との会談を設定することに成功しており、他の地方都市からの代表者をそれに招待していた。

リヴァプールからの要請を受けるかたちで、グラスゴーでは、前回の自由貿易運動と同様に、四月二十二日に東インド貿易の利害関係者によって市民集会が開催された。この集会の議長となったフィンリイは、アダム・スミスの自由貿易理論にふれながら、東インド会社の重商主義的な性格を厳しく批判し、さらに、前回の自由貿易運動におけるグラスゴーのロビイストの貢献に言及した。そして、新たにグラスゴー東インド協会の結成が決議され、後日、フィンリイ自身が協会の会長に選出されることになった。また、東インド貿易問題を早い段階で政府に認識させ、東インド会社の独占権の撤廃を主張することが重要であると考えていたフィンリイの考えは、市民集会の参加者から広い支持を集めることになり、アレクサンダー・ガーデン市長をはじめとする代表団の派遣が決定された。

東インド協会の活動に必要な費用は、一般からの寄付だけでなく、協会の会員になる際に支払う入会費と年会費によって賄われることになった。そのため、一八一〇年代の東インド委員会よりも恒久的な組織となり、四〇年代半ばまで、東インド会社の特許状更新問題だけでなく、他の東インド貿易にかかわるさまざまな問題に関与することになったのである。

西インド利害関係者の離反

このように、スコットランドにおける東インド貿易の自由化を求める運動の核として、一八二〇年代末のグラスゴーにおいて圧力団体が再結成されることになった、その会員名簿によれば、一八三三年までのあいだに一四六人が会員となっていた。また、各会員の経歴を調べることで、一八一〇年代の東インド委員会の運営委員会や寄付支援者と同じように、グラスゴーやその近隣の貿易商、製造業者、銀行家など、さまざまな経済的利害をもつ人々が協会にかかわっていたことがわかる。とくに、綿製造業者の場合は、インド貿易の自由化後に、ロンドンのエージェンシー・ハウスを介したアジア向け輸出が確立したことで、新たな組織においても活動の中核を担うことになった。その一方で過去の組織と比べて、新たに結成された東インド協会において、西インド利害関係者と考えられるのは、ジェームズ・ボーグル、アーサー・コンネル、ジェームズ・ユーイング、ウィリアム・マセソン、ジョージ・シェヴィッツ、ジェームス・ブキャナンの六人のみであり、会員総数に占める割合はわずかであった。

その理由としては、すでに述べたように、西インド利害関係者が一八一〇年代初頭の運動へ積極的に参加したそもそもの主要な動機が、当時の戦時下における経済不況を経営の多角化で乗り切ろうとしたことにあった。しかし、一八一二年後半以降、経済状況が改善するにつれて、彼らはこの問題に対する関心を急速に失っていった。なぜならば、彼らが新たに東インド貿易に参入するためには、それまで従事してきた西インド貿易とは異なる資材、知識、経験、交易ネットワークが必要であり、それらすべてを短期間に確保することは困難であった。また、たとえ、新たな貿易に参入するための用件をすべて備えた貿易商がいたとしても、彼らが実際に成功をおさめることができるかどうかは、別の話であった。結果として、西インド利害関係者の多くは、一四年のインド貿易の自由化以降も、新たな貿易に参入するためのコストとリスクを避け、従来の交易活動に踏みとどまることになった。

さらに、インド貿易の自由化以降、東インド貿易商と西インド貿易商・プランテーション経営者の利害が乖離し、それによって対立がみられるようになったことも重要である。一八一三年にインド貿易が開放された際に、自由貿易運動の核となった西インド利害関係者の意向を含むかたちで、東インド産の砂糖に対して、西インド産よりも一ハンドレッドウェイト(およそ五〇・八キログラム)あたり一〇シリング高い関税率を適用する法律が制定され、さらに東インド産に対しては、イギリス国内のみでの販売という規制がかけられた。しかし、まもなく東インド利害関係者は、このような西インド産砂糖に対する優遇を問題視するようになり、一八三〇年代にいたるまで関税の均一化をめぐって、西インド利害関係者と激しい議論を繰り広げることになった。この議論のなかで東インド利害関係者の利害を代表していた人物が、リヴァプールにおける東インド貿易の開放運動を率いたジェームズ・クロッパーである。奴隷制度廃止の支持者でもあったクロッパーは、劣等な奴隷制度で生産される西インド産砂糖は、優遇政策なしに、「自由人」によって生産される東インド産砂糖と競争できないと考えていた。つまり、彼は、東西インド産の砂糖に対する平等な課税に関する問題を、奴隷制度の廃止問題に関連させながら議論を展開したのである。グラスゴー西インド協会の記録においても、

彼ら［東インド利害関係者］は、ウィルバーフォース氏［奴隷制度廃止運動の指導者］の団体とともに、飽くなき努力で［西インド］植民地の核心的利害に打撃を与え、彼ら［西インド利害関係者］の存在自体を脅かした。

と述べられていることから分かるように、西インド利害関係者は、クロッパーらの東インド利害関係者による奴隷制度廃止運動への関与を深刻に受け止めていた。また、フィンリイも一八三〇年のイギリス議会下院総選挙に立候補した際の演説のなかで、かつては、東インド産と西インド産の砂糖に対する関税における格差が必要と考えていたことを認める一方で、今ではその考えを改めていると述べた。これらの理由により、かつての東インド委員会と比較して、グラスゴー東インド協会では、西インド利害関係者の割合が大きく減少したと考えられる。結果として、前回とは異なり、一八二九年から始まった東インド貿易の自由化を求める運動では、西インド利害関係者の意向が協会のロビー活動に直接反映されることはなかったのである。

ジョン・クロフォードの活躍

一八二九年に開始された新たな東インド貿易の自由化を求める運動のなかで、グラスゴーのフィンリ

イヤリヴァプールのクロッパーなどとともに、特筆すべき重要な役割をはたした人物として、スコットランド出身のオリエンタリストであるジョン・クロフォードをあげることができる。クロフォードは、もともと十九世紀初頭に東インド会社で外科医の職を得てアジアへ渡り、のちに外交官として、二〇年以上にわたりインドや東南アジアで活動したことで知られている。彼は、東インド会社に長年勤務したにもかかわらず、自由貿易主義者であった。そして、地方ロビイストによる自由貿易運動が本格化すると、彼に対して多額の報酬を支払っていたインドのカルカッタの利害関係者のための本国代理人として、その運動に深く関与することになった。このことから、クロフォードは、自由貿易運動において本国の地方商工業者とアジアの私貿易商を結びつける鍵となった人物であるともいえる。

過去と同様に、新たな運動においても、自由貿易支持者によって東インド会社の貿易独占権を批判する多数の政治パンフレットが発行されたが、このような出版物を介した世論の喚起に対してクロフォードは多大な貢献をすることになった。彼の著した『自由貿易とインドの植民地化の現状と将来の展望』は、地方ロビイストの全国規模のネットワークを通して、スコットランドのグラスゴーやその近隣都市のほか、リヴァプールをはじめとするイングランドの主要都市に配布され、広く読まれることになった。クロフォードは、イギリスのアジア植民地の進歩にとって、完全な自由貿易とイギリス人による自由な植民活動が必要不可欠であり、ひいてはそれがイギリス本国のためになると考えていた。例えば、一八一〇年代初頭のジョン・グラッドストンの議論と同じように、クロフォードも国益の観点からイギリスの綿工業がアメリカ合衆国産綿花に依存している状況を批判し、インド産への転換を主張した。彼の議論によれば、当時のインド産綿花の品質を改善するために必要なことは、ヨーロッパからの技術、

ジョン・クロフォード
1850年代末に撮影された写真。
ナショナル・ポートレイト・ギャラリー所蔵

冒険的企業心、資本の導入であり、それを可能にするのがインドへの植民であった。だが、東インド会社がイギリス人に強いた居住規制が、その実現を妨げていたのである。また、中国貿易に関しても、クロフォードは『中国貿易の検討』のなかで、イギリスにおける茶の販売価格がアメリカ合衆国のほぼ二倍であることを指摘し、東インド会社の貿易独占を批判した。このようにアジアに関する多くの知識と経験を有し、東インド貿易の現状分析に基づきながら、貿易の開放を支持する議論を展開したクロフォードは、地方ロビイストからの尊敬と信頼を集め、彼らのロビー戦略自体にも大きな影響を与えることになった。

政府関係者との会談と特別委員会への参考人招致

一八二九年四月二十二日の市民集会の決定に従って、グラスゴーから派遣された代表団は、ロンドンにおいて他の地方都市からの代表団と合流し、合同代表団を結成した。そして、五月九日には、ウェルズリー首相をはじめとする政府関係者と合同代表団とのあいだで、東インド貿易についての会談が開かれた。この会談における合同代表団の目的は、政府関係者に対して、会社への事前通知の前提となる東インド会社の特許状更新問題を審議する特別委員会の設置を促すことであった。地方からは、会談を手配したリヴァプールのほか、グラスゴー、マンチェスター、バーミンガム、ブリストルの代表者が出席した。そのほかに彼らの活動を支援していた下院議員のハスキソンとW・W・ウィットモアも同席した。会談では、まずグラスゴーのウィリアム・ガーデン市長が、同市の不況とそれから脱するための新市場への参入の必要性を論じ、他の代表者からも各都市の状況などの説明がなされた。その後、リヴァプールのジョン・グラッドストンが、一三年のできごとやインド貿易開放後の経済状況の変化に関する説明をおこない、同じくジェームズ・クロッパーが茶貿易の規制緩和を要求するかたちで最後を締めくくった。これらの合同代表団からの説明と要求に対して、ウェルズリー首相は、その場での回答を避けた。しかし、会談からわずか数日後に、政府が特別委員会の設置を決定したことから想起するに、地方の利害関係者によるロビー活動が功を奏したといえる。

その後、一八三〇年二月には、ロバート・ピールの提案によって、「会社およびイギリスと中国のあいだの貿易の問題」を審議する特別委員会が下院に設置された。グラスゴーでは即座に市民集会が開催され、特別委員会への証拠の提出や参考人の手配のために、フィンリイを含む三人が代表団としてロンドンへ派遣された。この特別委員会において、とくに重点的に審議されたことが、茶貿易の独占、つまり東インド会社による中国での茶の買いつけとイギリス本国への輸入・販売の方式に関する問題であった。そのなかで、貿易独占権に基づいた会社による茶の定期的な大量買いつけ方法には、取引上のメリットがあることを認める数多くの証言がなされた一方で、会社の貿易独占が茶の国内価格の高騰をもたらしているというデメリットも指摘された。さらに中国向け輸出に関しても、私貿易商や外国人貿易商などを中心に、貿易の自由化によるイギリス製工業製品の大幅な輸出拡大が主張された。逆に、会社側の参考人からは、インド向け輸出の拡大はイギリスによる政治的支配によるところが大きいため、独立国である中国との貿易の場合は、たとえ自由化されたとしても輸出の拡大は限定的になるという反論が展開された。

この時に証言をおこなった数多くの東インド貿易関係者のなかには、クロフォードも含まれていた。また、彼の助言もあり、中国貿易の自由化に関する議論を有利に進めるため、地方利害関係者の側でも特別委員会で証言することができる適切な人物の選定が進められた。そして、グラスゴーとその近隣からも、グラスゴー東インド協会の要請によって、東インド貿易に従事し、現地に滞在した経験をもつジョン・ディーンとアレクサンダー・マックスウェルの二人が参考人としてロンドンへ派遣された。しかし、スコットランドでは、東インド貿易、とくに中国貿易の現況を証言することができる人物が非常に限られていたことから、協会は、代表団の一人としてロンドンへ派遣されていたフィンリイに対して現地での参考人の確保を要請し、複数の候補者名を送付した。実際に議会で証言をおこなった候補者のなかでとくに重要なのが、ロンドンのシティを代表する金融業者・貿易商のベアリング・ブラザーズ商会で共同経営者の地位にあったジョシュア・ベイツである。フィンリイはベイツに、東インド会社監査役のジェームズ・コスモ・メルヴィルの証言への反駁を依頼した。これに対してベイツは「ほとんどが私自身とは異なる自由貿易支持者と一緒くたにされることを恐れている」としながらも、最終的にはフィンリイからの依頼を受け入れ、議会での証言をおこなった。イギリスの経済界において非常に高い地位にあったベイツの言葉には、他の人々の証言よりも重みと重要性があり、その後も、地方の利害関係者は東インド貿易の自由化問題においてベイツと連絡を取り続けることになった。このできごとは、前回の自由貿易運動では存在しなかった地方の貿易商・製造業者とロンドンの一部の東インド利害関係者の共闘関係が、この時代の運動のなかでみられたことを意味する。この点に関しては、一八一四年のインド貿易の自由化後に形成された地方製造業者とロンドンのエージェンシー・ハウスの商業的な繋がりによって、両者の利害が一致するようになったことが大きいといえる。

中国貿易の自由化の決定

特別委員会の審議が終了した後も、グラスゴーをはじめとする地方利害関係者によるロビー活動は継続されることになった。一八三〇年九月のグラスゴーへの訪問の際にクロフォードは、東インド貿易の完全な自由化という目標を達成するまで、同市の商工業者は会期のたびに議会に対して請願書を提出し続ける必要があることを主張した。さらに、十一月に、トーリー党のウェルズリーからホイッグ党(のちの自由党)のグレイへ政権が移行すると、新たに任命された監督局総裁から東インド会社に対して、中国貿易の独占の終了が通知された。これにより中国貿易の自由化が確定することになった。それにも

グラスゴー市内に位置するトンチン・ビルディング(トンチン・ホテル跡地)
かつて東インド委員会やグラスゴー東インド協会の会合が，トンチン・ホテル内のコーヒー・ルームにおいて開催されていた。

かかわらず、グラスゴーとリヴァプールの東インド協会は相互に連絡を取り合い、念押しのために議会への請願書の提出とロンドンでの新政権に対するロビー活動の準備を決定した。そして、翌年二月には、グラスゴーからの代表団は悪天候のために参加できなかったものの、他の各地方都市から派遣された合同代表団とグレイ首相とのあいだで私的な会談が開催された。さらに、この会談の前日には、インド関連の問題を審議する特別委員会の設置が決定され、ここでも参考人としてクロフォードなどが証言をおこなった。

しかし、一八三二年初頭までにイギリス国内では、選挙法改正問題が政治的最重要課題となったことで、東インド貿易問題はその陰に隠れ、自由貿易運動にも影響が出るようになった。そこで、グラスゴーのロビイストは、クロフォードやリヴァプールの関係者と今後のロビー戦略について連絡を取り合い、最終的にロビー活動は一時的に中断することになった。

その後、同年の夏には選挙法改正問題が解決してからはじめての総選挙が実施された。グラスゴーの選挙区では、グラスゴー東インド協会会員のロバート・ユーイングとジェームズ・オズワルドのほかに、東インド貿易の開放運動に対する多大な貢献で名を馳せていたクロフォードを含む合計六人が立候補し、二つの議席をめぐって争うことになった。候補者の政治的な立ち位置に関して、ユーイングが進歩的な保守主義者であったほかは、全員が自由主義者であった。ただし、東インド貿易問題に関しては、全員が自由化支持で一致していたと思われる。そして、十二月に実施された投票の結果、クロフォードは敗れたものの、地元のビジネスエリートとして強力な支持基盤をもっていたユーイングとオズワルドが議員に選出されたことで、前回の自由貿易運動と同じように、東インド協会の会員自身が議会でその利害を代表することに成功したのである。

その後、一八三三年の一月から三月にかけて、グラスゴーとリヴァプールの協会のあいだで、代表団をロンドンへ派遣するタイミングの調整が進められた。また、東インド会社に付与する新たな特許状の条件に関して、中国貿易の自由化は決定していたものの、その他については未確定の部分も残されていた。そのような部分を確定するために、政府はしばしば地方の利害関係者からの意見の聴取をおこなった。その一つが、イギリス人によるインド内陸部での植民活動の規定に関する問題であり、監督局からグラスゴーを含む地方の利害関係者に対して諮問がなされた。しかし、それに関する知識をもつ人物がいなかったグラスゴーの場合、単独での対応は不可能であったことから、リヴァプールの関係者やクロフォードの協力を得るかたちで答申をおこなった。また、茶に対する関税徴収に関連して、監督局からグラスゴーに対して地方港の保税倉庫についての照会があり、その対応として、グラスゴーの関係者は保税倉庫の位置するポート・グラスゴーとグリーノックに連絡をとることになった。さらに、この問題について監督局総裁と直接会談をもつために、三月末にリヴァプールと合同で代表団をロンドンへ派遣した。現地ではフィンリイが監督局と連日の会談をもつなど、グラスゴーからの代表団は、他の地方都市からの代表団とともに精力的に活動をおこなった。そして、グラスゴー東インド協会による東インド貿易の自由化にかかわるロビー活動は、六月中旬に新たな特許状に関する法案の審議が開始される頃までに、ほぼ終了することになった。最終的に、特許状に関する法案の成立によって、グラスゴーや他の地方都市の利害関係者が望んだように、一八三四年四月以降、東インド会社による中国貿易の独占や、インドでのイギリス人による土地の購入や保有に対する規制が撤廃されることになった。それと同時に、東インド会社はすべての商業活動を停止し、イギリスによるインド統治のための機関として存続することになったのである。

以上のように、十九世紀前半のイギリスで展開された二度の東インド貿易の自由化を求める運動においては、各地方都市の利害関係者が、全国規模のネットワークを形成し、それぞれの活動を調整することで、政府関係者などに対して効果的なロビー活動をおこなうことに成功した。そのなかでも、カークマン・フィンリイに率いられたスコットランドのグラスゴーにおける東インド委員会ならびにグラスゴー東インド協会は、リヴァプールのロビー団体などとともに、もっとも積極的に活動をおこない、当時のイギリスのアジアにおける通商・帝国政策の形成において、無視することができない役割をはたしたといえる。

五章 インド洋西海域と大西洋における奴隷制・交易廃絶の展開

鈴木英明

1 大西洋奴隷交易の展開と奴隷廃絶運動

「自由・平等・博愛」と奴隷制・奴隷交易

フランス革命が世界の各地に与えた影響について、私たちは少なからずのことを知っている。本章で扱おうとする奴隷制や奴隷交易の廃絶についても、例えば、それがハイチ革命の引き金を引いたこと、そして、世界史上もっとも成功をおさめた奴隷反乱でもあるこの革命の一つの帰結が、世界で最初に成立した黒人主体の共和国ハイチの成立であったこと、これらは高等学校の世界史の教科書で指摘される。また、一七九四年には、ハイチ革命の強い影響のもと、国民公会は奴隷制廃絶を決定した。フランス革命、ハイチ革命、奴隷制廃絶、そしてハイチ独立。たしかに、これらを一連の繋がり合うできごとであると理解することに異論がはいり込む余地はそれほどない。しかし、問題は、「自由・平等・博愛」に代表されるフランス革命の理念が遠く離れたカリブ海の当時サン・ドマングと呼ばれていたハイチで、じつのところ、どのように受け止められたのかというところにある。言い換えれば、あの反乱は、奴隷たちがフランス革命に刺激され、自由を希求するために立ち上がった行動だったのだろうか。

これにはさまざまな意見があるだろう。しかし、近年では、フランス革命とハイチ革命とのあいだを、「自由・平等・博愛」といった理念で直結させることに慎重な研究が多い。むしろ、奴隷たちの生活世界に注目するならば、彼らの勘違いを見逃すことができない。すなわち、少なからぬ奴隷たちは、フランス革命に関する情報を入手していたが、それによれば、フランス革命はそれまで彼らに与えられていた日曜日とカトリックの祭日に限られていた労休日を毎週三日にしてくれるだろうものであった。つまり、それは彼らに「自由」をもたらすものであるよりも、週休三日を確約してくれるものだったのだ。しかし、この噂には続きがあり、プランターたちが週休三日に反対し、それに対してフランスから自分たちの権利を守るために軍隊が派遣されたという。その後、蜂起が大規模になるなか、一部のリーダーはつぎのように述べたとされる。われわれはフランス王、スペイン王、コンゴ王の臣下であると。つまり、フランス革命は遠く離れたハイチでその理念とまったく違ったかたちで受け止められ、それが結果的に革命を招いたのである。しかも、フランス革命における「人権宣言」（正式には「人および市民の権利宣言」）はアンシャン・レジームに死を宣告するはずのものだったにもかかわらず、奴隷たちがアンシャン・レジームの頂点に君臨してきた「フランス王」に救済を求めたというのは、フランス革命とハイチ革命との隔たりを如実に示す。そもそも「人権宣言」の当初の対象は一定の財力をもつ成年の白人男性であり、それ以外はこの理念が適用される対象の外におかれた。もちろん女性はその対象外であるし、いうまでもなく、奴隷は男女問わずその対象外だった。

そうであっても、ハイチ革命は達成され、その過程で当時、世界最大の砂糖生産地であり、かつコーヒーについても世界で有数の生産地であったハイチは、壊滅的な被害をこうむり、その後、それらの生産地として、革命前の地位を取り戻すことはなかった。ここにフランス革命と奴隷制・奴隷交易との間柄について、二つ目に指摘すべき点がある。すなわち、革命の混乱によって、ハイチに蓄積されてきた資本と技術は、カリブ海各地へ大規模に流出し、そこで砂糖やコーヒーの増産がはかられたのである。それは労働者需要の増大に直結する。この需要をこの時期のカリブ海、両アメリカ大陸で満たしていたのは、サハラ以南アフリカから運ばれてくる奴隷であった。事実、十八世紀末は史上もっとも大西洋奴隷交易が活発化した時期であった。こうした状況に鑑みれば、フランス革命がはたした役割とは、結果的にではあれ、奴隷交易の廃絶というよりも、むしろ、その逆の流れに与《くみ》している。

フランス革命がハイチ革命を通して奴隷制・奴隷交易に与えた二つの影響を総じていえば、あるところで声高に叫ばれた「自由」が別の文脈で理解され、それが人々を突き動かし、また、ある人々によって実現された「自由」が別の人々を「不自由」に落とし込めてしまう現実である。ある人の手に入れた「自由」が別の人に降りかかる「不自由」と引き換えであるとすれば、それでも私たちはその「自由」に積極的で肯定的な評価をし続けるべきなのだろうか。こうした問題を、大西洋とインド洋西海域とにおける奴隷制・奴隷交易そのものの、そしてその廃絶にいたる展開のなかで考えてみたい。インド洋西海域とは、おおよそインド亜大陸の西岸を東端に、アフリカ大陸の東岸を西端に、北はユーラシア大陸、南はマダガスカル島、マスカレーニュ諸島、それらのあいだの海とその周辺に位置する諸社会を指し示す。

突然、ここでインド洋西海域が登場することに読者は驚いていることだろう。しかし、そこにおける奴隷交易や奴隷制の展開は、これまで述べてきたこととまったく無関係ではない。むしろ、例えば、十

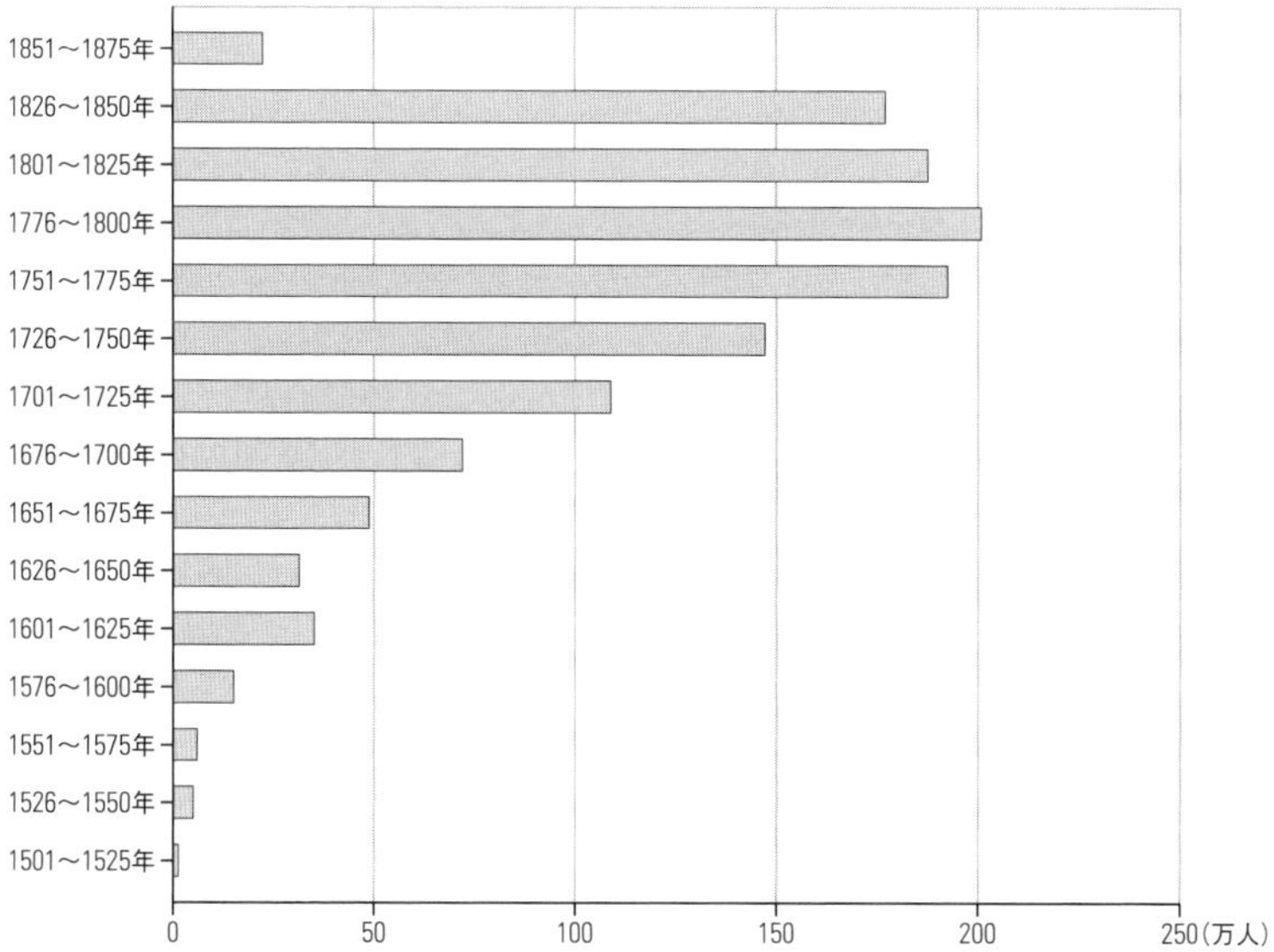

16世紀から19世紀にかけての大西洋奴隷交易で
アフリカ大陸から積み出された人数(推定値，４半世紀ごと)

出典：http://www.slavevoyages.org/assessment/estimates より著者作成（最終閲覧日：2018年７月31日）

八世紀半ば頃からのヨーロッパにおける砂糖やコーヒーの需要増加、続いてハイチ革命の混乱にともなう先述のようなカリブ海と南米大陸での奴隷需要の増加に応えるように、十八世紀末より、インド洋西海域、とりわけモザンビークをはじめとするアフリカ大陸東南部やマダガスカル島から奴隷が数多く輸出されていった。十九世紀前半以降は、大西洋における奴隷交易監視活動の強化によって、その裏を突くインド洋ルートの重要性が増大した。その結果、モザンビークは、十九世紀をとおしてアフリカ大陸のなかで両アメリカ大陸への輸出奴隷数について第三位の地位を得るにいたる。すなわち、ハイチなどで「自由」を得た人々によって生じた「不自由」の需要の少なからぬ一部が、結果的に、インド洋西海域から送り出された人々によって埋められていたということもできるだろう。加えて、カリブ海や南米大陸が砂糖を筆頭とする世界商品の生産に奴隷を必要としたように、インド洋西海域でも同様の理由で奴隷需要が増加しだすのが十八世紀末であった。しかし、とくに十九世紀にはいり、世界商品への需要がより一層高まるのと比例するように、奴隷制やそれを担保する奴隷交易に対して厳しい監視がなされるようになり、廃絶のみちが模索されていく。

以下では、まず、少し時代を遡って大航海時代から話を始め、大西洋奴隷交易の興隆と大西洋を股に掛けた奴隷制・交易廃絶運動(以下、奴隷廃絶運動)の展開を追う。ついで、インド洋西海域に目を転じ、この海域が世界商品の生産の役割を担う過程と、そのなかでどのように奴隷廃絶の活動が展開していったのかを明らかにする。このように、おおよそ十九世紀前半までを時間的な射程として、大西洋とインド洋西海域とを視野に入れながら、最後にあらためて「自由を求める時代」について考察する。

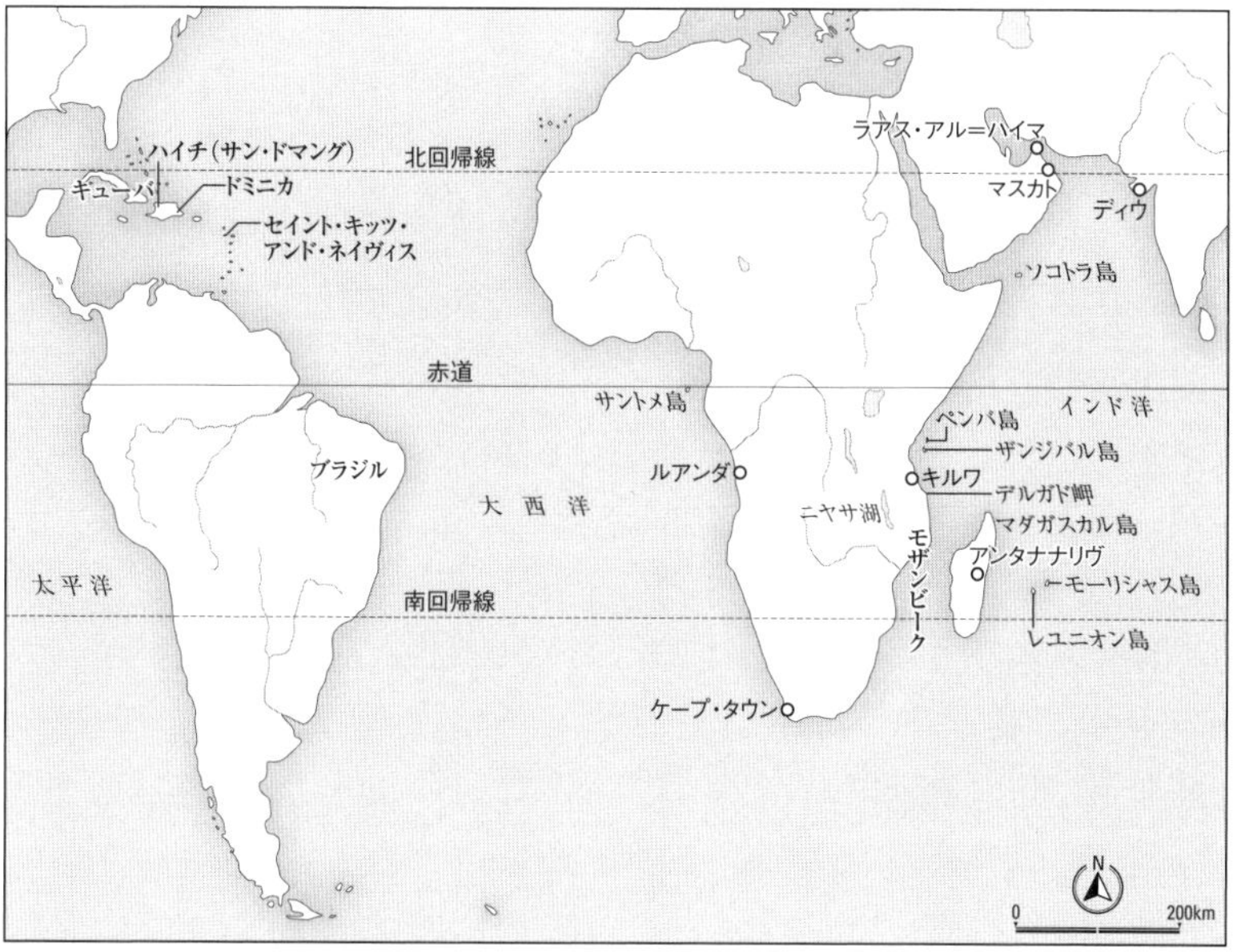

大西洋からインド洋西海域

新大陸の発見と大西洋奴隷交易

大西洋を股に掛けた奴隷交易の発生は、いわゆる「大航海時代」の副産物でもある。十五世紀最末期から十六世紀初頭にかけて、カリブ海の島々およびブラジルがスペインやポルトガル王室の支配下にはいった時期に、アフリカ大陸から西へと針路をとる奴隷交易は始まった。カリブ海のアラワクやカリブといった人々が、植民者との戦争、あるいはコロンブスの交換によってもたらされた疫病によって、人口を大規模に減らすようになっていく一五二〇年代には、ポルトガル商人やジェノヴァ商人によって、アフリカ大陸からそれらの地域へ向けた奴隷交易が実験的に開始される。

この時期のアフリカ大陸における大西洋奴隷交易の最大の積出港は、サントメ島であった。ギニア湾に浮かぶこの小島——日本でいえばちょうど佐渡島程度の大きさである——は、以後、奴隷交易の拠点としての運命をたどっていく。奴隷を運ぶのは、主としてポルトガル商人であったが、彼らがどこかから奴隷をとらえてくるわけではない。ごく初期にはそれが試みられたが、費用がかさむために、早い段階で購入に奴隷の獲得手段は切り替えられた。サントメ島を手に入れるのとほぼ同時期に、ポルトガル勢は、その対岸から内陸部にかけて版図を有していたコンゴ王国と友好関係を結ぶ。アフリカ大陸西部は、サハラ砂漠越えの交易路によって地中海沿岸と歴史的に繋がっており、この交易路に乗って、とくにイスラーム化が進行していたサハラ周縁のサバンナ地帯から奴隷がイベリア半島へと流れていった。これに対して、より南に位置するコンゴ王国は、サハラ砂漠越えの奴隷交易網に引っ掛かっておらず、かつ、王国はポルトガル勢の武力援助を背景に版図を拡大した。この版図拡大のための戦争は、奴隷獲得の重要な機会を提供した。ポルトガル勢によるコンゴ王国に対する武力的支援は、結果的に、一五七六年にコンゴ王国の当時の版図の南端に位置するルアンダに奴隷輸出の新たな拠点をもたらした。島ではなく、大陸に位置するこの良港によって、奴隷はより効率的に運び出されるようになっていった。

なぜ黒人がアメリカ大陸で奴隷として用いられたのかについては、いくつかの理由があげられる。先に述べたように、カリブ海を含むアメリカ大陸の先住民が旧大陸からもたらされた疫病に弱かったのに対して、黒人はすでに耐性を身につけていたというのはその一つである。これに加えて、すでに地中海沿岸やアフリカ大陸沖の大西洋東部の島々そして、サントメ島では、黒人を用いたサトウキビなどのプランテーション栽培が実践されていた。それらの経営者であるポルトガルやスペインの人々にとって、黒人はこの種の労働力として使い慣れた対象だった。じつのところ、アメリカ大陸に連れて行かれた最初期の黒人は、サハラ砂漠越えの交易路をへて、イベリア半島でキリスト教化していた奴隷たちであった。しかし、アメリカ大陸でのプランテーションの拡大と減少する先住民とによって、イベリア半島からの移送では間にあわなくなっていき、アフリカ大陸から直接、奴隷が供給されるようになっていく。また、新大陸での先住民の酷使を目の当たりにしたラス・カサスのような人々が、彼らの窮状とそこからの解放を広く訴えるのと同時に、彼らのかわりとして黒人を奴隷労働力として導入する提言をおこなったことは——のちにラス・カサス自身はこのことを深く後悔するのであるが——、ある人の自由が別の人の不自由によって実現されるという本章のテーマに関連して指摘しておきたい。

興味深いのは、黒人が奴隷として用いられる積極的な理由をこのようにあげられる一方、新大陸の発見がキリスト教徒たちに黒人を奴隷として用いるうえで、大きな問題を突きつけていたことである。つまり、新大陸の発見にともなう先住民の発見は、「創世記」にみられるようなセム・ハム・ヤフェト（そ

ラス・カサス

れぞれが、アジア人、アフリカ人、ヨーロッパ人の祖とされた)に由来する三区分しか存在しない従来の聖書的な人間認識の限界を露呈させた。聖書からは、新大陸ではじめて出くわす彼らが何者であるのかを明確に理解することができなかったのである。したがって、「創世記」中の箱舟伝承のなかで、ノアの逆鱗にふれ、その子孫がセムとヤフェトの奴隷になるようにと呪いをかけられたカナン(ハムの子)の末裔であることを理由に、アフリカ黒人はアジア人とヨーロッパ人の奴隷であって良いとする理解にも、再考の余地が生まれた。アフリカ黒人を奴隷化することの聖書的な弁明の正当性がほころびだしたのである。もちろん、新大陸の発見によって、すべてが一気にひっくり返ってしまったのではない。その後も、新大陸の先住民たちをいかに理解すればよいのかについて、神学的な論争は長らく続けられた。

啓蒙思想

聖書的な人間認識のこのような限界が露呈されたことは、啓蒙思想が萌芽する一つの大きな要因となった。啓蒙思想期を代表する著作の一つである『百科全書』によれば、啓蒙思想家――フランス語でいうフィロゾフ――とは、「偏見と伝統と社会の通念と権威、ひとことでいえば大方の人々の精神を従属させているすべてのものを踏み越え、自分の頭で考えてみようとする」人々を意味する。啓蒙思想とは、まさに既存の知的枠組みからの自由を求めようとした動きであったといえよう。奴隷制も、啓蒙思想家たちの検討課題であった。ただし、奴隷制への懐疑は、奴隷制や奴隷交易を廃絶しようとする具体的な運動には、必ずしも直結しなかった。

その理由を明らかにする前に、啓蒙思想が育んだ奴隷制そのものへの懐疑は、どのような議論を展開させたのだろうか。大きく経済的な観点と人道主義的な観点から整理すると、以下のようになる。もちろん、この二つの潮流は対抗しあうものではなく、融和的であった。例えば、酸素や光合成の性質の発見者として知られるジョセフ・プリーストリーは、二つの観点をあわせた奴隷制批判を展開する。ただし、ここでは、それを踏まえたうえで、両者の観点の特徴を明らかにすることを優先させたい。

経済的な観点からの奴隷制批判を展開した論者として欠かすことができないのは、アダム・スミスであろう。彼が『国富論』のなかで、奴隷労働の方が自由人労働よりも経済効率が悪いと指摘したことは広く知られている。さらに、『法学講義』Bノートでは、奴隷は暴力に対する恐怖によって労働することを余儀なくされているのであり、そこには改良の手段を自主的に考えるような余地が残されておらず、そのような非効率的な労働は自由人の労働よりも結果的に費用が高くつくのだと議論を展開している。他方で、人道主義的な立場の基本的な出発点は、自然権を確認するところにある。自然権とは、具体的には、政府ができる以前の状態において、すでに存在していたとされる生命や自由、財産、健康に関する権利であり、それは他者に譲ることのできないもので、人間が生まれながらにしてもつものとされた。これは、トマス・ホッブスやジョン・ロックに共通する考えである。この立場からすると、同じ人間である黒人に生命の危機に晒すような奴隷船航海を強要したり、奴隷制のもとで過酷な労働を課したりすることは、自然権の侵害になるのであり、許されるものではない。

ただし、彼らのこのような思索と現実の行動とは、必ずしも一致していなかった。有名なのは、ロック自身がイングランドと西アフリカ、カリブ海とを結ぶ三角貿易を独占する王立アフリカ会社に投資していたことである。この会社が存在したのは、十七世紀末のわずか二十数年であったが、この時期はちょうど、イギリス社会で砂糖の消費量が激増した時代にあたる。十万人を超える黒人を奴隷としてカリブ海に送り出し、巨万の富を得ていたのは、ほかならぬこの特許会社であった。そして、その利益を享受していた投資家の一人がロックだったのである。また、彼は北米植民地キャロライナ基本憲法起草にもかかわっている。一六六九年に完成したキャロライナ基本憲法の第百十条は、「キャロライナのすべての自由民は所有する黒人奴隷に対して、奴隷がいかなる意見や宗教をもっていても、絶対的な権力と権威を有する」とある。この条文自体の原案がロックから出されたのかについては不明であるが、ロックが緻密な編纂作業を手がけたことは知られている。つまり、たとえこの条文の起草を自ら手がけていなくても、彼は少なくとも編纂の過程で、それを認めたということにはなる。

自然権を基にした奴隷制に対するより強い批判は、ジャン＝ジャック・ルソーの『社会契約論』(一七六二年)に見て取ることができる。ルソーの思想がフランス革命に影響を与えたことは広く知られているが、同時に、奴隷制や奴隷交易反対運動に対しても、一つの思想的な支柱を提供した。ルソーは、当時、奴隷制擁護派が依拠していた自然奴隷説に真っ向から反論する。自然奴隷説とは、アリストテレスの唱えたもので、人間のなかには、奴隷として生まれるべくして生まれた者がいるとするものである。ルソーは、そうではなく、奴隷身分の者たちは、祖先のある段階から奴隷になり、そこから抜け出せなくなっているだけだと主張する。そもそも、「自由」は命に匹敵するものであり、それを取り上げて奴隷にするということは、その人物を殺すことと同義となる。そうなると、生命の保障が含まれるはずの自然権に抵触するので、奴隷というものは存在してはならないのだと論を展開するのである。

ただし、ルソーにおいても、奴隷廃絶に向けた実際の活動をおこなうことはなかった。啓蒙思想家たちの著作を読んでいくと、奴隷制や奴隷交易への言及は、現実のそれそのものへの批判を目的とするというよりも、「自由」との対比であったり、何か別のことを論じたりしようとする際に持ち出される比喩や具体例としての側面が強いことに気がつく。もちろん、実際に奴隷廃絶活動をしなくてはならないとここで主張したいのではないし、奴隷制や奴隷交易に的をよりしぼった議論も、啓蒙思想家たちはおこなっている。しかし、いずれにしても、彼らが現実に行動を起こすことはなかった。おそらく、ロックにせよ、ルソーにせよ、奴隷制や奴隷交易に対する現実感が薄かったのではないだろうか。ここでいう現実感とは、奴隷として売買され、運ばれ、使われる人々に対して、自らをかさねあわせる感覚である。逆にいえば、実際の活動は、後述するように、奴隷制や奴隷交易に対して、その意味での現実感をより強くいだきながら接した人々によって展開されることになる。それにふれる前に、啓蒙思想がもつもう一つの顔にふれなければならない。

啓蒙思想のもう一つの顔

啓蒙思想が奴隷廃絶運動の基礎になったことは、間違いない。しかし、啓蒙思想は、奴隷制を擁護する立場の理論的な後ろ盾にもなっていた。啓蒙思想の展開は、「科学」的な人種概念の発達を促し、「科学」的根拠はそこで差異化される人種のあいだの優劣を確立していった。すでに述べたように、聖書的な人間分類の限界が明らかになる一方、新たに「発見」された人類をどのように理解すればよいのかという問題は、神に頼ることなく、人間の知性に依拠して物事を理解しようとする啓蒙思想では、一大問題であった。そこで編み出されたのが、皮膚の色や毛髪、体格といった外見上の特徴を基にして、人類を分類するという、広義の人類学のプロトタイプであった。

例えば、イマヌエル・カントによる一七七五年の「種々の人種について」という短い論文では、白人、黒人、フン(モンゴル)人、インド人の四つの人種を見出し、それぞれの人種の下位分類にも言及している。カントは、繰り返し、人類の同一起源を強調する。したがって、「黒人と白人は異なる種族の人類では明らかにない」と、彼は主張する。ただし、この引用には続きがあり、「しかし、双方は異なる人種を構成しているのである」と続く。その後の議論においても、明確に黒人と白人とを対極においた議論を展開している。ここに、奴隷制に対する啓蒙思想のもう一つの顔が、うっすらと浮かび上がってくる。つまり、前節で紹介した奴隷反対の論陣を張る人々の人道的な論拠とは、人類の祖先は一つであるというところにあった。それゆえに、同じ人間である以上、自然権が守られなくてはならない。この信念が後代の奴隷廃絶運動の大きな原動力の一つとなっていた。他方、カントの主張は、人類が共通の祖先に遡ることができるという点では、人道的な奴隷制批判と共通する。しかし、それを認めたうえで、彼は、人類のなかには差異があることを明確に指摘する。

たしかに、カントの議論自体は奴隷制擁護に直結しない。しかし、同時代に人種分類論をより精緻化させていったヨハン・フレデリック・ブルーメンバッハの議論には、明確に奴隷制擁護に繋がるつぎの段階を見て取ることができる。ブルーメンバッハは皮膚の色や毛髪の状態など、外見上の特徴のみならず、とりわけ骨格に着目し、より「科学」的な人種分類を試みた。それに基づけば、人類は、「コーカサス」「モンゴル」「エチオピア」「アメリカ」「マレー」の五つに分類される。彼は分類するだけに考察をとどめず、その分類項を序列化させる。「コーカサス」の肌の色は「人類の真の色」で、なおかつ、彼らは「もっとも美しい人間」であり、それを最上位にして、最底辺に「マレー」と「エチオピア」を位置づける。このように、優れた人種として白人が科学的に立証され、同時に、黒人が劣った人種として同じく立証された。後述するように、両者の差異は、前者が後者を文明化するための一つの段階として奴隷制を肯定する議論に、大きな貢献をはたす。

奴隷廃絶運動の環大西洋ネットワーク

奴隷廃絶運動については、長らく一国史、あるいは、本国と植民地とを含む帝国史の枠組みで議論されてきた。例えば、プリンストン大学のリンダ・コリーや井野瀬久美恵が指摘するように、それはイギリス国民意識の醸成に大きく貢献してきた。ここで、イギリスの奴隷廃絶運動の研究史を簡単に振り返るならば、まず、セインツ史観があった。これは、グランヴィル・シャープやトマス・クラークソンといった、イギリスにおける奴隷廃絶運動の始祖ともいえる「奴隷交易廃絶促進協会」（以下、「協会」）の創設者、さらにのちにこのグループに加わり、英国議会において尽力したウィリアム・ウィルバーフォースといった奴隷廃絶運動の立役者となった人物たち《セインツ》の活躍に、廃絶の原動力を帰する見方である。これに対して、保護関税の撤廃によって西インド諸島の利益が下がったという、経済的な側面を廃絶の主要因とみなしたのが、トリニダード・トバゴの初代大統領となったエリック・ウィリアムズである。これについては、西インド諸島の利益率がウィリアムズの主張するほどに下がっておらず、むしろ、奴隷廃絶はイギリス帝国にとって、経済的な自殺であったとする説が出されるなど、経済史的な論争を引き起こし、その決着はいまだについていない。このように、一国史や一帝国史の枠組みで活発な論争が繰り広げられるなか、近年注目されているのが、国という単位を超え、大西洋規模で奴隷廃絶運動の展開をつかもうとする立場である。

大西洋規模の奴隷廃絶運動で先駆的な役割をはたしたのが、クエーカーであった。クエーカーは、一般に、万人司祭を教理とし、信条箇条をもたず、また、序列化された教団構造もない。加えて、戦争参加への拒否、男女平等主義などでも知られる。十七世紀半ばにイングランドで設立され、その後、北米大陸にも拠点が形成された。クエーカーと奴隷廃絶運動とのかかわりは古く、すでに一六八八年、ペンシルヴェニア州ジャーマンタウンで四人のクエーカーが、奴隷制に対する異議申立書を執筆している。それゆえに、クエーカーの信仰そのものが反奴隷の思想に直結するとあたかも考えそうになる。ただ、それには一定の留保が必要で、少なくとも、ジャーマンタウンの異議申し立ての時点では、そうではなかった。このジャーマンタウン自体がクエーカーたちの町であり、異議申し立ては、ヨーロッパから渡ってきたばかりのクエーカーが、古参クエーカーの奴隷使用を目の当たりにしてのことであった。ここにヨーロッパの啓蒙思想家たちに欠如していた奴隷に対する現実感が存在したことは、注目したい。この時点では、クエーカー全体に反奴隷の思想は共有されていなかったが、その後、ジョン・ウールマンらによる活発な奴隷廃絶運動をへて、一七七八年にはフィラデルフィアの年次大会で奴隷所有を続けるクエーカーを除名処分する決議がなされるにいたった。

こうした北米大陸でのクエーカーの活動は、イギリスのクエーカーたちにも伝播し、彼らのあいだでも問題意識が徐々に醸成されていく。「道徳」に訴えかける運動を主導することが、非国教徒としてのイギリス社会における生存戦略であったと指摘する研究も少なくない。ただし、非国教徒である彼らだけで運動を組織しても、その主張が世論を動かすと想定するのは、あまりに非現実的だった。

ちょうどその頃、ケンブリッジ大学でラテン語論文コンクールが開催される。「同意しないものを奴隷にするのは合法か否か」が論題であった。このコンクールに応募した学生の一人であるトマス・クラークソンが、参考にしようと、たまたま手にとったのが、『ギニアに関する若干の歴史的解説』(一七七二年)であった。彼はコンクールで最優秀賞を受賞し、これを契機に奴隷問題に目覚めたとされる。彼が手にとったこの書物は、アメリカのクエーカーの奴隷廃絶運動家アンソニー・ベネゼットによるものであった。彼は、黒人子弟の学校を設立したりする一方で、神の前でのすべての人類の平等であったり、非暴力であったりといったクエーカーの基本的信念に、モンテスキューやスコットランド啓蒙思想の影響を掛け合わせ、奴隷廃絶に向けた著作や書簡をつぎつぎに出していった。そのなかでも代表的なのが、クラークソンの手にしたその著作であった。

クエーカーやクラークソンに、「道徳」の回復を重要課題ととらえていた国教会徒のなかの福音主義者たちも加わり、一七八七年に結成されたのが「協会」であった。少し遅れて、ウィリアム・ウィルバーフォースもこの輪に加わる。庶民院ですでに奴隷廃絶の運動を展開していたウィルバーフォースの加入で、「協会」は国政へのパイプを獲得することになった。後述するように、大衆を巻き込みながら「協会」は奴隷廃絶運動を展開し、一八〇七年、議会で奴隷交易の廃絶が決定する。

フランスでは、イギリスでの運動に影響を受け、一七八八年、「黒人友の会」が結成される。ジロンド派の指導者としても知られるジャック・ピエル・ブリッソが中心となり、数学者、哲学者あるいは社会科学者として知られ、やはりフランス革命期の政治家でもあったニコラ・ドゥ・コンドルセが会長を務めたこの会は、百人前後の会員を擁した。会の発端は、ブリッソが会の結成の前年にイギリスに渡り、そこでクラークソンら「協会」の主要メンバーと会合したことに求められる。会の結成後には、クラークソンが渡仏して活動を補助し、また、会の活動は、基本的には、イギリスの「協会」が刊行したパンフレットなどの翻訳であるなど、活発な交流がみられた。このように、各国の奴隷廃絶運動は、大西洋をまたいだネットワークとかかわりあいながら、相互に連動しあって展開していたのである。

現実感の増加

海をまたいだ知的な交流だけが、一八〇七年のイギリス議会における奴隷交易廃絶の決定をもたらしたのではない。むしろ、近年、注目されているように、とくにイギリスの場合、奴隷交易廃絶の議会決定にいたるには、運動への大衆の圧倒的な支持が不可欠であった。この点、「協会」は、有効な戦略を講じていた。北米大陸などの動向を定期的に新聞へ寄稿することで、大衆の関心を逃さず、「私は人ではなく、あなたの兄弟でもないのでしょうか」という文句がはいり、鎖に繋がれた両手を合掌してひざまずく黒人像を中央に配置したカメオやメダル、皿は、多くの人に受け入れられていった。もっとも効

1841年の反奴隷制会議にさいして
トマス・クラークソンに贈られたとされる食器

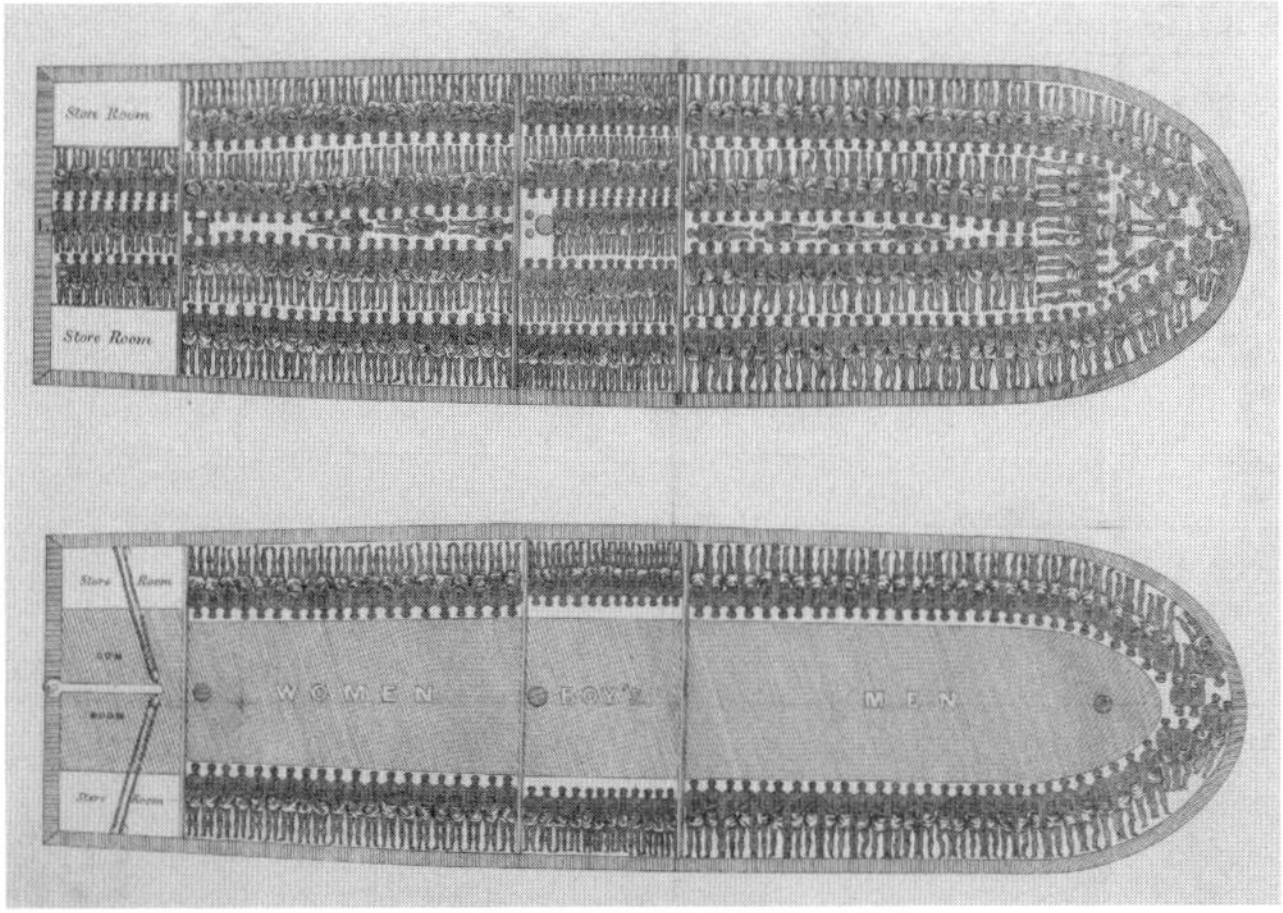

奴隷船の船内図　　どれだけの人数の奴隷を積載できるかを示す。

果的だったと考えられるのは、パンフレットや書籍の出版活動である。例えば、一七八七年から翌年の「協会」の予算をみると、その半分超がパンフレット類の出版経費に充てられている。歴史資料集などでよく目にする、奴隷船にどれだけの奴隷が積載できるかを示した前頁の図は、まさに、彼らの活動によって広く知られるようになったものであった。これとは別に、この時期、在英黒人による出版も活発になる。その最大のヒットは、オラウダ・イクイアーノの自叙伝だろう。西アフリカのイボ出身と称するこの人物は、十一歳のときに誘拐され、十年間、何人かの主人のもとで奴隷として生活を送ったのち、自らで解放身分を買い取ったとされる。その後、ロンドンに定着し、四十四歳の時に自叙伝を刊行する。自叙伝は彼の死までに九版をかさねる大ヒットとなった。

なぜ、イギリスで人々は奴隷廃絶運動にこれほどまでに傾倒していったのだろうか。おそらく、それを理解する大きなカギは、これまでたびたびふれてきた「現実感」にある。それは、多くの読者と同じ国教会に改宗したイクイアーノの物語の圧倒的な臨場感や、「協会」が新聞をとおして北米大陸の動向を日常的に伝えることばかりに帰せられるのではない。十八世紀になると、少なくとも、ロンドンにおける黒人の数は増加していった。啓蒙思想家たちが机上で遠い南の奴隷制に思いを馳せていたのとは異なり、十八世紀半ば以降、ロンドン市民にとって、黒人はそれまでよりもより身近な存在になっていた。このことを如実に伝えるのが、ウィリアム・ホガースの遺した版画である。大都市ロンドンの人々の生き様をつぶさにスケッチし、それを銅版画で表現した彼の作品は、当時、大流行したとされる。そのなかでしばしば登場するのが、黒人である。上流家庭の召使いとして、あるいは、町の乱痴気騒ぎのどさくさにまぎれて若い女性の乳房をもんでいたりと、黒人はさまざまな場面で版画に登場する。十八世紀ロンドンの黒人人口の規模を正確にはかることはできないが、少なくとも五千人の規模には達していたと考えられている。

そして、黒人奴隷のおかれる立場は、この時代、多くの人々にとって決して他人ごとではなくなって

18世紀半ば、大都市ロンドンに暮らす人々の様子を描いたウィリアム・ホガースの銅版画
そのなかに黒人の姿もしばしば登場する。

いた。産業革命の進展によって工場労働者となった人々は、自らの境遇を奴隷のそれにかさねあわせながら、この運動に加わったとされる。もちろん、そこには、奴隷廃絶が自らの待遇改善に繋がっていくことを願う気持ちもあっただろう。事実、奴隷廃絶運動は、リヴァプールよりもマンチェスターの方がより大きな支持を集めていた。とりわけ、一七八八年の請願運動では、マンチェスター全市民の二〇%に相当する署名が集められ、全国規模では署名は六万筆を数えた。運動の盛り上がりは衰えることなく、その四年後には、署名は四〇万に達した。運動家たちの大西洋をまたぐ交流とイギリス国内の大衆の奴隷への現実感とが交錯して展開する運動の圧力に、イギリス議会は無視を決め込むことはできず、一八〇七年、奴隷交易の廃絶を決定するのである。

2　インド洋西海域南部

インド洋西海域から両アメリカ大陸への奴隷供給

大西洋をまたいで奴隷廃絶運動が盛り上がりをみせていた十八世紀末は、じつは奴隷交易が史上もっとも活発になりつつあった時期でもあった。マンチェスターの工場労働者が朝食がわりにすする紅茶にはいった砂糖、あるいはパリのカフェで奴隷交易の悲惨さを議論する人々のかたわらにあったコーヒーは、海の向こうのはるか南で奴隷たちが汗を流して生産していたものにほかならない。それらの消費量が伸びれば、プランターたちは生産量を高めようとする。それは労働力需要の増加に繋がり、つまりは奴隷交易の増大に結びつく。

二五一頁の表は、インド洋からカリブ海を含む両アメリカ大陸へ到達した奴隷の推定値をグラフに落としたものである。ここから明らかなように、十七世紀の第４四半期からつぎの世紀にかけて、顕著な増加をみることができる。このグラフは、船籍ごとの推定到達者数を積み上げて全体値を示しているが、十七世紀第４四半期のフランス船籍による輸送者数は、フランス船籍によるそれまでのすべての実績をあわせた数と比べても、一四・五倍も多い。これは、のちのハイチとなる仏植民地サン・ドマングにおける製糖業の急進の証左でもある。また、十九世紀にはいると、ハイチ革命によってサン・ドマングから流出した技術や資本の行きついたキューバやブラジルに奴隷交易の軸が移動していった。それは、ポルトガル船やスペイン船の輸送者数の急増に如実に反映されている。そして、その数のなかには少なからぬインド洋西海域から運ばれていった奴隷も含まれていた。

インド洋西海域からの奴隷は、おもにアフリカ東南部とマダガスカル島からもたらされた。マダガスカル島中央高地のアンタナナリヴ周辺に版図を有する小王国イメリナ王国で、アンドリアナンプイニメリナが即位したのは、一七八七年だった。それがつぎの王ラダマ一世の治世期が終わる一八二八年までに、イメリナ王国の版図は、世界第四の大きさを誇るこの島の南部と東部の一部を除く全土に広がっていた。もちろん、それは武力による領土拡大であり、捕虜は奴隷にされ、その多くは島外に輸出された。

アフリカ東南部では、それ以前から、ポルトガル領モザンビークが大西洋方面へ向けて奴隷を継続的に輸出していた。奴隷の供給源は後背地にあった。ポルトガル領モザンビーク南部を流れるリンポポ川とザンベジ川にはさまれたジンバブウェ高原には、アフリカ大陸東部の歴史のなかでは、珍しく大規模な王国であったモノモタパ王国が存在してきた。しかし、このショナ人たちの王国の経済基盤である金鉱は、すでに十五世紀から採掘量が低下していき、また、十一世紀以降、徐々に生息範囲を広げていたツェツェバエの猛威は、この地域で権力の象徴として重要であった家畜の生存を困難にさせていった。十八世紀の後半になると、すでにモノモタパ王国はほぼ分解しており、広い範囲にわたって、小規模な政権が割拠するようになっていた。

モザンビークに加えて、新たな奴隷の集積港として十八世紀後半から頭角をあらわすのが、現在のモザンビークとタンザニアの国境近くにあるキルワである。奴隷の積出港としてキルワを開拓したのは、おもにフランス商人だった。キルワへと運ばれる奴隷の多くは、ニヤサ湖近辺から連れてこられたと考えられる。モノモタパ王国の瓦解にともなって、十八世紀以降、多くの集団がこの湖周辺に移住してきたことで、この一帯は人口の稠密な地域になっていった。湖の西南岸では、十九世紀の段階ですらツェツェバエの脅威から逃れることができたのも、移住者を引きつける要因になった。

プランテーションへと運ばれる奴隷は、農業に用いられるのであるから、狩猟採集民や牧畜民は好まれず、農耕民が好まれた。これらの地域はいずれも農耕民を多く擁する地域であった。集団間で争いが起きれば、その際にとらえられた捕虜が沿岸部に運ばれていった。十八世紀最末期から一八三〇年代にかけての東・南部アフリカにおける干ばつや「ムファカネ」と呼ばれるズールー王国の遠征活動、それらにともなう戦乱がこれに拍車をかけた。

アフリカ史の文脈で指摘しておかなくてはならないのが、こうした変化によって引き起こされた深刻

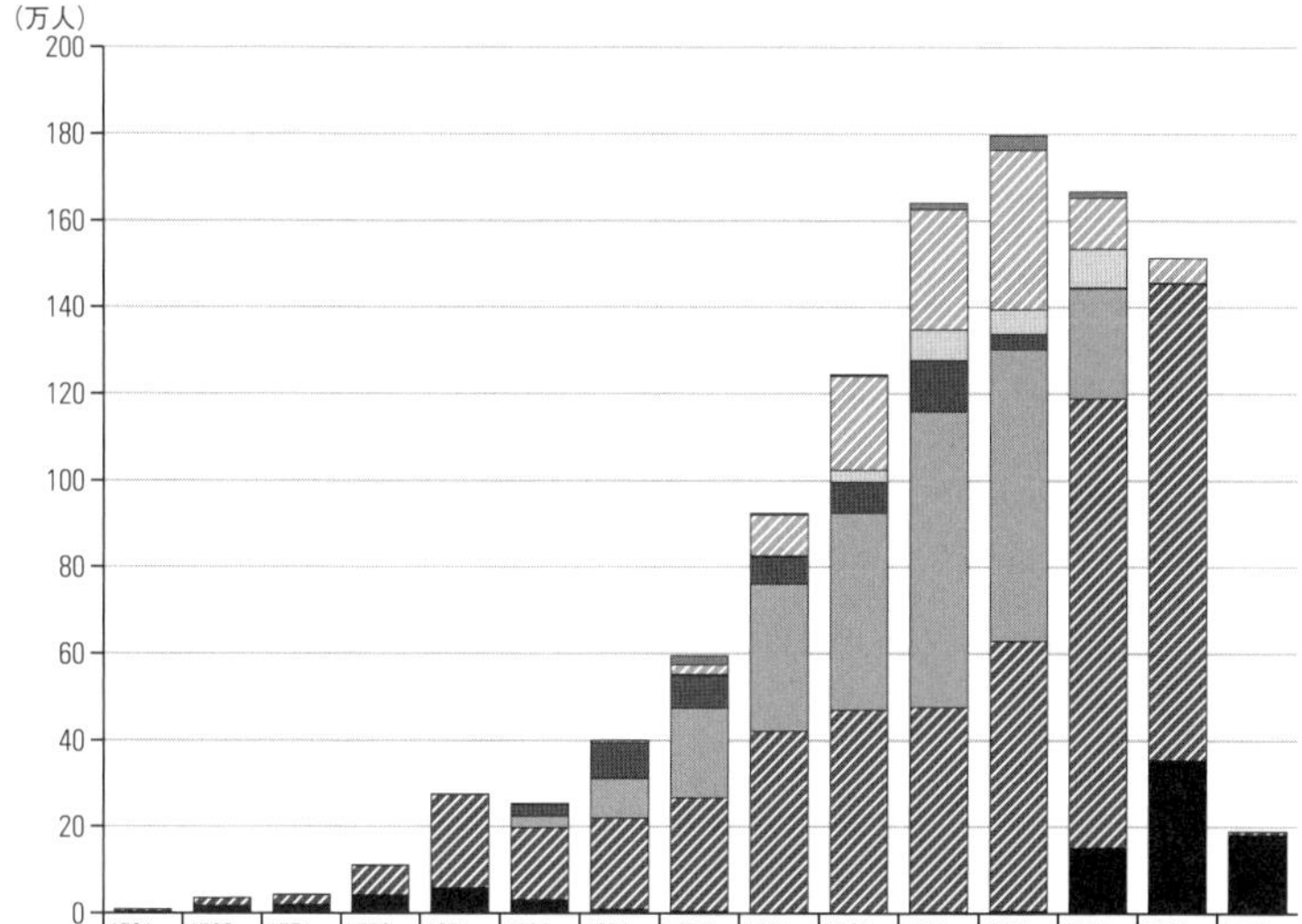

人数内訳	1501〜1525年	1526〜1550年	1551〜1575年	1576〜1600年	1601〜1625年	1626〜1650年	1651〜1675年	1676〜1700年	1701〜1725年	1726〜1750年	1751〜1775年	1776〜1800年	1801〜1825年	1826〜1850年	1851〜1875年
デンマーク	0	0	0	0	0	836	544	20,374	3,882	3,820	14,711	33,215	14,351	0	0
フランス	0	0	50	0	0	1,479	5,456	22,265	95,357	216,213	278,479	369,121	117,969	58,579	0
アメリカ	0	0	0	0	0	702	0	2,548	2,612	27,500	70,624	56,601	89,990	1,662	413
オランダ	0	0	0	1,160	1,577	26,106	81,918	74,878	62,477	71,268	117,855	35,202	2,475	324	0
イギリス	0	0	1,188	168	0	26,315	93,209	208,431	339,007	455,284	682,454	673,590	253,678	0	0
ポルトガル／ブラジル	4,914	17,771	22,174	67,879	214,808	166,017	209,690	261,523	421,232	470,236	476,596	623,298	1,037,342	1,099,018	7,318
スペイン／ウルグアイ	4,462	17,763	19,720	42,037	58,445	31,422	9,464	4,670	0	0	3,634	5,601	151,367	354,813	181,526

16世紀から19世紀にかけての
南北アメリカ大陸へ到達した奴隷数(船籍別，推定値，4半世紀ごと)

出典：http://www.slavevoyages.org/assessment/estimates より著者作成（最終閲覧日：2018年 7 月31日）

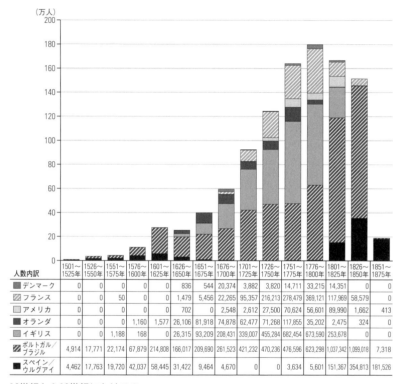

な人口減少である。おそらく奴隷需要が急増した当初は、近隣後背地から奴隷がもたらされていたと考えられるが、高い水準で供給が求められ続けることによって、奴隷供給地はより内陸へと転移していった。一八〇四年にモザンビークの沿岸部を訪れた奴隷商人エピダリスト・コランは、そこで目にした奴隷について、沿岸部後背地に住まうマクアよりも、そのさらに内陸に居住地をもつヤオの方が多かったと記録している。加えて、ヤオよりもさらに内陸に住むマラヴィの姿すら彼は目撃している。また、別の訪問者の記録からは、一八一〇年代初頭のキルワ後背地の無人化が確認される。しばらく後になると、より北部のザンジバル島の対岸などでも同じ現象が発生する。このような人口減少は、場合によっては社会の存亡そのものにかかわっていた。

マスカレーニュ諸島のフランス革命

このように、カリブ海や両アメリカ大陸における旺盛な奴隷需要に応じて、インド洋西海域からそれまでにない規模で奴隷が供給されるようになる頃、インド洋西海域内部でも奴隷需要が増加していた。その震源地がマスカレーニュ諸島である。マスカレーニュ諸島とは、マダガスカル島の東の沖合に浮かぶいくつかの島々の総称である。元来、無人島であったこれらの島々のうち、十七世紀半ば以降、諸東インド会社の中継基地として大きく発展していったのが、レユニオン島(あるいはブルボン島)とモーリシャス島(フランス島)である。喜望峰周りで大西洋からインド亜大陸へと針路をとる場合、もっとも頻繁に利用されていたのが、マダガスカル島の東部沖を北上する航路であり、両島は絶好の寄港地を提供した。

どちらも十六世紀初頭にポルトガル船が到達していたが、十七世紀半ば以降、レユニオン島はフランス東インド会社、モーリシャス島はオランダ東インド会社によって、それぞれ中継基地化が進められていく。ただし、後者の開発はとん挫し、十八世紀初頭にはオランダ東インド会社はこの島から撤退し、フランス東インド会社がこの島の所有も宣言するにいたる。その後、両島はベルトラン＝フランソワ・マエ・ドゥ・ラ＝ブルドネの指揮のもと、大きな発展を遂げていく。一七六七年にフランス東インド会社から両島はブルボン王朝へ移管されるが、引き続き商船の途中寄港地としての役割はもちろんのこと、フランス艦隊によるインド亜大陸のイギリス拠点への攻撃やフランス私掠船の基地にもなった。そして、一七八〇年代以降は、自由港として欧米商船に開かれ、インド洋西海域南部の商業的なハブとなっていく。

ブルボン王朝から両島の最初の監督官として派遣されたピエル・ポアヴルが取り組んだのは、この島に熱帯産品を持ち込み、その生産を軌道に乗せることであった。棉《わた》やインディゴ、各種香辛料が持ち込まれ、その栽培の可能性が試された。しかし、サイクロンなどの天災の影響を受け、また、国際市場にはいり込むこともできず、それらの試みは失敗に終わる。なお、この時にオランダ支配下にあったマルク諸島から密かに持ち込まれたのが、のちにザンジバル島で大成功をおさめるクローヴであった。これについても、マスカレーニュ諸島では成功にはいたらなかった。サトウキビは、オランダ東インド会社時代にすでに一度導入されていたが、一七二一年のラ＝ブルドネの時代に再び持ち込まれる。しかし、すぐに成果はあらわれず、世紀の後半にかけて、艦隊や私掠船が多く寄港するようになると、彼らに提供するアラク酒の原料として、少しずつ生産量を上げていった。その後、カリブ海の砂糖生産地がそうであったように、モーリシャス島でも、ハイチの混乱に乗じて生産量を上げる。アンシャン・レジーム期には八から一〇程度の製糖所しかなかったのが、一八一〇年までに、その数は六〇から八〇へと激増していた。生産高の推移については詳細なデータに欠けるが、少なくとも一〇年の段階では九千から一万アルパン(一アルパンは約五・一平方キロメートル)の作付面積にいたっていた。

もちろん、砂糖の増産にともなう労働力の増加は、主として、奴隷によって賄われた。モーリシャス島を例にとれば、奴隷の全人口に占める割合は、一八〇七年の段階で八四%強に達しており、ハイチ革命勃発前の一七八七年と比べると、奴隷人口の増加率は九三%に達する(次頁の表参照)。主たる奴隷供給地は、マダガスカル島、そしてキルワを中心とするアフリカ大陸東部沿岸であったが、遠くは西アフリカ、東南アジアから連れてこられる奴隷も存在した。しかし、ここで気がかかりなことはないだろうか。つまり、マスカレーニュ諸島がブルボン朝領だったのであれば、当然、フランス革命の影響をこうむるはずである。一七九四年にすべての植民地における奴隷制を廃絶しているはずである。それにもかかわらず、表には九四年以降の統計も含まれている。国民公会は、

じつは、マスカレーニュ諸島の植民者たちは、国民公会の奴隷制廃絶宣言を拒絶していた。彼らは、フランス革命勃発後の一七八九年十一月に植民者議会を設立し、自前の憲兵隊も結成し、一定の自治を確立していた。九四年に本国で宣言された奴隷制廃絶は、その二年後の九六年、植民者議会で公式に拒否されたのである。これについて、植民者議会は四千語にのぼる弁明を出している。この弁明書は、奴隷制が恥ずべき非人道的な制度であることを認め、将来的に廃絶されるべきであると述べたうえで、マスカレーニュ諸島の経済が奴隷制によって支えられていることを指摘し、また、奴隷制の即廃絶が――

ハイチを好例に——経済的・社会的な崩壊に直結すると危惧する。

その後、植民者議会は、革命推進派の逮捕・処罰や反乱を企てる恐れのある逃亡奴隷の掃討を実施し、強権的に体制を維持していった。じつは、植民者会議が奴隷制廃絶を拒否した前年に、国民公会では、本国と植民地に新たな行政制度を敷く法案が成立し、植民者会議の解散が命令されていたが、彼ら

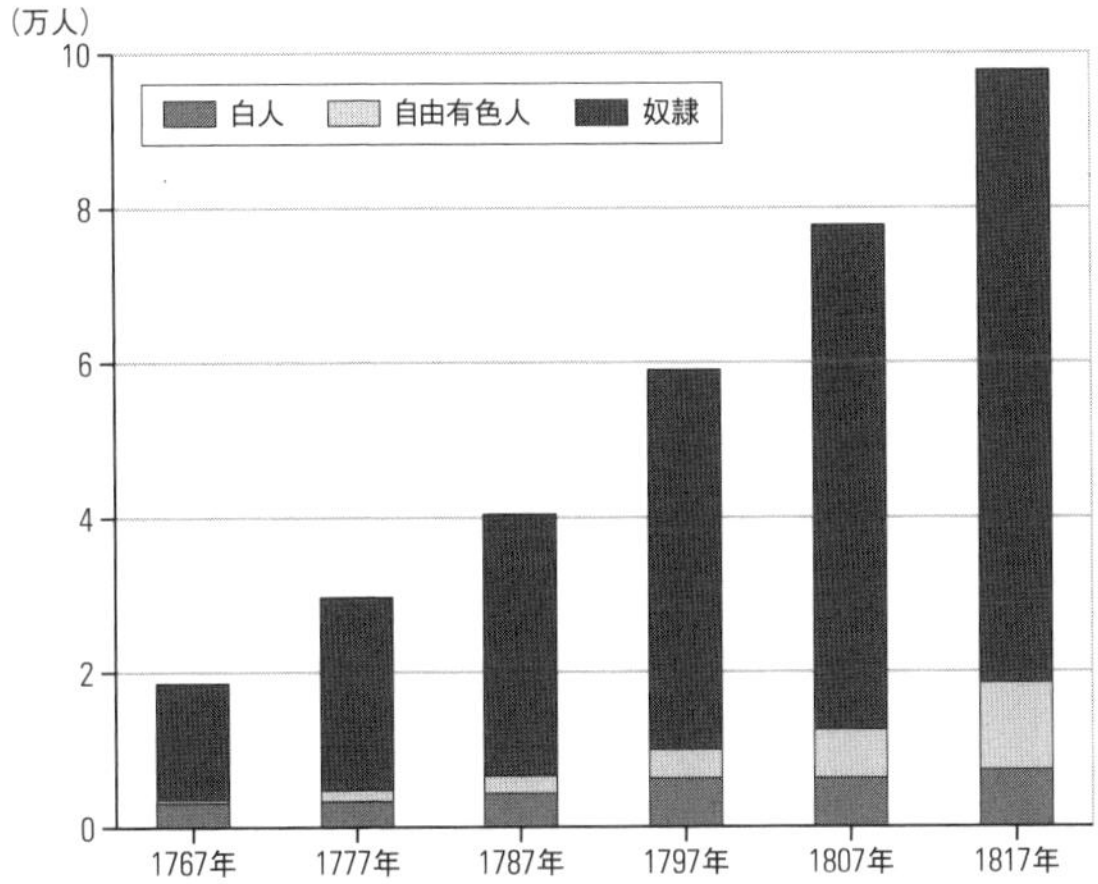

モーリシャス島における人口構成

出典：Robert Montgomery Martin, *Statistics of the Colonies of the British Empire : From the Official Records of the Colonial Office,* London, W.H.Allen and Co., 1839, p.503 より著者作成

はこれも拒んでいる。その後、本国でナポレオンが実権を握るようになると、奴隷制が公式に復活する。このようにして、マスカレーニュ諸島は実質的な独立を保ち、奴隷労働を基盤とした砂糖生産を増強していった。

ファーカーの苦悩

このような経緯で砂糖栽培が軌道に乗った時期に勃発したのが、ナポレオン戦争であった。その戦線はマスカレーニュ諸島にも到達し、一八一〇年、マスカレーニュ諸島はイギリスによって占領される。その後、一四年の英仏条約によって、レユニオン島はフランスに返還され、他方、モーリシャス島については イギリスの支配が確定した。モーリシャス史の文脈では、このイギリス統治の開始が非常に重要視される。これによって、モーリシャス島は航海条例の対象となり、自由貿易港としては存在できなくなったからである。つまり、商業的な繁栄を継続することが難しくなったのである。また、商業港としては、同じイギリス植民地のケープ・タウンとの距離が近すぎ、競合関係に陥ってしまうという問題もあった。他方、農業については、山がちなレユニオン島と異なり、平地が多いモーリシャス島は発展の可能性を秘めており、現実に砂糖は生産高を伸ばしてきた。加えて、一五年に成立した穀物法は、保護貿易色の強い最後の穀物法でもあり、イギリスへの輸出については、少なくとも外国産農作物より優位な立場に立つことができた。こうした事情から、モーリシャス島の経済の柱は商業から農業へと大きく変化していく。

その結果、モーリシャス島では、すでに一八二二年の時点で砂糖が輸出品の八七%を占めるにいた

モーリシャス島のサトウキビ畑
後方にみえる建物は製糖所。

る。〇七年のイギリス議会における奴隷交易廃絶の決議を念頭におけば驚くべきことだが、二〇年までには、ポルトガル領モザンビークから運ばれてきた奴隷が、クレオール人口以外ではこの島で最大規模の集団になっていた。つまり、奴隷交易はイギリス統治期でも継続していたのであり、また、砂糖の増産は、やはりここでも奴隷労働力によって成し遂げられていたのである。

一八一〇年にイギリスが制圧したマスカレーニュ諸島の初代総督として任命されたのが、ロバート・ファーカーである。アンボイナの駐在官やペナンの領事などを歴任したファーカーは、これに先立つ〇七年に、『アフリカ人奴隷交易の廃絶によって生起する西インド諸島の農業労働者需要に応えるための諸提言』と題する小冊子を刊行している。これは、題名からわかるように、奴隷交易廃絶後の西インド諸島の労働力問題の解決を探った論考である。労働力なくしてプランテーション経済は成り立たないというのが、彼の議論の出発点である。モーリシャス島もまた、この問題に直面していた。イギリス本国から任命された総督としての彼は奴隷交易の廃絶を宣言しなくてはならなかったが、その一方で、奴隷の密輸を黙認する。

しかし、ファーカーは、本国から再三にわたり奴隷交易監視の徹底化を要請される。そこで彼が試みたのが、インド亜大陸から労働者を運んでくることであった。じつは、先に紹介した小冊子で彼が主張した西インド諸島の労働力問題に関する解決策とは、中国人賃金労働者の導入であった。中国人とインド人という違いはあれ、賃金労働者を人口の稠密な地域から運んで労働力問題の解決にしようとする点では、この試みは自身の持論を自ら実践したことにほかならない。しかし、結果は失敗であった。インド系労働者は根づかなかったのである。ファーカーは労働力問題を決着することができぬまま、二三年に総督の座を解任され、帰国の途に就く。

奴隷制の新たな形態

奴隷交易が廃絶されれば、奴隷制にもメスが入れられるのは時間の問題であった。この不可逆的な状況に――モーリシャス島についていえば――拍車をかけていたのが、逃亡奴隷の問題であった。すでにブルボン朝統治の開始直後から、この問題はしばしば顕在化していた。逃亡といっても、長期にわたる場合よりも、一カ月から三カ月の場合がほとんどで、半年以上にわたる場合はまれであった。しかし、農繁期に逃亡されれば、農場主にとっては痛手であるし、奴隷を貸すことで生計を立てていた小規模奴隷主にとっての経済的損失も大きかった。また、こうした逃亡奴隷が、逃亡の過程で暴徒化することもある。植民地政府にとっても大きな懸念であった。ブルボン朝統治下の時代には、おおよそ全体の奴隷人口に対して五％の規模で推移していた逃亡奴隷の割合は、イギリス統治開始後の一八二〇年代には、一一％を超えるようになる。加えて、疫病の被害も深刻であった。例えば、一九年から翌年のはじめにかけて流行したコレラは、わずかな期間に七千人もの奴隷の命を奪った。労働力問題は逼迫していた。

一八三三年にイギリス議会で奴隷制廃絶法が成立する。モーリシャス島では翌年、一月十七日に布告がなされた。布告は英語、フランス語、そして奴隷たちが理解できるようにとクレオール語でも記された。もちろん他の植民地と同じように、この布告は奴隷たちが即座に完全なる自由を手に入れたことを意味しなかった。ワーテルローの戦いで名誉の負傷を負い、その後、ドミニカやセイント・キッツ・アンド・ネイヴィスの総督を歴任した当時のモーリシャス総督ウィリアム・ニコライは、この布告を本国に送付する際に、逃亡奴隷に関する処罰を定めた法令の改正版を添付している。逃亡奴隷については、すでに述べたように、モーリシャス島では大きな問題となっており、それに関する厳しい処罰も定められていた。奴隷制が廃絶されれば、逃亡奴隷もいなくなるだろうと思うかもしれない。たしかに、原則的には、そのとおりである。しかし、これはモーリシャス島に限らないが、イギリス帝国は奴隷制廃絶に際して、「徒弟制」を導入した。解放された奴隷は主人のもとで一定期間、今後、社会に出るうえでの修練を積むことを義務づけたのである。その期間、元奴隷にはわずかな賃金が支払われるが、それは元奴隷よりも所有者側に配慮した移行措置であった。当然、徒弟制下におかれた元奴隷たちは、それが奴隷制と何ら変わらないものであると気がつけば、やはり逃亡を企てるだろう。それに先手を打ったのがニコライの改正版であった。事実、一八三五年から三七年までの三年のあいだに逃亡した徒弟期間中の元奴隷は、全体の七・七％にのぼった。また、徒弟期間を終えた多くの元奴隷たちは、すでにプランテーションを離れ、港町や未開発の自然が豊富に残るこの島のどこかで自分たちの生活を営み始めてい

ポート・ルイスのアープラガシュ・ガート
契約労働者たちは到着後，検疫や契約確認のために，ここに居留させられた。

た。彼らをプランテーションに戻すことが難しいのは誰の目にも明らかだった。

ファーカーの試みは、ここでもう一度チャンスを与えられることになる。一八三四年から三八年までの短い期間のあいだに、インド亜大陸からモーリシャス島最大の港ポート・ルイスに上陸した契約労働者の数は二万四千人におよんだ。モーリシャス島におけるインド系人口は、四六年にはこの島の人口の三分の一に達し、七一年には三分の二を超えるにいたる。その背景には多くの女性移民の存在があった。三八年の段階では二％未満であった女性の比率は、五五年には三〇％に達した。その数は五九年から六五年には五〇％を占めるようになった。もっとも、三八年までは、私的な労働力の斡旋がおこなわれ、そこで詐欺や騙《だま》しなどがあまりにも横行し、また、移送中の死亡率も極めて高かったために、一度、契約労働移民は政府によって停止される。その後、三八年に政府主導のもと、移民が再開される。契約労働者以外にも、囚人たちがインド亜大陸から労働力としてモーリシャス島に移入された。進化論で有名なチャールズ・ダーウィンは、『ビーグル号航海記』のなかでつぎのように記している。

インドから連れてこられた囚人たちはここに一生追放される。その数はおよそ八百人。彼らはさまざまな公共事業に用いられる。こうした人びとをみる前には、私はインドの人間がこんなにも高貴な面構えをしているとは想像だにしなかった。

労働力調達の空間が決定的に変わったのである。もちろん、例外はあるが、それまで、労働力は既存のインド洋交易の枠組みのなかで、基本的には調達されてきた。しかし、奴隷制廃絶後の世界では、労働力は従来のインド洋交易のネットワークではなく、イギリス帝国の枠組みのなかで調達されるようになったのである。さらに、囚人の数は契約労働者と比べれば微々たるものであるが、彼らも考慮に入れるならば、帝国の法的な秩序もまた、こうした人の移動を司る一つの要因になっていたのである。

3　インド洋西海域北部

温和な奴隷制

インド洋西海域を旅した欧米人による十八世紀後半以降の旅行記を読むと、そのほとんどが、何らかのかたちで奴隷制に言及している。もちろん、それ以前の旅行記でも奴隷が登場することはあったが、この時期になると、旅先で出会う個々の奴隷に言及するにとどまらず、奴隷と主人との関係や、奴隷と社会との関係を、旅行者たちが往々にして興味深く観察している。また、奴隷市場の記述は、多くの場合、詳細である。もちろん、こうした背景には、前半で述べたような、欧米における奴隷廃絶運動があったことはいうまでもない。しかし、彼らが関心をいだく理由はそれだけではない。インド洋西海域の諸社会で目の当たりにする奴隷制は、彼らが本国で伝え聞いてきたそれと大きく異なっていた。

ウィリアム・ヘウデはイギリス東インド会社のマドラス基地に勤めた尉官で、一八一六年十月にボンベイを出発し、陸路でロンドンに向かった際のできごとを旅行記に書き記している。そのなかで、彼はマスカトの奴隷市場に言及したあと、奴隷制について述べるのをためらうような前置きをして、つぎのように記している。

マスカトで奴隷たちが一定の慈愛をもって扱われているのは、確かなことです。(中略)彼らは主人の家に住まい、同じ屋根の下で食事をし、眠り、主人と同じ皿の食事を食べ、主人の杯を飲みます。奴隷たちは過ちを犯さない限り、けっして再び売りに出されることがありません。優秀で忠実な奴隷はおおいに貴ばれます。もしも主人が経済的な苦境に陥り、その奴隷を手放さなくなるようなことがあれば、主人は彼を自分の親友に譲り、その親友はより一層、その確かな忠実さをかって彼をより大事にするのです。

多かれ少なかれ、こうした感想はインド洋西海域の多くの旅行家や駐在員たちに共有されていた。彼らは目の当たりにする奴隷制に対して、大西洋での場合と同じように、それを頭ごなしに否定し、非難することにためらいを感じていた。

インド洋西海域周辺には多様な奴隷制が存在する。それらに共通する性格とは、自由と奴隷との対比的ではなく、連続的な関係である。また、奴隷身分でない人間が奴隷よりもつねに社会的に上位に位置するということもない。清水和裕の表現を借りれば、「まったく法的能力を持たない『完全なモノ』としての奴隷を一つの極として、完全に自由なあらゆる社会的制約をもたない、フィクションとしての『自由人』をもう一方の極とした場合、イスラーム社会における現実の人々は、その両極端をつなぐどこかの位置に、ゆるやかに連関しながら存在していた」のである。清水の分析は主としてイスラーム世界の奴隷制を念頭においたものであるが、インド洋西海域の多くの奴隷制についてあてはまる。人々は保護と奉公の連鎖のなかのどこかに自らの居場所を定められていた。これは奴隷であろうと、自由人であろうと違いはない。こういう状況が生まれる背景には、インド洋西海域周辺の多くの社会では、プランテーションでの労働が奴隷の主たる役割であった大西洋と異なり、基本的には、主人と生活をともにする家内労働が主たる役割であったことが大きく影響している。例えば、アフリカ大陸東部沿岸のスワヒリ社会では、奴隷の一般名詞はムトゥムワであり、原義は「つかわれる者」である。ここでの「つかわれる」には、「使役される」と「遣いに出される」の二つの意味が含意される。すなわち、スワヒリ社会では、奴隷とは原義的には主人によってさまざまに「つかわれる」存在なのであり、そこには主人の代理をはたすことも含意された。そのためには、奴隷は主人の言語や慣習、文化一般を体得し、ホスト社会の一員となることが要求される。つまり、この海域周辺の諸社会では、奴隷のホスト社会への同化が重要であった。この要求に上手に応答することができれば、主人の社会的地位よりも上を望むことは難しかったが、その範囲内ならば、個々の奴隷の社会的上昇は可能であった。

このような同化のシステムは、社会的上昇を可能にするだけでなく、場合によっては、生存の可能性も上昇させた。イスラーム法においては、奴隷は確かに所有者である主人の財産であり、それは家畜と同じように「声を発する財産」であったものの、主人は奴隷の衣食住に責任を有し、人間としての最低限の生活を保障しなくてはならず、もちろん生殺与奪の権利も主人にはなく、過度の懲罰も禁じられていた。最低限の生活が奴隷制によって保障されるのは、イスラーム法のおよぶ社会だけに限られない。したがって、天候不順や獣害、虫害などによる飢饉が頻発するインド洋西海域周辺各地では、そのような危機にさいして、自らを奴隷商人に委ねたり、あるいは、子どもを奴隷として売ることで、その子の生存を託したりする事例が広くみられた。

送り出される世界商品、蓄積される富、運び込まれる奴隷

インド洋西海域周辺のこのような奴隷制に新たな要素が付け加わるのが、十九世紀前半である。これはこの海域内部の奴隷交易の規模の増大と関連して理解すべきである。そのためにまず、インド洋西海域における奴隷交易について簡単に紹介しよう。

大西洋とは異なり、アフリカ大陸からアラビア半島やペルシア湾、インド亜大陸へ向けておこなわれるインド洋西海域北部の奴隷交易の規模については、極めて大雑把な推計しか存在しない。一番大きな原因は、依拠する史料の不在である。大西洋の場合は、奴隷船の出入港にさいして作成された記録が膨大に存在する。しかし、インド洋西海域北部の場合は、そのような記録が存在しない。もとから存在しないのか、それとも散逸したのか。不明な点が多いが、おそらくは状況は港ごとに異なり、双方の場合を想定する必要があるだろう。したがって、研究者は断片的な記録を手がかりに、交易量を類推するしかない。また、奴隷を専門に輸送する意味での奴隷船をこの海域に関して思い浮かべるのは、大きな誤

りになる。奴隷はその他の積み荷とともに運ばれる商品であり、船上の一部を占めるにすぎなかった。このように、推計作業にともなう困難は多く、研究者によって数値にばらつきはあるが、十九世紀の交易規模が他のどの時代よりも大きいのは、どの推計値でも共通する。

つまり、大西洋をまたいで奴隷廃絶運動が盛り上がり、実際に奴隷廃絶宣言がヨーロッパで出されていた時、インド洋西海域内部の奴隷交易は最盛期を迎えていたのである。その要因を世界システム論的に一言でいえば、世界経済への包摂である。言い換えれば、インド洋西海域の少なからぬ地域で世界商品の生産が始まったのである。もっともわかりやすい事例は、アフリカ大陸東部沖に浮かぶザンジバル島であろう。ポアブルがマスカレーニュ諸島で栽培化を企てたクローヴの苗は、ザンジバル島でみごとに実を結ぶ。ほぼ盗むのに等しいようなかたちでマルク諸島からマスカレーニュ諸島に持ち出されたこの苗が、どのようにしてそこからザンジバル島にいたったのかについては諸説ある。ただ、いずれにせよ、一八三〇年代には、ザンジバル島と隣島のペンバ島は「クローヴ熱狂」の時代を迎える。三〇年代末と四〇年代半ばを比べれば、クローヴ生産高は約一一倍に跳ねあがる。その後もクローヴの増産が続けられたこれらの島では、加えて、ココヤシやサトウキビについても、プランテーション栽培が開始されていき、その結果、島内での基本食糧の自給が難しくなる状況が、一八六〇年代にはいる頃には顕在化する。なぜならば、現地で消費される食糧生産に、従来用いられていた土地でも商品作物を栽培するようになる一方、労働力として運び込まれる奴隷が人口を増加させたからである。この問題の解決もまた、プランテーションによってなされた。つまり、対岸のアフリカ大陸側で食糧生産のためのプランテーションが登場するのである。このように、商品作物用プランテーションが食糧用プランテーションを生むというプランテーションの連鎖が両島を起点にして生じていった。

世界市場との連動による農業労働力としての奴隷の増加は、既存の奴隷制に変化をもたらした。それまでの家内奴隷に加えて、プランテーションでの肉体労働を主たる労働として与えられる奴隷が登場する。スワヒリ社会の場合、プランテーションで労働をおこなう奴隷は、ムシェンジ、ないしはムジンガと呼ばれた。これらはいずれも「蛮人」を意味する蔑称であり、沿岸部社会で生を受けた「ムザリア」と呼ばれる奴隷とは明確に区別された。すなわち、ムシェンジやムジンガは、ホスト社会の言語や習慣、文化を理解しない(できない)、すなわちホスト社会に同化できない、あるいは、それが極めて難しい存在とみなさた。それゆえにプランテーションでの肉体労働をあてがわれたのである。こうした奴隷は、通常、一枚布を男であれば腰巻に、女であれば胸から下をそれで覆った。一枚布は無漂白の綿布で、メリカニと呼ばれるものだった。この呼び名から想像できるように、それはアメリカ南部産の綿布であった。

このように世界商品需要の高まりに応じるように、インド洋西海域北部の奴隷交易は活性化していった。それまでおもに奴隷交易の中継点でしかなかったアフリカ大陸東部沿岸とその島嶼は、それ自体が奴隷を需要するようになっていった。利益はさらなる利益を生むように新たなプランテーションの開発にも振り分けられたが、他方で、自らの富を誇示するためにも用いられた。当時のイギリス領事の言葉を引用すれば、この時代のザンジバル島では、富は「その人物が口にする自らの所有するアフリカ人奴隷の数でつねに推しはかられ」ていた。富を生むのも奴隷であれば、富を誇示するのも奴隷によってであった。そして、奴隷ですら奴隷を所有するようになっていた。奴隷交易は最盛期を迎える。

インド洋西海域における奴隷交易廃絶活動の展開

大西洋においてもそうであったように、インド洋西海域でも、奴隷交易が奴隷制に先んじて、イギリス側による廃絶の対象に定められた。その皮切りとなったのが、一八二〇年に結ばれたペルシア湾アラビア半島側諸政権間の一般和平協約である。一八年に東インド会社が保有するボンベイ水軍は、じつはそれほど確たる証拠はなかったが、カーシム家とその一味を「海賊」と名指しし、その討伐として彼らの根拠地である現在のアラブ首長国連邦のラァス・アル＝ハイマを陥落させる。この時期のペルシア湾には大きな政治権力が存在せず、港を基本単位とする小政権が乱立していた。そのような群雄割拠のペルシア湾での「海賊」討伐という武力誇示は、ペルシア湾の守護者の地位を一気にイギリスに与えるにいたった。一般和平協約は、そのような背景でイギリスが主導し、アラビア半島側の多くの政権が署名したものである。その第九条では、「アフリカの沿岸部やその他のいかなる場所からも奴隷、男子、女子、子どもを連れ去ること、そして彼らを船舶で運ぶことは、略奪であり、海賊行為であり、したがって友好的なアラブはこのようなことを決してしない」という条文が採択された。

その後、一八四〇年代末にかけて、イギリスはインド洋西海域での奴隷交易を制限するさまざまな条約を現地の政権と締結していく。そのなかでも注目すべきは、ブー・サイード朝とのあいだで結ばれた一連の条約である。オマーンに起源をもつこの王朝は、当時、アフリカ大陸東部沿岸の港をつぎつぎと掌中におさめ、この沿岸部の新たな盟主になりつつあった。新たに獲得したザンジバル島に宮殿も築き、インド洋西海域北部最大の奴隷交易路であるアフリカ大陸東部沿岸からペルシア湾にかけて勢力を固めつつあったこの王朝は、イギリスの奴隷交易廃絶活動にとってもっとも重要な交渉相手であった。

一般和平協約に調印しなかったブー・サイード朝とイギリスが結んだ最初の条約は、一八二二年に締結された。通称モレスビー条約と呼ばれるこの条約の第六条では、すべての船舶に出発港と目的港に関する証明書の携帯が義務づけられ、条約締結から五日後に追加された条項では、イギリスによる検査、拿捕の権限がアフリカ大陸東部のデルガド岬、アフリカの角の沖合にあるソコトラ島の東方六〇マイルの地点、それらとインド・カシアワール半島のディウを結んだ線より東の海域で認められた。その後、この条約は三九年に改正され、イギリス艦船の管轄海域が一層拡大する。その後、四七年に締結された新条約(通称ハマートン条約)では、ブー・サイード朝のアフリカ大陸東部領土として認められるキルワ島近辺の南緯九度二分とラム島近辺の南緯一度五七分のあいだのみ奴隷輸送が認められ、それ以外はイギリス艦船による監視・拿捕の対象海域となった。

ただし、一連の条約の締結は、十九世紀前半の段階では、実質的な意味をほぼもたなかった。この時期に、インド洋西海域で奴隷交易の監視を任されたイギリス東インド会社保有のインド海軍が監視活動に積極的に取り組めなかったために、一八二〇年から四二年までのあいだ、じつに一隻の拿捕もなされなかった。

これには、積極的に奴隷交易を取り締まることで予想される貿易全体への悪影響を東インド会社が懸念したのもさることながら、何よりもインド海軍は多忙を極めていた。一八五八年を例にとれば、たった三一隻の艦船でアフリカ大陸東部沿岸から中国沿岸までの広い海域の警備や調査を担当しなくてはならなかった。加えて、二度にわたるイギリス・ビルマ戦争(一八二四〜二六年、一八五二年)やアヘン戦争(一八四〇〜四二年)などの最前線にも駆り出された。したがって、守護者になったはずのペルシア湾ですら、一般和平協約締結後も海賊行為が頻発していた。重要なはずのこの「エンパイア・ルート」でさえ、十分に治安を維持できていなかったのである。もちろん、国王直属の王立海軍もインド洋の各地に基地を設けていた。ただし、その主力は、一八三三年のイギリス東インド会社の貿易独占権の撤廃以降、新たな自由貿易商人たちの台頭によって、東アジア海域の警備活動を重点的におこなわなくてはならなかった。

このように、奴隷交易監視活動に割くことのできる戦力は極めて限られていたし、監視隊にあてがわれる艦船は、どれもくたびれはてた旧型ばかりであった。監視隊員たちをうんざりさせるのはそれだけでない。拿捕をした際には、捕獲審判裁判所での審査が必要とされた。この審査では、拿捕した船舶が本当に奴隷船であるのかが審査され、そうである場合には、規定によって報奨金が船長に支払われる。ただし、インド海軍の捕獲審判裁判所はボンベイに限られており、なおかつ、審査のために監視隊は拿捕した船舶をボンベイまで連行する必要があった。監視隊には都合の悪いことに、審査が終了するまでは、拿捕した船舶の奴隷や乗組員の面倒をみる必要があった。さらに都合が悪いのは、審査に時間を要したことで、二年もかかったという事例すらある。こうした事情から、インド海軍は監視活動に消極的で、一八五〇年代をとおしてもほとんどその成果が出ることはなかった。

「自由を求める時代」が生み出す不自由

インド洋西海域で奴隷交易に実質的なメスがはいり始めるのは、一八六〇年代になってからである。奴隷交易の廃絶は、ザンジバルのスルターンによって、一八七三年に宣言されるが、実質的には二十世紀初頭まで奴隷の密貿易が継続していた。ザンジバルでは、奴隷制の廃絶は一八九七年に宣言される。他方、インド洋西海域では、ヨーロッパ系植民地であろうとなかろうと、世界商品の生産が継続していった。

奴隷廃絶という世界史的な共通体験が、この「自由を求める時代」をきっかけに大きく進展したことは確かである。いうまでもなく、インド洋西海域もその例外ではなかった。しかし、それは単線的な発展では決してない。世界の市場は加速度的に一体化していき、商品によってはそれまでにない需要の高まりをみせていた。その需要に応えるべく、生産量をあげようとするとき、もっとも安易で効果的な方法は労働力を増やすことであり、それは奴隷交易の活性化に直結した。フランス革命が成就したその時、世界では奴隷交易がもっとも隆盛を極めた時代の只中にあったのだ。

インド洋西海域各地における奴隷交易や奴隷制の廃絶の時期を年表にまとめれば、フランス革命で叫ばれた「自由」の理念がインド洋西海域で実現されるまでの時間は、「時差」という説明で済まされるのかもしれない。先進的な地域で成し遂げられたことが他の地域におよんでいくという考えに基づけば、それは合点のゆく説明だろう。先にも述べたように、インド洋西海域で奴隷交易の拠点であったザンジバルを例にとれば、交易の廃絶は一八七〇年代、奴隷制の廃絶は九〇年代である。これらはザンジバルのスルターンの自発的な営為の結晶でもなく、また、奴隷反乱がそれをもたらしたわけでもない。そこにはイギリスの圧力が明白に認められるのであり、それを無視することはできない。これと同時に明らかなのは、インド洋西海域における奴隷交易の隆盛や奴隷制の展開の説明は、この海域だけに焦点をしぼっても十全にはできないという事実である。一例をあげれば、ザンジバル島で生産されたクローヴの大半が流れていったのは欧米市場だった。

マスカレーニュ諸島では、より厳格に奴隷交易も奴隷制も廃絶された。確かにそこにいた奴隷たちは自由を獲得した。しかし、なくなった制度を代替するための新たな制度が導入され、新たな人々が——賃金を受け取り、そして「契約」にのっとりながら——奴隷と変わらぬ労働を担った現実がそこにはある。私的な契約が横行した時代の反省を踏まえて、政府が移民を取り仕切るようになったが、その時代においても、行政官たちの書簡からはつぎのようなことが明らかになる。

> インド人労働者によっておこなわれる労働量は、ほとんどの場合、彼らと彼らの雇い主によって彼らがインドを発つ前に合意のなされたものである。しかし、そこには植民地での実際のことについては言及されず、多少の修正はあるのだが、そこでの現実では労働時間は日の出から日没まで、そこから二時間、ときたまに三時間かかる食事のための時間を差し引いたものである。

こんにちの研究者たちは、奴隷制と奴隷制廃

イギリス保護領時代，奴隷市場跡に建てられたとされる国教会
教会（ザンジバル島）

絶後に導入された契約労働制を混同することに極めて慎重である。しかし、他方でとくに契約労働制導入初期には、その移送や労働条件の実態に鑑みて、それを「新たな奴隷制」——ヒュー・ティンカーが提唱したように——と呼ぶことにはそれほど多くの反論は寄せられない。私たちは、自由の理念が即座にだれかの自由を保障しなかったことを認めるのに加えて、それが実現されるまでの長い道のりを想起する必要に駆られるのである。それがこんにちにいたるまでゴールに達していないことは、イギリスの社会学者であり、運動家であるケヴィン・ベールズなどによる「現代奴隷制」の議論を参照しても明らかだろう。あるいは、このまま進めばいつかゴールにたどりつけるという発想自体が、間違いなのかもしれない。

いずれにしても「自由を求める時代」はだれにとってもそうであったのではない。皮肉にも、どこかに新たな不自由を強いられる人々をつくり出すことで、この時代は初めて成り立つものだったのである。

■図版出典・提供一覧

Hayes, D., *Historical Atlas of the Northe Pacific Ocean, Maps of Discovery and Scientific Exploration, 1500-2000, Seattle,* 2001. *89* 下，*97*，*106*

Marryat, F., *Borneo and the Indian Archipelago: with drawings of costume and scenery,* London, 1848. *153*，*157* 下

Nieuhof, J., *Johan Nieuhofs Gedenkweerdige Brasiliaense zee-en lantreizen,* Amsterdam, 1682. *157* 上

Pinol, J.-L., dir., *Atlas historique des villes de France,* Paris, 1996. *52*，*53*

Postnikov, M., Falk, M., *Exploring and Mapping Alaska: The Russian America Era, 1741–1867,* University of Alaska Press, 2015. *127* 上

Rouffaer, G.P.and J.W.IJzerman(eds.), *De eerste schipvaart der Nederlanders naar Oost-Indië onder Cornelis de Houtman 1595-1597: journalen, documenten en andere bescheiden,* The Hague: Martinus Nijhoff, 1915. *148*

Archives du département du Rhône et de la métropole de Lyon, 1Q / 964 / 1. *67*

Archives du département du Rhône et de la métropole de Lyon, 1Q / 885. *59*

Courtesy of the Library of Congress, Rare Book and Special Collections Division, LC-USZ 62-17372 *123* 下

Leiden University Libraries KITLV 106598 *155*

National Portrait Gallery, London. *211*，*220*

PPS 通信社提供 *75*，*87*，*89* 上，*104*，*123* 上，*127* 下，*131*，*236*，*245* 下，*247*

ユニフォトプレス提供 *155*

赤嶺淳提供 *151* 下，*180*

太田淳提供 *173*

熊谷幸久提供 *190*，*197*，*198*，*224*

佐久間香子提供 *151* 上

鈴木英明提供 *245* 上，*257*，*260*，*271*

松嵜明男提供 *30*，*34*，*39*，*42*，*47*，*49*，*54*，*69*

森永貴子提供 *78*

浜忠雄『ハイチ革命とフランス革命』北海道大学図書刊行会 1998年
平野千果子『フランス植民地主義の歴史——奴隷制廃止から植民地帝国の崩壊まで』人文書院 2002年
弓削尚子『啓蒙の世紀と文明観』山川出版社 2004年
イクイアーノ，オラウダ(久野陽一訳)『アフリカ人，イクイアーノの生涯の興味深い物語』研究社 2012年
ウィリアムズ，エリック(中山毅訳)『資本主義と奴隷制——ニグロ史とイギリス経済史』理論社 1968年
コリー，リンダ(川北稔訳)『イギリス国民の誕生』名古屋大学出版会 2009年
Allen, R. B., *European Slave Trading in the Indian Ocean, 1500–1800,* Athens, 2014.
Darwin, C., *Journal and Remarks. 1832–1836,* London, 1839.
Drescher, S., *Abolition: A History of Slavery and Antislavery,* Cambridge, 2009.
Heude, W., *A Voyage up the Persian Gulf and a journey overland from India to England in 1817,* London, 1819.
Klein, H. S., *The Atlantic Slave Trade,* new ed., Cambridge, 2010.
Lovejoy, P. E., *Transformations in Slavery: A History of Slavery in Africa,* 3rd ed., Cambridge, 2012.
Oldfield, J. R., *Popular Politics and British Anti-Slavery: The Mobilisation of Public Opinion against the Slave Trade, 1787–1807,* London, 1998.
Oldfield, J. R., *Transatlantic Abolitionism in the Age of Revolution: an International History of Anti-slavery,* c. 1787–1820, Cambridge, 2013.
Suzuki, H., *Slave Trade Profiteers in the Western Indian Ocean: Trade and Suppression in the Nineteenth Century,* New York, 2017.
Teelock, V., *Bitter Sugar: Sugar and Slavery in 19th Century Mauritius,* Moka, 1998.
Thornton, J. K., I Am the Subject of the King of Congo: African Political Ideology and the Haitian Revolution, *Journal of World History,* 4–2, 1993.
Tinker, H., *A New System of Slavery: The Export of Indian Labour Overseas 1830–1920,* London, 1993.

本書のうちの松嶌・森永・熊谷執筆部分は，一連の科学研究費補助金による助成により実施した実地調査の成果の一部である。

Brogan, C., *James Finlay & Company Limited: manufacturers and East India merchants, 1750–1950,* Glasgow, 1951.

Cain, P. J., Hopkins, A. G., *British Imperialism 1688–2015,* Third Edition, London/New York, 2016.

Corn, B. S., Recruit and Training of British Civil Servants in India, 1600–1860, Brailbanti, R. (ed.), *Asian Bureaucratic Systems Emergent from the British Imperial Tradition,* Duke University Press, 1966.

Devine, T. M., *The Tobacco Lords: A Study of the Tobacco Merchants of Glasgow and Their Trading Activities,* Edinburgh, 1975.

Greenberg, M., *British Trade and the Opening of China 1800–42,* Cambridge University Press, 1961.

Kumagai, Y., *Breaking into the Monopoly: Provincial Merchants and Manufacturers' Campaigns for Access to the Asian Market, 1790–1833,* Leiden/Boston, 2012.

Lawson, P., *The East India Company: A History,* London/New York, 1993.

Marshall, P. J., *East India Fortunes: The British in Bengal in the Eighteenth Century,* Oxford, 1976.

Philips, C. H., *The East India Company, 1784–1834,* Manchester University Press, 1940.

Tripathi, A., *Trade and Finance in the Bengal Presidency 1793–1833,* Oxford University Press, 1979.

Webster, A., *The Twilight of the East India Company: The Evolution of Anglo-Asian Commerce and Politics, 1790–1860,* Woodbridge, 2009.

Webster, A., The strategies and limits of gentlemanly capitalism: the London East India agency houses, provincial commercial interests, and the evolution of British economic policy in South and South East Asia 1800–1850, *The Economic History Review,* Vol. LIX, No. 4, 2006.

Webster, A., The political economy of trade liberalization: the East India Company Charter Act of 1813, *The Economic History Review,* Vol. XLIII, No. 3, 1990.

5章　インド洋西海域と大西洋における奴隷制・交易廃絶の展開

井野瀬久美惠『大英帝国という経験』講談社 2007 年

清水和裕『イスラーム史のなかの奴隷』山川出版社 2015 年

鈴木英明「インド洋西海域と『近代』——奴隷の流通を事例にして」『史学雑誌』116 巻 7 号 2007 年

鈴木英明「ジョアスミー海賊とは誰か?——幻想と現実の交錯」東洋文庫編『東インド会社とアジアの海賊』勉誠出版 2015 年

Vos, R., *Gentle Janus, Merchant Prince: the VOC and the Tightrope of Diplomacy in the Malay World, 1740–1800,* Leiden, 1993.

Warren, J. F., *The Sulu Zone, 1768–1898: The Dynamics of External Trade, Slavery, and Ethnicity in the Transformation of a Southeast Asian Maritime State,* Singapore University Press, 1981.

Warren, J. F., *Iranun and Balangingi: Globalization, Maritime Raiding and the Birth of Ethnicity,* Singapore University Press, 2002.

4章　スコットランドの自由貿易運動

秋田茂『イギリス帝国の歴史』中央公論新社 2012 年

今田秀作『パクス・ブリタニカと植民地インド――イギリス・インド経済史の《相関把握》』京都大学学術出版会 2000 年

熊谷幸久「19 世紀初頭の英国のアジア通商政策に対する地方商人および製造業者の影響――1812 年から 1813 年にかけてのグラスゴー東インド協会による東インド貿易開放運動を中心に」『歴史と経済』第 206 号 2010 年

熊谷幸久「東インド貿易の開放と西インド利害関係者――グラスゴー東インド協会内の西インドプランテーション経営者について(1812～1833 年)」『京都精華大学紀要』第 37 号 2010 年

熊谷幸久「ジェームズ・フィンリイ商会の通信記録から見た東インド貿易」関西大学経済史研究会編『経済発展と交通・通信』関西大学出版部 2015 年

ケイン, P. J., ホプキンズ, A. G.（竹内幸雄, 秋田茂訳)『ジェントルマン資本主義の帝国Ⅰ　創成と膨張 1688-1914』名古屋大学出版会 1997 年

ケイン, P. J., ホプキンズ, A. G.（竹内幸雄, 秋田茂訳)『ジェントルマン資本主義の帝国Ⅱ 危機と解体 1914-1990』名古屋大学出版会 1997 年

スミス, アダム(山岡洋一訳)『国富論――国の豊かさの本質と原因についての研究』(上・下)日本経済新聞出版社 2007 年

浜渦哲雄『イギリス東インド会社――軍隊・官僚・総督』中央公論社 2009 年

羽田正『東インド会社とアジアの海』講談社 2007 年

松本睦樹『イギリスのインド統治――イギリス東インド会社「国富流出」』阿吽社 1996 年

Bowen, H. V., Sinews of trade and empire: the supply of commodity exports to the East India Company during the late eighteenth century, *The Economic History Review,* Vol. LV, No.3, 2002.

Bowen, H. V., *The Business of Empire: The East India Company and Imperial Britain, 1756–1833,* Cambridge University Press, 2008.

50, 1989.

Elson, R. E., International Commerce, the State and Society: Economic and Social Change, Tarling, N. (ed.), *The Cambridge History of Southeast Asia,* Volume 2, Part 1: *From c.1800 to the 1930s,* Cambridge University Press, 1999 [1992].

Jacobs, E. M., *Merchant in Asia: The Trade of the Dutch East India Company during the Eighteenth Century,* Leiden, 2006.

Kathirithamby-Wells, J., The Age of Transition: The Mid-Eighteenth to the Early Nineteenth Centuries, Tarling, N. (ed.), *The Cambridge History of Southeast Asia,* Volume 1: *From early times to c. 1800,* Cambridge University Press, 1992.

Kathirithamby-Wells, J., Villiers, J. (eds.), *The Southeast Asian Port and Polity: Rise and Demise,* Singapore University Press, 1990.

Ota, A., Pirates or Entrepreneurs? Migration and Trade of Sea People in Southwest Kalimantan, c. 1770–1820, *Indonesia,* 90, 2010.

Ota, A., Trade, Piracy, and Sovereignty: Changing Perceptions of Piracy and Dutch Colonial State Building in Malay Waters, c. 1780–1830, Ota, A. (ed.), *In the Name of The Battle against Piracy: Ideas and Practices in State Monopoly of Maritime Violence in Early-Modern Europe and Asia,* Leiden/Boston, 2018.

Reid, A., *Southeast Asia in the Age of Commerce 1450–1680,* 2 vols, Yale University Press, 1988–1993.

Reid, A., A New Phase of Commercial Expansion in Southeast Asia, 1760–1850, Reid, A. (ed.), *The Last Stand of Asian Autonomies: Responses to Modernity in the Diverse States of Southeast Asia and Korea, 1750–1900,* Basingstoke/London, 1997.

Sandhu, K. S., Wheatley, P. (eds.), *Melaka: The Transformation of a Malay Capital, c. 1400–1980,* 2 vols, Oxford University Press, 1983.

Tagliacozzo, E., A Necklace of Fins: Marine Goods Trading in Maritime Southeast Asia, 1780–1860, *International Journal of Asian Studies,* 1-1, 2004.

Tagliacozzo, E., A Sino-Southeast Asian Circuit: Ethnohistories of the Marine Goods Trade, Tagliacozzo. E., Chang, Wen-chin (eds.), *Chinese Circulations: Capital, Commodities, and Networks in Southeast Asia,* Duke University Press, 2011.

Tagliacozzo, E., Chang, Wen-chin (eds.), *Chinese Circulations: Capital, Commodities, and Networks in Southeast Asia,* Duke University Press, 2011.

Trocki, C. A., *Prince of Pirates: The Temenggongs and the Development of Johor and Singapore, 1784–1885,* 2nd edition, Singapore, 2007.

Veth, P. J., *Borneo's Wester-afdeeling, geographisch, statisch, historisch, voorafgegaan door eene algemeene schets des ganschen eiland,* Zaltbommel, 1854–56.

Петров, А.Ю., *Российско-Американская компания: деятельность на отечественном и зарубежном рынках (1799-1867),* М., 2006.
Петров, А.Ю., *Наталия Шелихова у истоков Русской Америки,* М., 2012.

3章　東南アジアの海賊と「華人の世紀」

太田淳「ナマコとイギリス綿布――19 世紀半ばにおける外島オランダ港の貿易」秋田茂編『アジアからみたグローバルヒストリー――「長期の 18 世紀」から「東アジアの経済的再興」へ』ミネルヴァ書房 2013 年
太田淳『近世東南アジア世界の変容――グローバル経済とジャワ島地域社会』名古屋大学出版会 2014 年
太田淳「マレー海域の貿易と移民――一八～一九世紀における構造変容」『中国――社会と文化』31 中国社会文化学会 2016 年
太田淳「時間」山本信人編『東南アジア地域研究入門３　政治』慶應義塾大学出版会 2017 年
川北稔『砂糖の世界史』岩波書店 1996 年
桜井由躬雄「総説」桜井由躬雄編『岩波講座東南アジア史４　東南アジア近世国家群の展開』岩波書店 2001 年
鈴木恒之「オランダ東インド会社の覇権」石井米雄編『岩波講座東南アジア史３　東南アジア近世の成立』岩波書店 2001 年
早瀬晋三『海域イスラーム社会の歴史――ミンダナオ・エスノヒストリー』岩波書店 2003 年
間々田孝夫『第三の消費文化論――モダンでもポストモダンでもなく』ミネルヴァ書房 2007 年
ポメランツ, K.（川北稔監訳）『大分岐――中国，ヨーロッパ，そして近代世界経済の形成』名古屋大学出版会 2015 年
ミンツ, シドニー W.（川北稔，和田光弘訳）『甘さと権力――砂糖が語る近代史』平凡社 1988 年
Abeyasekere, S., *Jakarta: A History,* Oxford University Press, 1989.
Andaya, B. W., *To Live as Brothers. Southeast Sumatra in the Seventeenth and Eighteenth Centuries,* University of Hawai'i Press, 1993.
Andaya, L. Y., *Leaves of the Same Tree: Trade and Ethnicity in the Straits of Melaka,* University of Hawai'i Press, 2008.
Blussé, L., The Chinese Century: The Eighteenth Century in the China Sea Region, *Archipel,* 58, 1999.
Colombijn, F., Foreign Influence on the State of Banten, 1596-1682, *Indonesian Circle,*

2007年
木崎良平『漂流民とロシア——北の黒船に揺れた幕末日本』中公新書 1991年
木崎良平『光太夫とラクスマン——幕末日露交渉の一側面』刀水書房 1992年
佐山和夫『わが名はケンドリック——来日米人第1号の謎』(新版)彩流社 2009年
西村三郎『毛皮と人間の歴史』紀伊国屋書店 2003年
森永貴子『ロシアの拡大と毛皮交易——16〜19世紀シベリア・北太平洋の商人世界』彩流社 2008年
森永貴子『イルクーツク商人とキャフタ貿易——帝政ロシアのユーラシア商業』北海道大学出版会 2010年
森永貴子『北太平洋世界とアラスカ毛皮交易——ロシア・アメリカ会社の人びと』東洋書店 2014年
クック(増田義郎訳)『クック　太平洋探検』(①〜⑥)岩波文庫 2004〜05年
望月哲男編著『創造都市ペテルブルク——歴史・科学・文化』北海道大学出版会 2007年
タイユミット, E.(増田義郎監修)『太平洋探検史——幻の大陸を求めて』創元社 1993年
ディドロ(浜田泰祐訳)『ブーガンヴィル航海記補遺　他一篇』岩波文庫 1953年
フォルスター(服部典之訳)『フォルスター　世界周航記』(上・下)岩波書店 2006〜07年
フォルスター, G.(森貴史・船越克己・大久保進共訳)『ゲオルク・フォルスターコレクション——自然・歴史・文化』関西大学出版部 2008年
ホロウェイ, D.(池央耿訳)『ルイスとクラーク——北米探検の横断』草思社 1977年
ラペルーズ(佐藤淳二訳)『ラペルーズ　太平洋周航記』(上・下)岩波書店 2006年
レペニース, W.(小川さくえ訳)『十八世紀の文人科学者たち　リンネ，ビュフォン，ヴィンケルマン，G. フォルスター，E. ダーウィン』法政大学出版局 1992年
Gibson, J., Skins, O., Ships, B., and Goods, C., *The Maritime Fur Trade of the Northwest Coast, 1785-1841,* McGill Queens University, 2001.
Grinev, A. V., *The Tlingit Indians in Russian America, 1741-1867,* University of Nebraska Press, 2005.
Hayes, D., *Historical Atlas of the North Pacific Ocean, Maps of Discovery and Scientific Exploration, 1500-2000,* Seattle, 2001.
Hayes, D., *Historical Atlas of the Pacific Northwest, Maps of Exploration and Discovery,* Seattle, 2000.
Kahan, A., *The Plow, the Hammer and the Knout, An Economic History of Eighteenth-Century Russia,* University of Chicago Press, 1985.
Vinkovetsky, I., *Russian America, An Overseas Colony of a Continental Empire, 1804-1867,* Oxford University Press, 2001.
Болховитинов, Н.Н. (ред.), *История Русской Америки,* Т.1-3, М., 1997-99.

2009年
松嶌明男『礼拝の自由とナポレオン——公認宗教体制の成立』山川出版社 2010年
松嶌明男『図説ナポレオン』河出書房新社 2016年
安酸香織「近世エルザスにおける帝国等族とフランス王権——十帝国都市をめぐる紛争と調停の事例から(1648-79)」『西洋史研究』第45号 2016年
山本文彦『近世ドイツ国制史研究——皇帝・帝国クライス・諸侯』北海道大学図書刊行会 1995年
渡辺和行『近代フランスの歴史学と歴史家——クリオとナショナリズム』ミネルヴァ書房 2009年
アンダーソン, B.(白石隆・白石さや訳)『定本　想像の共同体——ナショナリズムの起源と流行』(社会科学の冒険2-4)書籍工房早山 2007年
アンダーソン, R. D.(安原義仁・橋本伸也監訳)『近代ヨーロッパ大学史』昭和堂 2012年
イリイッチ, I.(金子嗣郎訳)『脱病院化社会』晶文社 1979年
エルズリッシュ, C., ピエレ, J.(小倉孝誠訳)『〈病人〉の誕生』藤原書店 1992年
ヴォヴェル, M.(谷川稔訳)『フランス革命と教会』人文書院 1992年
フュレ, F.(大津真作訳)『フランス革命を考える』岩波書店 1989年
ヘンリー, J.(東慎一郎訳)『一七世紀科学革命』岩波書店 2005年
ボベロ, J.(三浦信孝訳)『フランスにおける脱宗教性の歴史』白水社 2009年
ポミアン, K.(松村剛訳)『増補・ヨーロッパとは何か——分裂と統合の1500年』平凡社 2002年
ルフェーヴル, G.(高橋幸八郎・柴田三千雄・遅塚忠躬訳)『1789年——フランス革命序論』岩波書店 1975年
レモン, R.(工藤庸子他訳)『政教分離を問いなおす——EUとムスリムのはざまで』青土社 2010年
Boudon, J.-O., *Napoléon et les cultes : les religions en Europe à l'aube du XIXe siècle 1800-1815,* Paris, 2002.
Boudon, J.-O., *Histoire du Consulat et de l'Empire, 1799-1815,* Paris, 2003.
Boudon, J.-O., *Religion et politique en France depuis 1789,* Paris, 2007.

2章　毛皮が結ぶ太平洋世界

秋月俊幸『千島列島をめぐる日本とロシア』北海道大学出版会 2014年
大嶽幸彦『探検家と地理学者——18世紀フランスの啓蒙思想と地誌学』古今書院 2016年
木村和男『カヌーとビーヴァーの帝国——カナダの毛皮交易』山川出版社 2002年
木村和男『毛皮交易が創る世界——ハドソン湾からユーラシアへ』岩波書店 2004年
木村和男『北太平洋の「発見」——毛皮交易とアメリカ太平洋岸の分割』山川出版社

佐々木真『増補新装版　図説フランスの歴史』河出書房新社 2016年
柴田三千雄『フランス革命はなぜおこったか』山川出版社 2012年
杉本淑彦『ナポレオン伝説とパリ――記憶史への挑戦』山川出版社 2002年
杉本淑彦「ヴィヴァン・ドノン『ボナパルト将軍麾下の上下エジプト紀行』の200年」『パブリック・ヒストリー』2号 2005年
鈴木杜幾子『画家ダヴィッド――革命の表現者から皇帝の首席画家へ』晶文社 1991年
鈴木杜幾子『ナポレオン伝説の形成――フランス19世紀美術のもう一つの顔』筑摩書房 1994年
関哲行・踊共二『忘れられたマイノリティ――迫害と共生のヨーロッパ史』山川出版社 2016年
竹中幸史『図説フランス革命史』河出書房新社 2013年
田中佳「フランス革命前夜における美術行政と公衆の相関――ダンジヴィレの「奨励制作」(1777-1789)を事例として」『西洋史学』242号 2011年
谷川稔『十字架と三色旗――近代フランスにおける政教分離』岩波書店 2015年
谷川稔・渡辺和行編著『近代フランスの歴史――国民国家形成の彼方に』ミネルヴァ書房 2006年
田村理『フランス革命と財産権――財産権の「神聖不可侵」と自然権思想』創文社 1997年
遅塚忠躬『フランス革命――歴史における劇薬』岩波書店 1996年
遅塚忠躬『ロベスピエールとドリヴィエ――フランス革命の世界史的位置』東京大学出版会 1986年
中野智世・前田更子・渡邊千秋・尾崎修治編著『近代ヨーロッパとキリスト教――カトリシズムの社会史』勁草書房 2016年
二宮宏之・阿河雄二郎『アンシアン・レジームの国家と社会――権力の社会史へ』山川出版社 2003年
二宮宏之『フランスアンシアン・レジーム論――社会的結合・権力秩序・叛乱』岩波書店 2007年
服部春彦・谷川稔編『フランス史からの問い』山川出版社 2000年
服部春彦『文化財の併合――フランス革命とナポレオン時代』知泉書館 2015年
服部春彦『経済史上のフランス革命・ナポレオン時代』多賀出版 2009年
深沢克己・高山博編『信仰と他者――寛容と不寛容のヨーロッパ宗教社会史』東京大学出版会 2006年
深沢克己・桜井万里子編『友愛と秘密のヨーロッパ社会文化史――古代秘儀宗教からフリーメイソン団まで』東京大学出版会 2010年
古谷大輔・近藤和彦編『礫岩のようなヨーロッパ』山川出版社 2016年
前田更子『私立学校からみる近代フランス――19世紀リヨンのエリート教育』昭和堂

■参考文献

総論

岸本美緒，宮嶋博史『明清と李朝の時代』(中公文庫世界の歴史)中央公論新社 2008年
小林章夫『コーヒー・ハウス――18世紀ロンドン，都市の生活史』(講談社学術文庫)講談社 2000年
島田竜登「18世紀前半におけるオランダ東インド会社のアジア間貿易」『西南学院大学経済学論集』43巻1・2合併号 2008年
島田竜登「グローバル時代の歴史学――グローバル・ヒストリーと未来をみつめる歴史研究」比較文明学会30周年記念出版編集委員会『文明の未来――いま，あらためて比較文明学の視点から』東海大学出版部 2014年
水島司「インド近世をどう理解するか」『歴史学研究』821 2006年
アレン, R.C.（眞嶋史叙・中野忠・安元稔・湯沢威訳）『世界史のなかの産業革命――資源・人的資本・グローバル経済』名古屋大学出版会 2017年
ブリュア，ジョン(大久保桂子訳)『財政＝軍事国家の衝撃――戦争・カネ・イギリス国家 1688-1783』名古屋大学出版会 2003年
ポメランツ, K.（川北稔監訳）『大分岐――中国，ヨーロッパ，そして近代世界経済の形成』名古屋大学出版会 2015年
マディソン，アンガス(金森久雄監訳)『経済統計で見る世界経済2000年史』柏書房 2004年
ミンツ，シドニー W.（川北稔・和田光弘訳）『甘さと権力――砂糖が語る近代史』平凡社，1988年
Blussé, L., Femme, G. (eds.), *On the Eighteenth Century as a Category of Asian History: Van Leur in Retrospect,* Aldershot, 1998.
Posthumus, N. W., *Nederlandsche prijsgeschiedenis,* Vol.1, Leiden, 1943.
Shimada, R., *The Intra-Asian Trade in Japanese Copper by the Dutch East India Company during the Eighteenth Century,* Leiden, 2006.

1章　近代への転換点であるフランス革命

安藤隆穂編『フランス革命と公共性』名古屋大学出版会 2003年
石井正己編『博物館という装置――帝国・植民地・アイデンティティ』勉誠出版 2016年
上垣豊『ナポレオン――英雄か独裁者か』山川出版社 2013年
上垣豊『規律と教養のフランス近代――教育史から読み直す』ミネルヴァ書房 2016年
近藤和彦『民のモラル――ホーガースと18世紀イギリス』筑摩書房 2014年

鈴木英明(すずき　ひであき)
1978年生まれ。東京大学大学院人文社会系研究科博士後期課程単位取得退学，博士(文学)
専攻　インド洋海域史。国立民族学博物館助教
〈主要著書・論文〉
「インド洋西海域周辺諸社会における近世・近代移行期とその矛盾――奴隷制・奴隷交易の展開に着目して」『史苑』77-2(2017)
Abolitions as a Global Experience (ed.), Singapore: NUS Press, 2015
Slave Trade Profiteers in the Western Indian Ocean: Suppression and Resistance in the Nineteenth Century, New York: Palgrave Macmillan, 2017
Environmental Knowledge and Resistance by Slave Traffickers in the Nineteenth-Century Western Indian Ocean, Gwyn Campbell (ed.), *Environment and Slavery in the Indian Ocean World,* New York: Palgrave Macmillan, 2018

太田　淳（おおた　あつし）
1971年生まれ。早稲田大学大学院文学研究科博士後期課程満期退学，Ph.D.（ライデン大学）
専攻　インドネシア史，東南アジア史。慶應義塾大学経済学部准教授
〈主要著書・論文〉
『近世東南アジア世界の変容――グローバル経済とジャワ島地域社会』（名古屋大学出版会，2014）
Tropical Products Out, British Cotton In: Trade in the Dutch Outer Islands Ports, 1846-69, *Southeast Asian Studies* 2-3, 2013
In the Name of the Battle against Piracy: Ideas and Practices in State Monopoly of Maritime Violence in Europe and Asia in the Period of Transition (edited volume), Leiden and Boston: Brill Academic Publishers, 2018

熊谷幸久（くまがい　ゆきひさ）
1975年生まれ。グラスゴー大学社会科学大学院経済・社会史学科博士課程修了，Ph.D.
専攻　イギリス経済史。関西大学経済学部准教授
〈主要著書・論文〉
「19世紀初頭の英国のアジア通商政策に対する地方商人及び製造業者の影響力――1812年から1813年にかけてのグラスゴー東インド協会による東インド貿易開放運動を中心に」『歴史と経済』206号，2010年
Kirkman Finlay and John Crawfurd: Two Scots in the Campaign of the Glasgow East India Association for the Opening of the China Trade, 1829–1833, *Journal of Scottish Historical Studies,* vol. 30, issue 2, 2010
Breaking into the Monopoly: Provincial Merchants and Manufacturers' Campaigns for Access to the Asian Market, 1790-1833, Leiden and Boston: Brill Academic Publishers, 2012

著者紹介(執筆順)

島田竜登(しまだ　りゅうと)
1972年生まれ。早稲田大学大学院経済学研究科博士後期課程退学，Ph.D.(ライデン大学)
専攻　南・東南アジア史，アジア経済史，グローバル・ヒストリー。東京大学大学院人文社会系研究科准教授

〈主要著書〉

The Intra-Asian Trade in Japanese Copper by the Dutch East India Company during the Eighteenth Century, Leiden and Boston: Brill Academic Publishers, 2006

『アジア経済史研究入門』(共編著)(名古屋大学出版会，2015)

『歴史に刻印されたメガシティ』(共編著)(東京大学出版会，2016)

『グローバル経済史』(共著)(放送大学教育振興会，2018)

松嶌明男(まつしま　あきお)
1966年生まれ。東京大学大学院人文社会系研究科博士課程修了，博士(文学)
専攻　フランス近代史。北海道大学大学院文学研究科准教授

〈主要著書〉

『礼拝の自由とナポレオン――公認宗教体制の成立』(山川歴史モノグラフ22)(山川出版社，2010)

『図説ナポレオン　政治と戦争――フランスの独裁者が描いた軌跡』(河出書房新社，2016)

森永貴子(もりなが　たかこ)
1969年生まれ。一橋大学大学院社会学研究科博士後期課程修了，博士(社会学)
専攻　ロシア社会経済史。立命館大学文学部教授

〈主要著書〉

『ロシアの拡大と毛皮交易――16～19世紀シベリア・北太平洋の商人世界』(彩流社，2008)

『イルクーツク商人とキャフタ貿易――帝政ロシアにおけるユーラシア商業』(北海道大学出版会，2010)

『北太平洋世界とアラスカ毛皮交易――ロシア・アメリカ会社の人びと』(東洋書店，2014)

歴史の転換期8

1789年 自由《じゆう》を求《もと》める時代《じだい》

2018年8月20日　1版1刷　印刷
2018年8月25日　1版1刷　発行

編者———島田竜登

発行者——野澤伸平

発行所——株式会社 山川出版社
〒101-0047　東京都千代田区内神田1-13-13
電話　03(3293)8131(営業)　8134(編集)
https://www.yamakawa.co.jp/
振替　00120-9-43993

印刷所——図書印刷株式会社

製本所——株式会社ブロケード

装幀———菊地信義

　ISBN978-4-634-44508-6

1789年の世界

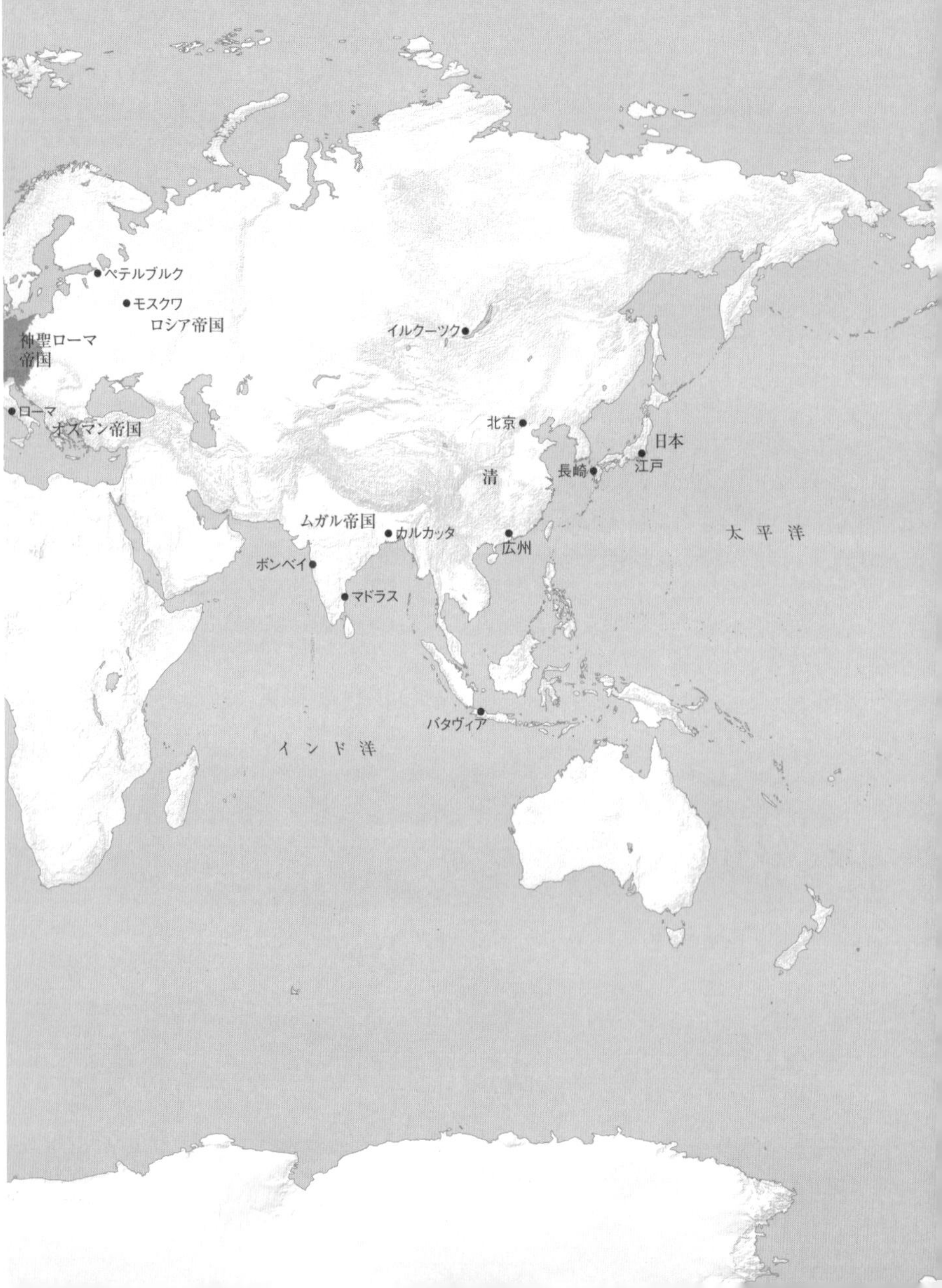

ペテルブルク
モスクワ
ロシア帝国
神聖ローマ帝国
ローマ
オスマン帝国
イルクーツク
北京
日本
長崎
江戸
清
ムガル帝国
カルカッタ
広州
太平洋
ボンベイ
マドラス
バタヴィア
インド洋